JN192605

芳澤勝弘編著

江月宗玩 欠伸稿訳注 画賛篇

思文閣出版

序　文

この度、江月宗玩の語録である「欠伸稿」を読む会、欠伸会が二十周年を迎えた。講義をしてくださる芳澤先生に於かれましては、全く筆舌に尽くし難い御苦労の末の二十年であったかと思う。

江月和尚はその出自に始まり、成した事績をもって、近世初頭の禅宗において最も輝けるお星様の一つであることは明白なのだが、その語録「欠伸稿」は未だかつて解読されることなく現代に至っていた。

芳澤先生はこの「欠伸稿」という、その抜き差しならぬ大塊を、先生の膨大なる知識をもって解説、一偈一偈に丹念にピチピチとした訳をつけてくださった。

その先生の解釈によって、江月和尚の計り知れない力量、類いまれなる知性の片鱗に触れさせて頂いた。これは芳澤先生にしかできないことだ。先師南嶺和尚が、芳澤先生にこの欠伸稿の訳という大仕事を遺言のように託したことが全ての始まりで、芳澤先生はそれに本当によく応えてくださったと思う。

一把茅底、折脚鐺内ニ、野菜根ヲ煮テ、喫シテ日ヲ過ストモ、専一ニ、己事ヲ究明スル底ハ、老僧ト日日相見、報恩底ノ人ナリ。

龍光院はこれからもここに向かって進んでいきたい。

龍光院　小堀月浦

凡　例

一、底本は、平成四年に、孤篷庵本の写本をもとにして、龍光院から刊行された『欠伸稿』四巻（龍光院版と称す）である。本書はそのうち、巻三の「仏祖賛」と「賛」の部の訳注であり、その書名を『欠伸稿訳注』画賛篇とした。

二、先に『欠伸稿訳注』乾・坤の二巻を刊行したが、これは龍光院蔵、江月宗玩自筆の写本『欠伸稿』二冊（原本には題辞がない）である。

三、写本『欠伸稿』と右の龍光院版との内容の相違について。この写本『欠伸稿』に収められたものは江月四十歳代の作品であり、後半生のものは入っていない。龍光院版には後半生の作品が収められているが、写本『欠伸稿』にあるのに収められていないものもある。

四、龍光院版の開板は、孤篷庵蔵の写本によって行ったが、刊行後により良質な写本が二種発見された。横岳文庫本と正宗寺本である。よって本書では、この二書によって校訂を行った。

五、既刊の『欠伸稿訳注』坤にあり、『欠伸稿訳注』画賛篇にも再出するものが、全部で三十三項あったが、すべて再掲載し、整理番号のところに、【八六】坤の巻［四八九］のように表記した。

目次

佛祖贊

贊

江月宗玩　欠伸稿訳注　画賛篇

佛祖賛

【一】

出山釋迦

檀特山中離帝畿、六年草坐一麻衣。
如何熟處不相忘、又向人間説是非。

出山の釈迦

檀特山中、帝畿を離る、六年草坐、一麻衣。
如何せん、熟処、相忘れざることを、又た人間に向かって是非を説く。

〈訳〉
王子として生まれた都を離れ、
檀特山に入って、麻衣草坐で六年の修行をしたが、
いかんせん、住み慣れた所は忘れられず、

また娑婆に戻って、ああだこうだと、つべこべ説き出した。

○仏祖賛＝仏祖をたたえる偈であるが、禅宗の場合は、ほとんどの場合「抑下」の調子で述べられる。
○出山釈迦＝『禅学大辞典』の「出山像」の項に「釈尊が六年の苦行ののち、十二月八日暁の明星をみて悟り、雪山（ヒマラヤ山）を下る時の姿」とある。これが禅門での一般的な理解であるが、仏典の所述と照らすと、「雪山苦行」「見星悟道」などは必ずしも正確な仏伝ではないという。『虚堂録犁耕』に無著道忠いわく「禅者、常に〈雪山に明星を見て悟道す。悟道し畢って出山す〉と話る。大いに経論の説に異なれり。今且らく其の説に依って、悟道し畢って山を出る像を画いて、以て雪山を離るる像と為す」。またいわく「『増壱阿含経』二三に〈大畏山に苦行す〉と曰う。同三五に〈優留毘に在って六年苦行〉と曰う。『智度論』に〈尼連禅河の辺に六年苦行〉と曰う。又同三四に〈漚楼頻螺樹林に一麻一米す〉と。皆な雪山苦行と言わず。但だ『仏説八大霊塔名号経』の頌に〈二十九載、王宮に処し、六年、雪山に苦行を修す〉と」。いわば、前生の釈尊伝をはじめ各種経典の記述を総合し、釈尊の悟道を象徴化した宗教的真実と見るべきであろう。禅門で十二月七日に出山釈迦像をかけ、その恩徳に報いる所以である。
○檀特山＝北インド健駄羅国にある山。もと釈迦が前生に須大拏太子として修行したところ。『六度集経』二。禅録ではこれが釈尊伝に混入する。『伝灯録』巻一、釈迦牟尼仏章に「檀特山中に於いて修道、始め阿藍迦藍の処に於いて三年、不用処定を学び、非なることを知って便ち捨つ。復た鬱頭藍弗の処に至って、三年、非非想定を学び、非なることを知って亦た捨つ」。
○六年草坐一麻衣＝『大方等大集経』巻四十三に「独り処ること六年、苦行を修し、日に一麻一米麦を食し、昼夜に精進し睡眠せず、身形唯だ皮骨有る在り」。
「草坐」は草座。釈尊成道のときに敷いていた吉祥草の座。吉祥童子が刈って奉った。『過現因果経』巻三、「菩薩即ち自ら思惟す、〈過去の諸仏は何を以て座と為して無上道を成ず〉と。即便ち自ら知る、草を以て座と為すと。釈提桓因（帝釈）化して凡人と為って、浄軟草を執る。菩薩問うて言わく〈汝が名は何等ぞ〉。答う〈名は吉祥〉。……菩薩言わく〈汝が手中の草、此れ得可けんや〉。是に於いて吉祥即便ち草を授く。菩薩、受け已って敷いて以て座と為す」。

「草坐一麻衣」は、僧霊澈の「答韋丹」詩（『三体詩』に収める）に「年老い心閑にして外事無し、麻衣草座、亦た身を容る（年老心閑無外事、麻衣草座亦容身）」。『三体詩由的抄』に、「一二句。……少年ノ時ハ心ヲサマラズ、サハガシキ事モアレドモ、老僧トナリテハ、心閑ニシテ外事ニ関カルコトナシ。外事ハ身ノ外ノ世事ヲ指シテ云。麻衣ハアサノ衣ナリ。草座ハ草ヲ座席トスルヲ云。亦容身トハ、一身ヲ麻衣草座ノ中ニ容ルナリ」。

○熟処不相忘＝住み慣れた所は忘れられぬ。「熟処」は、見知った土地。熟は熟知の熟。

○説是非＝いいの悪いのと、つべこべいう。

【二】

出山釋迦

六年霜辛雪苦、何不凍殺瞿曇。
入山也出山去、前三三後三三。

出山の釈迦

六年霜辛雪苦、何ぞ瞿曇を凍殺せざる。
山に入るや山を出で去る、前三三と後三三。

〈訳〉

六年ものあいだ霜辛雪苦したのだが、
どうして瞿曇を凍死させなんだか。
雪山に入ったかと思ったら、また山を出て来るとは、
前三三と後三三（山に入るも、山を出るも、どっちもどっち）。

○霜辛雪苦＝この句、今のところ中国の文献には見えない。日本での造語か。「霜雪」は漢語としては凛冽たること、また環境の厳しきことを形容する語。つまり「霜辛雪苦」は「霜雪のごとき辛苦」ということになるのだが、日本での用例では雪山と関連して、「寒い凍えるような環境で」というニュアンスが加わる。

○前三三後三三＝どっちもどっち、ちょぼちょぼ。『碧巌録』第三十五則、本則、「文殊、無著に問う〈近離什麼の処ぞ〉。無著云く〈南方〉。殊云く〈南方の仏教は、如何が住持す〉。著云く〈末法の比丘、少しく戒律を奉ず〉。殊云く〈多少の衆ぞ〉。著云く〈或いは三百或いは五百〉。無著、文殊に問う〈此間は如何が住持す〉。殊云く〈凡聖同居、龍蛇混雑〉。著云く〈多少の衆ぞ〉。殊云く〈前三三、後三三〉」。

【三】

出山釋迦

入山去也出山去、踏著草鞋徒弄精。
端坐六年看不破、落成眼翳一星明。

出山の釈迦

山に入り去るや山を出で去る、草鞋を踏著して徒らに精を弄す。
端坐六年、看不破、落ちて眼翳と成る一星明。

〈訳〉

雪山に入った（入ったままご修行）かと思ったら、また山を出て来るとは。
（入ったり出たりして）草鞋をすり減らし、無駄なご苦労というもの。
六年も坐禅して看届けることができなんだのに、
明けの明星を見て悟るとは、眼の中にできた幻翳というもの。

○落成眼翳一星明＝見星悟道偈には、おおむね抑下の調子がある。「明星一見、眼無筋」「明星一見、無明を長ず」「明星を一見して万端に渉る」「一天の星斗、渠を賺し来たる」「昨夜、雪山で星に賺さる」「端無くも一夜、星に賺され、虚名の雪山に満つることを惹き著たり」など。

【四】

出山釋迦

苦行六載雪山中、暗見明星出自東。

―本是無心去来底、袈裟破却白雲風。―

出山の釈迦

苦行六載、雪山の中、暗に見る、明星の東より出づるを。
本と是れ無心去来底、袈裟、破却す、白雲の風。

〈訳〉

雪山で六年のあいだ苦行して来たが、
（一夜）それとなく明星が東方から出るのを見てしまった。
白雲はもとより無心に去来するだけである、
（それなのに、釈尊は山に入り、また山を出てきた）
風に吹かれて破れた袈裟に白雲を包み（さながら、大宇宙をすっぽり包んだように）。

○暗見明星出自東＝「暗」は和語の「暗に」。人知れず、ひそかに、それとなく。
○本是無心去来底、袈裟破却白雲風＝難解。右訳のように解してみた。「無心去来底」は白雲に係るのであろう。陶淵明「帰去来の辞」「雲無心以出岫」。『句双葛藤鈔』「白雲本無心、為風出岩谷」に、「白雲ハ本ト無心ナレ共、風ニ吹レテ岩谷ヲ出デタデコソ。白雲ニ去来ノ心ハナイゾ」。

【五】

出山釋迦
入山辰與出山辰、錯錯心身幾苦辛。
四十九年終未了、明星還作眼中塵。

出山の釈迦
入山の辰と出山の辰と、錯錯、心身幾苦辛ぞ。
四十九年、終に未だ了ぜず、明星、還って眼中の塵と作る。

〈訳〉
山に入ったり、また山から出てみたり、
錯錯、（そんなことをして）心身をどれほど苦しめるのか。
四十九年（の最期に「未だ曾て一字をも説かず」といわれたが）、
これは遂に決着がつかなかったということだから、
（明星を見て悟ったのではなく）明星がかえって眼中の塵となったというものだ。

○四十九年終未了＝『五灯会元』巻一、釈迦牟尼仏章、「世尊、涅槃に入るに臨んで、文殊大士、仏に再び法輪を転ぜんことを請う。世尊咄して曰く〈文殊よ、吾れ四十九年住世、未だ曾て一字をも説かず。汝、吾れに再び法輪を転ぜんことを請う、是れ吾れ曾て法輪を転ぜしや〉」。

【六】

出山釋迦

六年辛苦雪加霜、照破天衢放眼光。

一見明星一星事、好思量也沒思量。

出山の釈迦

六年の辛苦、雪に霜を加う、天衢を照破して眼光を放つ。

明星を一見するも一星事、好思量や沒思量。

〈訳〉

六年のあいだ（雪霜のごとき厳しい）辛苦をなめられたが、（それも雪の上に霜を加えたようなもので無駄なこと）。

その鋭い眼光は天衢を照破しているのだが、

明星を一見したところで、大したことではない。

よくよく思量することも、何の思量もせぬほうがましというもの。

○雪加霜＝「雪上加霜」には二義がある。一、余計ごと。二、厳しいがうえにも厳しい。今はこの両方を兼ねる「抑下の托上」の表現。

○一見明星一星事＝「一星事」は明星のことだが、別に「些子」という義もある。ほんのちょっと。ここでは両方をかねる。

○好思量也没思量＝「好思量」は、よくよく思量すること。「没思量」は、坤の巻［三一七］「三教」に「三教、胡為ぞ短長を論ず、好商量也没商量」とあり、「没商量のところが、よくよく思いを致すべきところ」と解したが、ここではちょっとニュアンスが異なり、「好思量不如没思量」ということ。

【七】

文殊

經卷阿字、手中未繙。五臺山遠、萬水千村。

文殊

経巻の阿字、手中、未だ繙かず。

五台山は遠し、万水千村。

〈訳〉

まだ経巻は開いていないから、

一番最初の阿字もまだ見えてはいない。

（その住処である）五台山までは千村万水、

まだまだ遠い遠い。

○経巻阿字手中未繙＝『文殊問経字母品』に説かれる悉曇の字母の最初の五字を阿囉婆遮那（阿羅波者那）といい、五字文殊咒という。阿字は梵字の十二母音の第一。事物の始まり、根本。宇宙の万物は元来不生にして不滅であることを、密教で阿字本不生という。

○五台山＝文殊の霊場。別に清涼山ともいう。『華厳経』菩薩住処品に、「東北方に菩薩の住処有り、清涼山と名づく。過去の諸菩薩、常に中に於いて住す。彼に現に菩薩有り、文殊師利と名づく。一万の菩薩眷属有って常に為に法を説く」。

○万水千村＝万水千山とも。貫休詩に「一瓶一鉢、垂垂として老ゆ、万水千山、得得として来たる」。

【八】

観音

滿月容照天地、錦繡心向人傾。

匪啻耳中消息、慈眼視幾衆生。

観音

満月の容、天地を照らし、錦繍の心、人に向かって傾く。
啻だ耳中の消息のみに匪ず、慈眼視すること、幾衆生ぞ。

〈訳〉

満月のような姿で天地を照らし、
錦繍の心を（惜しみなく）すべての人々に向かって傾け尽くされる。
（観音菩薩は）世音を観じられるだけではない、
どれほどの衆生をば、慈悲の眼もてご覧になって来られたことか。

○錦繍心向人傾＝「錦繍心」は「錦繍腸」とも。素晴らしい佳句を吐く心をいうが、ここでは単に「全心を傾けて」ということ。
○耳中消息＝音のない音を心で聞く。観音の縁語。音を観る、世音を観ずるところ。『法華経』観音品に「其の音声を観て、皆な解脱を得」。江月は「耳中の消息、眼中に聴く」といったり「耳中の消息、眼中に見る」といったりする。
○慈眼視幾衆生＝『法華経』普門品に「慈眼視衆生、福聚海無量」。

【九】

地藏
那牟地藏大菩薩、六道四生能化師。
一錫飄然挑恵日、罪如霜露照無私。

地蔵

那牟地蔵大菩薩、六道四生、能化の師。
一錫飄然、恵日を挑ぐれば、罪は霜露の如し、照らして無私。

〈訳〉

南無地蔵大菩薩、
六道の一切の衆生を救って下さる菩薩よ。
飄然として、手に持った錫杖で、恵日を挑げておられるが、
（この大智慧の光によって）あらゆる罪は霜露のごとくに解消する。
そして、この智光は無私に照らしている。

○那牟地蔵大菩薩＝地蔵菩薩は、釈迦の入滅より弥勒の出世まで、六道能化の付嘱をうけ、常に地中にあるを願

心とする大悲の菩薩。『地蔵本願経』。
○六道四生能化師＝「能化」は、一切衆生を教化指導する人。また、地蔵のことを六道能化の菩薩という。「六道四生」は、もろもろの衆生。地獄・餓鬼・畜生・修羅・人間・天人の六道にある、卵・胎・湿・化の一切の衆生。
○一錫飄然挑恵日、罪如霜露照無私＝『観普賢菩薩行法経』に「爾時、世尊偈言を説く、……若し懺悔せんと欲する者は、端坐して実相を念ぜよ。衆罪は霜露の如し、慧日能く消除す。是の故に応に至心に六情根を懺悔すべし」。

【一〇】

維摩
玄談不二、瞞老釋迦。萬言一默、直囑檐花。

維摩
玄談不二、老釈迦を瞞ず。万言一黙、直に檐花に嘱す。

〈訳〉
維摩居士は入不二法門の玄妙なところを示さんがために、（方便して）病となり、釈尊を騙して、舎利弗らの弟子にお見舞に来させようとした。

（そして、もろもろの菩薩たちが）万言を尽くして不二の法門を説いたのに対して、
維摩居士はただ一黙をもってこれに答えたのだが、
（これは）軒下に咲く花に尋ねよ、というところ。

○維摩＝『維摩経』八、不二法門品に、「爾時、維摩詰、衆の菩薩に謂いて言わく〈諸仁者、云何か菩薩入不二の法門。各おの楽しむ所に随って之を説け〉と。……文殊師利、維摩詰に問う〈我等、各自に説き已んぬ。仁者、当に説くべし、何等か是れ菩薩入不二の法門〉と。時に維摩詰、黙然として無言。文殊師利歎じて曰く〈善哉善哉。乃至、文字語言有ること無し、是れ真の入不二の法門なり〉と」。
○瞞老釈迦＝『維摩経』二、方便品、「爾時、毘耶離大城中に長者有り、維摩詰と名づく。已曾、無量の諸仏に供養し深く善本を植え、無生忍を得、弁才無礙なり。……長者維摩詰、是の如き等の無量の方便を以て衆生を饒益す。其れ方便を以て身に疾有ることを現わす。其の疾を以ての故に、国王大臣、長者居士、婆羅門等、及び諸もろの王子并びに余の官属、無数千人、皆な問疾に往く。其の往く者、維摩詰、因みに身疾を以て広く為に法を説く」。
また、『維摩経』三、弟子品に、「爾時、長者維摩詰、自ら念ずらく〈疾に床に寝ねり。世尊大慈、寧ぞ愍みを垂れざらんや〉と。仏、其の意を知して、即ち舎利弗に告げたまわく〈汝、行いて維摩詰に詣して問疾せよ〉と」。
○万言一黙＝右、維摩の一黙。
○直嘱檐花＝乾の巻［一二］「問取江南一白鷗」、［一八八］「問取柏樹子」などというに同じ。言語の沙汰ではない。ポチに尋ねよ。

【一一】

維摩

示疾毘耶投老生、食其禪悅腹膨脝。
無端眼處不堪聽、一默萬雷天地轟。

維摩

疾を毘耶に示す、投老生、其の禅悦を食って腹膨脝。
端無くも、眼処聴くに堪えず、一黙万雷、天地に轟く。

〈訳〉

毘耶離城の大金持ちの老人が病になって、（仏法の肝要を示そうという、方便をもうけたのだが）

この長者の生きがいはもとより禅悦法喜食、それでお腹一杯。（お見舞に来た諸菩薩が万言を尽くして不二の法門を説いたのに対して、維摩居士は何も答えずに黙っていたのだが）、

この一黙、万雷のごとく天地に轟いた。

その一黙、（耳で聴くは無論不可）天眼でもっても聴くことはならぬ。

○示疾毘耶投老生＝前項の注に引いた『維摩経』。
○食其禅悦腹膨脝＝『維摩経』二、方便品のつづきに、「白衣たりと雖も、沙門の清浄の律行を奉持す。……宝飾を服すと雖も、相好を以て厳身し、復た飲食すと雖も、禅悦を以て味と為す」。「禅悦」は、『法華経』授記品に「其の国の衆生、常に二食を以てす。一には法喜食、二には禅悦食」。
○眼処不堪聴＝見聞を超えた消息を、さらに超えたところ。『華厳経』巻四十六に「一切の諸仏、能く眼処を以て耳処の仏事を作し、能く耳処を以て鼻処の仏事を作し、……能く無量広大の仏事を作す」というが、そんな境界でも聴くことはならぬ。

【一二】
維摩
默時説矣説時默、三萬餘衆耳朶傾。
獅子床頭閑伎倆、雷聲洪大聽無聲。

維摩
默時の説、説時の默、三万余衆、耳朶傾く。
獅子床頭、閑伎倆、雷声洪大、聴くも無声。

〈訳〉


（永嘉禅師の『証道歌』にあるように）

一万言を費やしても説けぬところを、一黙こそがもっともよく説いている。

その説を聴こうと、三万二千の諸菩薩は聞き耳をたてる（のだが、聞こえるはずはない）。

いらざる神通力を発揮して方丈に三万二千の獅子座を現出させた居士が、
今度は、何もせずたった一黙。

それはさながら雷鳴のように響きわたるが、聴こうにも声はない。

○黙時説矣説時黙＝永嘉禅師『証道歌』「黙時説、説時黙、大施門開いて壅塞無し」。
○三万余衆＝『維摩経』に出る三万二千の諸菩薩。
○獅子床頭閑伎倆＝文殊菩薩との問答の中で、維摩居士が神通力でもって方丈に三万二千の獅子座を現出させたこと。『維摩経』六、不思議品。「閑伎倆」は、いらざるテクニック、抑下の表現。

【一三】

面壁達磨

四時不凋震旦花、本是自然成結果。

鼻祖欻長鼻孔毛、塵裏幾労九年坐。

面壁達磨

四時に凋まず、震旦の花、本と是れ自然に結果を成ず。
鼻祖、欻ち鼻孔の毛を長ず、塵裏幾くか労す、九年の坐。

〈訳〉
中国に至って五葉に開いた心法の花は、
四時に移ろいしぼむことはない。
もとより、自然にその果を結ぶものなのだから。
禅宗の鼻祖たる達磨さん、
（少林寺で）九年面壁してござるが、鼻毛を伸ばしておったら、あきまへんぞ。
九年面壁したところで、所詮は声色の塵の中ですぞ。

○四時不凋震旦花＝春夏秋冬、しぼむことのない花。
○自然成結果＝『伝灯録』巻三、達磨章、達磨伝法偈に「吾本来茲土、伝法救迷情。一花開五葉、結果自然成」。
○鼻祖欻長鼻孔毛＝「鼻祖」は初祖。「鼻」には「始」の義がある。「長鼻孔毛」は、和諺に「鼻毛を伸ばす（女にうつつをぬかし、だらしなくなる）」、「鼻毛を抜かれる（だまされる）」、「鼻毛を読む（女が、自分におぼれている男を見抜いて思うようにもてあそぶ）」などをふまえた、和風の表現。
○塵裏幾労九年坐＝「塵裏」は世塵。後出［一五］に「縦然い少林に端坐するも、声色堆裏を離れず」という趣旨。

【一四】

面壁達磨

梁城少室、易地皆然。祖翁活計、九年睡眠。

面壁達磨

梁城少室、地を易うるも皆な然り。

祖翁の活計、九年の睡眠。

〈訳〉

梁の国には機縁なしと見て、魏の少林寺にやって来たのだが、

所を変えても同じこと。

この翁のなすべきことはただひとつ、

九年面壁の居眠り坐禅。

○梁城少室＝『伝灯録』巻三、菩提達磨章、「十月一日、金陵に至る。帝問うて曰く〈朕、即位已来、寺を造り

経を写し僧を度すること勝げて紀す可からず、何の功徳か有る〉。師曰く〈並びに無功徳〉。……帝又た問う〈如何なるか是れ聖諦の第一義〉。師曰く〈廓然無聖〉。帝曰く〈朕に対する者は誰ぞ〉。師曰く〈不識〉。帝、領悟せず。師、機の契わざることを知って、是の月の十九日、潜かに江北に回る。十一月二十三日、洛陽に届る。嵩山少林寺に寓止す。面壁して坐し終日黙然たり。人、之を測る莫し」。

○易地皆然＝居る所が変っても同じこと。『孟子』離婁「禹、稷、顔子、易地則皆然」。

○祖翁活計、九年睡眠＝「活計」は、生活の計謀、転じて工夫をいうこともある。

【一五】

絳衣達磨

破絳衣容我身、無孔笛喧人耳。
縦然端坐少林、不離聲色堆裏。

絳衣の達磨

破絳衣に我が身を容れ、無孔笛、人の耳に喧し。
縦然い少林に端坐するも、声色堆裏を離れず。

〈訳〉

赤い衣に身を包んで、
孔のない笛を吹きまくって、喧しうござる。
いくら少林寺で面壁九年したところで、所詮は声色堆裏、
この現実社会を離れることはできませんぞ。

○絳衣＝『祖庭事苑』に「西域記に云うが如きんば、商那和修の九条の衣は絳赤色なり。入滅の時、智願力を以て留めて遺法の尽くるを待って方に壊せん。奘云く、今已に少しく損ずること有りと。此を詳らかにするに、伝法の大士被る所の絳色の衣は乃ち伝授の風を紹ぐ」。
○無孔笛＝穴のない笛。「不立文字、直指人心」の教えは、さながら孔のない笛。「少林無孔笛」は、達磨の宗旨をいう語。もと密庵が仏照光に送った偈に、「瞎驢、瞎驢児を生じ得て、齷齪たる声名、四維に徹す。更に少林の無孔笛を把って、人に逢わば、応に是れ逆風に吹くべし」（『叢林盛事』巻上）と見える。
○声色堆裏＝「声色」は六境の代表。声・色という認識によって活動する現実生活、俗塵のまっただ中。

【一六】
達磨

者観自在離家舍、胡黨來兮胡黨之。
和國片岡千里客、灊山少室九年兒。
安心了也閑言語、不識廓然生鈍遲。

―雲隔西天路頭遠、徒提隻履叫歸期。―

達磨

者の観自在、家舎を離れて、胡ぞ党し来たり胡ぞ党し之く。
和国片岡、千里の客、灊山少室、九年の児。
安心了也、閑言語、不識廓然、生鈍遅。
雲、西天を隔てて、路頭遠し、徒らに隻履を提げて帰期と叫ぶ。

〈訳〉

（これッ、達磨）観音菩薩の化身か知らんが、
おるべき本分の所を離れて、どうしてあっちへこっちへと、
仲間を求めてうろうろするのか。
少林寺で二年居たかと思えば、灊山に入って七年面壁。
そればかりか、千里も離れた日本の片岡山に乞食の姿で現われるとは。
インドで神光に「安心了也」と言ったのも、いらざる手管。
中国に来て、梁の武帝に「不識」と「廓然無聖」を示したのも、遅すぎたというもの。

そして、いま隻履をぶらさげて西天に帰るらしいが、路ははるか、遠くして遠し。

○者観自在＝達磨が観音の化身であること。『碧巌録』一則、本則に「帝、後に挙して志公に問う。志公云く〈陛下、還って此の人を識るや否や〉。帝曰く〈識らず〉。志公云く〈此は是れ観音大士、仏心印を伝う〉。帝悔いて、遂に使を遣って去って請わしむ。志公云く〈道うこと莫かれ、陛下、使を発して去って取らしむと。闔国の人去るとも、他亦た回らじ〉」。

○離家舎＝『臨済録』上堂の語、「途中に在って家舎を離れず、家舎を離れて途中に在らず〈在途中不離家舎、離家舎不在途中〉」をふまえるが、ここで意味するところは、「（おるべき）本分のところを離れて」中国に来たり、さらには日本まで来たりして、という抑下の語なるのみ。高次の意味はない。

○胡党来兮胡党之＝難解。この詩は、本来おるべきところを離れて少室、灊山、和国片岡と渡り歩き、そしてまた天竺に帰ることを抑下するのが趣旨なので、右のように訓じた。

○和国片岡＝達磨大師がわが日本の片岡山に来られ、饑人として聖徳太子と対面したという伝説。『元亨釈書』に「……ツヒニ天竺ニカヘラレニケル。ソレヨリ後八十六年ヲ経テ、吾ガ朝人王三十四代推古天皇二十一年癸酉ニ、マタ此ノ日本国ニ来ラレケリ。此ノ時、推古帝ハ女王ニテオハセシ故ニ、万機ノ政ヲ聖徳太子ニウチマカセテ、更ニ其ノ御身ヲアヅカリタマフコトナシ。カカリシ時、十二月朔日ニアタリテ、太子外ニ出デ遊燕シタマフトテ、大和ノ国片岡トイフ所ヲ過ギタマヒケル頃シモ、達磨スナハチ饑人ノ貌トサマヲカヘ、身ニハ、ヤレツヅレタル衣服ヲ著ツツ、路ノカタヘニ臥シテ居ラレケルガ、尋常ノ人ニハコトカハリテ、眼ニハ光ヲキラメカシ、ソノ体ハイタウ香シクテ、奇異ノアリサマノミオホシ。ソノ時太子、ツクヅクトコレヲミソナハシテ、〈カノ人ノ姓ト名ハイカニゾヤ〉ト問ヒタマヘドモ、饑ヒト何トモイハズ。其ノ時太子、和歌ヲヨミテ問ヒタマヒケレバ、饑人モマタ返シノ和歌ヲヨメリ。ソノ歌ハ共ニ日本推古紀ニ載セタリ。太子ノ歌ニ曰ク、〈シナテルヤ、カタヲカヤマノ、イヒニヱエテ、フセルタビビト、アハレオヤナシ〉。饑人返シニ曰く、〈イカルガヤ、トヒノヲガハノ、タヘバコソ、ワガオホギミノ、ミナハワスレメ〉。カクテ太子、カノ饑エタルコトヲイタワシクオモヒテ、コレニ飲食ヲタマハリ、又御衣ヲヌギテ、アタヘサセタマヒテ、〈心ヤスクイネラルベシ〉ト仰セアリテ、宮ニカヘリタマヒニケル。其ノ後、使者ヲシテ見セシメタマフニ、饑人ハハヤ死ニケルト言上セシカバ、太子コレヲ聞キタマヒ、悲ミ慟ムコトカギリナク、タダチニ駕ヲハヤメテ、カノ死ニタル所ニオモムキタマフ。スナハチ官僚ノ臣ヲ引キ供シテカノ所ニイタリ、シルシノ樹ヲ封ジ、葬ヲオゴソカニシテ、数日ガアヒダ、其ノ所ヲサリタマハズ。シカルニ太子、ミヤヅカヘノ人ニ語リテ曰ク、〈郷ノハウブリシ人ハ凡人ニアラズ、真人ナラン〉トテ、使ヲツカハシ、壙ヲヒラキ見タマヘバ、サキニタマハリシ衣ハ、スデニ棺ノ上ニアリテ、ソノカラハムナシクナカリケリ。ソノ時太子ソノ衣ヲトリテ、シタシク其ノ身ニ召シタマヒニケリ。世上ノ人、コノ事ヲ聞キテ、〈太子ハ聖徳ニシテ、ヨク他ノ聖ナルコトヲ知リタマヘルハ、信ニ聡明ナレ〉ト、トナヘヌモナカリシ。其ノ太子ノ築キタマヘル墓、今ニ其ノ所ニ在リ。世人ソノ地ヲ呼ンデ達磨墳ト号ス」。

○灊山少室九年児＝達磨が少室山に入ったところ、そこの山神が持ちこたえることができずに、三度まで山が崩れたため、二年のちに灊山に移り、そこで七年面壁したという異説。灊山は安徽省潜山県西北にある山。『五家正宗賛助桀』「面壁九年」の条に「智渓集に曰く、達磨、少林に到る。山神持たず、三たび山を崩す。人、其の故を問う。神曰く〈此の山に大人有り、之を持つに堪えず〉と。磨、灊山に移って面壁す。少林二年、灊山七年、合わせて九年なり」。また、無着道忠の『風流袋』に「江湖集の古鈔に云う、達磨、西京の嵩山少林寺に至って之に住す。山神、持ち得ること能わず、之が為に山崩るること三度。居民、驚いて果して山神に問う。答えて曰く〈大人の此の山に居する有り、吾が力、奉持する能わず、故に崩るるなり〉と。之に依って灊岳山に移って面壁す。智渓集に出づ」。

○安心了也閑言語＝『伝灯録』巻三、達磨章「光曰く〈我が心未だ寧からず、乞う師、与に安んぜよ〉。師曰く〈心を将ち来たれ、汝が与めに安んぜん〉。曰く〈心を覓むるに了に得可からず〉。師曰く〈汝が与めに心を安んじ竟れり〉」。「閑言語」は、いらざる言葉。

○不識廓然生鈍遅＝『伝灯録』巻三、菩提達磨章、「帝又た問う〈如何なるか是れ聖諦の第一義〉。師曰く〈廓然無聖〉。帝曰く〈朕に対する者は誰そ〉。師曰く〈不識〉」。「生鈍遅」は鈍遅生、遅すぎた。

○徒提隻履叫帰期＝隻履西帰のことは『伝灯録』巻第三、達磨章に「……其の年十二月二十八日、熊耳山に葬り、塔を定林寺に起つ。後三歳、魏の宋雲、使を奉じて西域より回る。師と葱嶺に遇う。手に隻履を携え翩翩として独り逝くを見る。雲問う〈師何くにか往く〉。師曰く〈西天に去る〉。又た雲に謂いて曰く〈汝が主、已に厭世れり〉と。雲、之れを聞いて茫然たり。師に別れて東邁す。……孝荘即位するに迨んで、雲、具さに其の事を奏す。帝、壙を啓かしむるに、惟だ空棺と一隻の革履のみ存す。朝を挙げて、之れが為に驚歎す。詔を奉じて遺履を取り、少林寺に於て供養す。……」。

【一七】

面壁達磨

不識元來舌上瀾、梁王陸沈冷相看。
九年面壁一隻履、縦叫西皈跡尚殘。

面壁達磨

不識は元来、舌上の瀾、梁王陸沈し、冷やかに相看る。
九年面壁、一隻履、縦い西帰と叫ぶも、跡尚お残る。

〈訳〉
「不識」の一句が大波となって、
武帝を水なきに陸沈させた。
それを冷やかに見て、(揚子江を渡って)少林寺で九年面壁。
(熊耳山に葬られたのに)隻履をぶらさげて、西天に帰ると言ったところで、
却ってそこに痕跡を残したというもの。

○梁王陸沈冷相看＝「陸沈」は、陸にいながら水に沈むかのごとし。
○九年面壁一隻履、縦叫西帰跡尚残＝隻履だけを残し尸(しかばね)を消す「尸解(しかい)」で没蹤跡を図ったか知らんが、なお痕跡を残したではないか。

【一八】
面壁達磨
分皮分髓幾成勞、直至如今餘臭臊。
二祖元無立堆雪、爭知熊耳一峯高。

面壁達磨

皮を分かち髄を分かつ、幾成労ぞ、直に如今に至るも余臭臊し。
二祖、元と堆雪に立つこと無し、争でか知らん、熊耳一峰高きことを。

〈訳〉
インドでは四人の弟子にそれぞれ皮・肉・骨・髄を分付したというが、
道理で今になっても、達磨宗は生臭いはずじゃ。
（本分の心法から見れば）二祖慧可が少林寺で雪中に立ったこともない、
（してみれば、達磨が葬られた）熊耳山に隻履の跡があると、誰が分かるであろう。

○分皮分髄＝『伝灯録』巻三、菩提達磨章「九年に迄び、已にして西のかた天竺に返らんと欲す。乃ち門人に命じて曰く〈時、将に至れり。汝等、盍ぞ各おの所得を言わざる〉。時に門人道副対えて曰く〈我が所見の如きは、文字に執われず文字を離れざるを道用と為す〉。師曰く〈汝、吾が皮を得たり〉。尼総持曰く〈我れ今解する所は、慶喜の阿閦仏国を見るが如し。一見して更に再見せず〉。師曰く〈汝、吾が肉を得たり〉。道育曰く〈四大、本と空なり。五陰、有に非ず。而も我が見処は一法の得べきものも無し〉。師曰く〈汝、吾が骨を得たり〉。最後に慧可、礼拝して後、位に依って立つのみ。師曰く〈汝、吾が髄を得たり〉と」。
○余臭臊＝達磨のことを「老臊胡」という。『諸録俗語解』「老臊胡」に「臊は『説文』に〈豕（膏）の臭なり〉。字典に〈凡そ肉の腥きを皆な臊と曰う〉。〈老臊胡〉は初祖を抑下する辞なり。胡人は臊臭多き者なり」。しかし今は、自分の体を皮肉骨髄に分かったので、血なまぐさいということ。
○二祖元無立堆雪、争知熊耳一峰高＝「二祖立雪」は、『伝灯録』巻三、達磨章「其の年の十二月九日夜、天大

いに雪を雨ふらす。光、堅く立って動かず。遅明、積雪、膝を過ぐ。師憫れんで問うて曰く〈汝、久しく雪中に立つ、当た何の事をか求む〉。光、悲涙して曰く〈惟だ願わくは和尚慈悲、甘露門を開いて広く群品を度せ〉。師曰く〈諸仏無上の妙道、曠劫に精勤して、行じ難きを能く行じ、忍ぶに非ざるを忍ぶ。豈に小徳小智の軽心慢心を以てせんや。真乗を冀わんと欲するも徒らに勤苦を労するのみ〉。光、師の誨励を聞いて、潜かに利刀を取って、自ら左臂を断って師の前に置く。師、是れ法器なることを知って、乃ち曰く〈諸仏最初、道を求むるに、法の為に形を忘ず。汝今、臂を吾が前にて断つ。求むるも亦た可なること在り〉。師、遂に因って与えて名を易えて慧可と曰う。光曰く〈諸仏の法印、聞くことを得可けんや〉。師曰く〈諸仏の法印は人より得るに匪ず〉。光曰く〈我が心未だ寧からず、乞う師、与に安んぜよ〉。師曰く〈心を将ち来たれ、汝が与に安んぜん〉。曰く〈心を覓むるに了に得可からず〉。師曰く〈汝が与に心を安んじ竟れり〉」。これは少林寺でのこと。そして「熊耳」は達磨の塔所である。『伝灯録』巻三、達磨章に「……其の年十二月二十八日、熊耳山に葬り、塔を定林寺に起つ」。熊耳山は河南省にある。少林寺と熊耳峰での伝説は、空間的にも時間的にも別である。それなのに、このように異なる時空を敢えて一緒に表現するのは、歴史的事実を叙述するのではなく、時空を超えた心法を言わんがためである。次項も同じ。

【一九】

面壁達磨

面壁經年丸不點、坐來想是幾勞煩。
一堆熊耳峯前雪、二祖唯留隻履痕。

面壁達磨

面壁して年を経ること丸不点、坐来、想うに是れ幾労煩ぞ。
一堆、熊耳峰前の雪、二祖、唯だ隻履の痕を留む。

〈訳〉
九年も面壁して、坐りづめとは、えらいご苦労さん。
熊耳山に積もった雪中に二祖が立ち、
そこに隻履の跡がある。（それがダルマの心印）。

○丸不点＝九の字謎（丸に点せざれば九となる）。「丸不点」の語は、今のところ『欠伸稿』以外には未見である。
○坐来想是幾労煩＝「坐来」は坐る。坤の巻〔三七四〕〔三七六〕〔四〇七〕〔四一五〕〔六二三〕〔六二四〕〔六三六〕にも出る。
○一堆熊耳峰前雪、二祖唯留隻履痕＝二祖立雪、熊耳峰、隻履西帰はそれぞれ場所も時間も異なるできごと。それを敢えて一緒にして、時空を超えた心法（ダルマ）を表わすもの。

【二〇】
渡江達磨

萬古江流流不盡、興波作浪一莖蘆。
梁王不識誰相識、帯水拖泥望魏都。

渡江達磨

万古江流、流れ尽きず、波を興こして浪と作る、一茎の蘆。
梁王は識らず、誰か相識る、帯水拖泥、魏都を望む。

〈訳〉
万古尽きずに流れている揚子江を、
一本の葦が横切り大波を起こした。
武帝は達磨大師の素性を知らず「識らない」と答えたのだが、
いったい誰が、達磨大師は観音菩薩だと分かったであろう。
（武帝は志公から「あの方は観音菩薩の再来で仏心印を伝えられたのです」と説明されて、ようやく気づいたのだが）
これは言葉によって泥まみれになったというもの、
恨めしく魏の都をながめやるばかり。

○興波作浪一茎蘆＝「興波不作浪」は『禅語字彙』では「波を興こして浪を作らず」と訓じて「波はなみ立つ義、浪は大なみ也。自在無碍の手腕をいふ」とする。それは以下の問答の解釈である。『五灯会元』巻十四、鼎州梁山縁観禅師章、「真云く〈如何なるか是れ活水の龍〉。山云く〈興波不作浪〉」。今ここでは、この問答とは直接関わらず、語を借りて逆にいっただけ。よって、ここでは単に「波浪を起こす」の義に解する。問題の端緒をつくることを「風を興こし浪を作(な)す（興風作浪）」というが、今はそんなニュアンス。

○梁王不識誰相識＝『碧巌録』一則、本則、「帝、後に挙(こ)して志公に問う。志公云く〈陛下、還って此の人を識るや否や〉。帝曰く〈不識〉。志公云く〈此れは是れ観音大士、仏心印を伝う〉。帝、悔いて、遂に使を遣わし去って請ぜんとす。志公云く〈道うこと莫かれ、陛下、使を発し去って取らしめんと。闔国(かっこく)の人去るとも、他、亦た回らじ〉」。

○帯水拖泥望魏都＝「拖泥帯水」は、泥まみれずぶ濡れ。言語に渉ることを抑下していう。

【二二】

達磨

萬里西來途路賒、少林風冷破袈裟。
九年面壁元無用、李白桃紅春在花。

達磨

万里西来(ばんりせいらい)、途路(とろ)賒(はる)か、少林(しょうりん)、風冷やかなり、破袈裟(はげさ)。

九年面壁、元と無用、李白桃紅、春は花に在り。

〈訳〉

万里離れたインドからはるばるやって来て、
少林寺で冷たい風に吹かれ、破れた袈裟で九年面壁とは。
そんなことはもともとせぬがまし、
李は白、桃は紅。そのありのままに、ちゃんと春があるではないか。

○李白桃紅春在花＝ありのままの光景。『句双葛藤鈔』「桃紅李白、銀山鉄壁」に「現成ノ公案也。爰ハナニトモ会シ難イホドニ銀山鉄壁也」。

【一二】

達磨

西歸履響動乾坤、立雪神光怨報恩。
端坐九年寒暑苦、餘殃今尚及兒孫。

西帰、履響いて乾坤を動ず、立雪の神光、怨もて恩に報ず。
端坐九年、寒暑の苦、余殃、今尚お児孫に及ぶ。

〈訳〉
西へ帰る手に持った隻履が天地を動かす、
雪中に立った神光は、我が腕を断って恩に報いた。
寒暑をおして九年の間、少林寺で坐禅したのだが、
その余殃のとばっちりが、今なお法孫に及んでいる。
（そのお蔭で達磨の法が今に伝わっている）。

○立雪神光＝本書前出［一八］。
○余殃今尚及児孫＝「祖禰了ぜざれば、殃い児孫に及ぶ（祖禰不了、殃及児孫）」という諺をふまえる。「祖禰」は、先祖の廟。元の意は、祖先が祭りごとを行なわねば、殃が子孫に及ぶ。祖先がちゃんとケリをつけぬから、災いが今に及ぶ。『句双葛藤鈔』「祖禰不了殃及児孫」の注に「先聖モ不伝、終ニ了ゼヌ殃ヲ以テ、今ニツギ来タゾ」。おかげさまで法が伝わっておる、ということを抑下してこのようにいう。坤の巻［三二九］達磨に「二祖を接得して、殃、児孫に及ぶ」。「二祖を印可したために禅宗が始まったのだが、わざわいが法孫に及び、厄介なことになったというもの」。また坤の巻［三四四］「達磨」に「二祖を接得して、余殃、児に及ぶ。安心了也、蹉過するもまた知らず」。「神光を接得して二祖としたために、とばっちりが法孫に及んだというものだ。〈我れ汝がために心を安んじおわんぬ〉などと言ったのは、とんだしくじりじゃ」。

【一三】

渡江達磨

初祖菩提、達磨大師。揚子江畔、立攢兩眉。
辭梁至魏、出竺留支。叫無功徳、具活機宜。
以西來意、及東海兒。單傳心印、開闢洪基。
如今入圖裏現全體、錯道昔日分髓分皮。嘎。

渡江達磨

初祖菩提達磨大師。
揚子江畔に立って、両眉を攢む。
梁を辞して魏に至り、竺を出でて支に留まる。
無功徳と叫んで、活機宜を具す。
西来の意を以て、東海の児に及ぼす。
心印を単伝して、洪基を開闢す。
如今、図裏に入って全体を現わす、

錯(あや)まって道(い)う、昔日(そのかみ)、髄(ずい)を分かち皮(ひ)を分かつと。嗄(さ)。

〈訳〉

揚子江のほとりに立って眉を皺め、
梁の国を辞して魏に渡ろうとしている初祖菩提達磨大師。
天竺を出て支那にやって来て、無功徳の一句で活機関を示し、
「西来の意」というダルマの宗旨を我が東海の法孫にも伝え、
心印(しんいん)を単伝(たんでん)して、禅宗の基を開かれた。
今この絵に全体を現しておるが、
その昔「髄(ずい)を分かち皮(ひ)を分かつ」と言ったのは誤ったというもの。嗄(さ)。

【二四】

面壁達磨

隨處稱主、傳佛心宗。西天明月、照熊耳峯。

面壁達磨

随処(ずいしょ)に主(しゅ)と称して、仏心宗(ぶっしんしゅう)を伝う。

西天の明月、熊耳峰を照らす。

〈訳〉

到るところで主人公となって、仏心宗を伝える。

インドの明月が、いま熊耳峰頂を照らしている。

(インドも、面壁の少林寺も、墓塔のある熊耳山も、一切の時間と空間とを超越して照らす心法という真理が月となって照らしている)。

○随処称主=『臨済録』示衆、「随処に主と作れば、立処皆な真なり(随処作主、立処皆真)」。

○西天明月、照熊耳峰=時空の異なる、西天、少林面壁、熊耳峰の三つを同時にいう。

【二五】

三祖

三祖僧璨大師、何許人未曾知。

要覓罪了無罪、斷絶小見狐疑。

三祖

三祖僧璨大師、何許の人なるか未だ曾て知らず。
罪を覓めんと要するも了に罪無し、小見の狐疑を断絶す。

〈訳〉

三祖僧璨大師は、どこの人であるかわからない。
（ある時、二祖大師に会って、我が身の罪を懺悔しようとした。すると二祖から、その罪というものをここに持って来なさいと命じられ）
その罪なるものはいかなるものかと追求したが、
結局、不可得であると悟って、疑団を根本から絶ちきることができた。

○三祖僧璨大師＝『伝灯録』巻三、第二十九祖慧可大師章に「北斉天平二年に至って、一居士有り。年、四十を踰ゆ。名氏を言わず。聿ら来たって礼を設けて師に問うて曰く〈弟子、身に風恙を纏う、請う和尚、罪を懺せよ〉。師曰く〈罪を将ち来たれ、汝がために懺せん〉。居士良久して云く〈罪を覓むるも不可得〉。師曰く〈我れ汝がために罪を懺し竟んぬ、宜しく仏法僧に依って住すべし〉。曰く〈今和尚に見え已に是れ僧なることを知る、未審、何をか仏法と名づく〉。師曰く〈是心是仏、是心是法。法仏無二、僧宝も亦た然り〉。曰く〈今日始めて知んぬ、罪性が内に在らず外に在らず中間に在らざることを〉。……大師、深く之を器として即ち為に剃髪して云く〈是れ吾が宝なり、宜しく僧璨と名づくべし〉」。
○何許人未曾知＝『伝灯録』巻三、第三十祖僧璨大師章に「何許の人かを知らず。初め白衣を以て二祖に謁す」。
○要覓罪了無罪＝右注。

○小見狐疑＝識見がせまいために、疑い深くて決心のつかぬこと。狐は疑い深い動物で、凍った河を渡るたびに、水のないところを聴きながら渡るので、このようにいう。『離騒』に「心猶豫して而狐疑す」。「猶豫」は、ぐずぐずしていて決断せぬこと。

【二六】

三祖

皖公山裏破蒲團、懺罪安兮覔罪難。
埋却神光普通雪、你儂也是冷相看。

三祖

皖公山裏、蒲団を破す、罪を懺するは安く、罪を覓むるは難し。
埋却す、神光普通の雪、你儂も也た是れ冷やかに相看る。

〈訳〉

（武帝の破仏のときには）皖公山に隠れて、もっぱら坐禅し修行された。
（出家する前に二祖に会って、我が身の罪を懺悔しようとしたところ、二祖から、その罪というものをここに持って来なさいと命じられたのだが）、罪を改心するのは易しいが、罪なるものを極めることは難しい。神光は普通八年十二月九日の未明、雪の中に立って、「心を覓むるに不可得」と悟得したが、

そなたもまた「罪を覓むるに不可得」と、二祖立雪の冷たさを達観したのだ。

○皖公山裏破蒲団＝『伝灯録』巻三、第三十祖僧璨大師章に「何許の人かを知らず。初め白衣を以て二祖に謁す。既にして受度伝法す。舒州の皖公山に隠る。後周武帝の仏法を破滅するに属う」。

○懺罪安兮覓罪難＝「安」は「易」であるべきであろう。本書前出［二五］。

○埋却神光普通雪＝二祖立雪は本書前出［一八］。

○你儂也是冷相看＝「你儂」は、なんじ。「他儂」はかれ、「我儂」はわれ、「誰儂」はだれ。「冷相看」は、「冷淡視」するのではなく、三句の「普通雪」を冷ややかであると見る、という意味。乾の巻［一六一］坤の巻［三九一］を参照。

栽松道者

【二七】

栽松道者

箇一籠内、多種松苗。孫子枝葉、志在凌霄。

箇の一籠の内、多種の松苗。
孫子枝葉、志は凌霄に在り。

〈訳〉
この籠にあるのは、将来多くの種子を残すための松の苗。
その枝葉が茂って大樹となるようにと、その志は天よりも高い。

○栽松道者＝五祖弘忍の前生は、破頭山の栽松道者だったが、周氏の女に託胎して生まれかわり、七歳にして四祖に参じたという因縁。『林間録』巻上、「四祖大師、破頭山に居す。山中に無名の老僧有り、唯だ松を植う。人呼んで栽松道者と為す。嘗て祖に請うて曰く〈法道、得て聞きつ可けんや〉。祖曰く〈汝已に老いたり。脱し聞くこと有れども、其れ能く化を広めんや。儻し能く再来せば、吾れ尚お汝を遅つべし〉。乃ち去って水辺に行いて、女子の衣を浣うを見て、揖して曰く〈寄宿せん、得てんや〉。女曰く〈我れに父兄有り。往いて之に求むべし〉。曰く〈諾せば、我れ即ち敢えて行かん〉。女、之に首肯す。老僧、策を回らして去る。女は周氏の季子なり。帰って輒ち孕む。父母大いに悪んで之を逐う。女、帰る所無し。日は里中に傭われて紡ぎ、夕は衆館の下に於いてす。已にして一子を生む。以て不祥と為して水中に棄つ。明日之を見るに、流れに泝って上る。気体鮮明なり。大いに驚いて遂に之を挙ぐ。童と成って母に随って乞食す。邑人呼んで無姓児と為す。四祖、黄梅の道中に見て、戯れに之に問うて曰く〈汝、何の姓ぞ〉。曰く〈姓は固より有り、但だ常の姓に非ず〉。祖云く〈何の姓ぞ〉。曰く〈是れ仏姓〉。祖云く〈汝乃ち姓無しや〉。曰く〈姓空なる故に無なり〉。祖、其の母を化して出家せしむ。時に七歳なり。衆館、今寺と為って、仏母と号す。而して周氏尤も盛んなり。破頭山を去ること佇望の間、道者の肉身尚お在り。黄梅の東禅に仏母塚有り。民其の上に塔す」。

○箇一籠内、多種松苗＝坤の巻［四二八］「五祖栽松」に「縦い松苗を植えて多種にし去るも、再来、本と是れ半文銭」。坤の巻では「縦に松苗を植え多種にし去れ、再来、本と是れ半文銭」と訓じたが、いま改める。

○孫子枝葉、志在凌霄＝坤の巻［四四七］「栽松道者」に「他時、必ず是れ宗風を起こさん。枝枝、元と凌霄の志有り」。

【二八】

栽松道者

不若栽松在破頭、老婆親切却生仇。

驢胎馬腹如然底、無姓孩兒奈姓周。

栽松道者

若かじ、松を栽えて破頭に在らんには、老婆親切、却って仇を生ず。

驢胎馬腹、如然底、無姓の孩児、姓は周なるを奈せん。

〈訳〉

破頭山で松を植えておればよかったのに。

周の女が親切にも胎を貸してくれ、それによって生まれ変わったとは、かえって冤を生じたというもの。
ロバや馬に生まれ変わったも同じこと。
（四祖禅師に見出されたときの問答で、「常の姓にあらず、仏姓だ」などと言ったが）
周氏の女から生まれ変わったのだから、
俗姓が周であるのはどうしようもあるまい。

○老婆親切却生仇＝貽を貸した周女の老婆心切が。
○驢胎馬腹＝ロバや馬に生まれ変わること。六道輪廻。
○無姓孩児奈姓周＝『伝灯録』巻三、第三十一祖道信大師者の条に「……唐の武徳甲申の歳、師、師、蘄春に却返って、破頭山に住す。学侶雲のごとく臻まる。一日、黄梅県に往き、路に一小児に逢う。骨相奇秀にして、常の童に異なる。師問うて曰く〈子何の姓ぞ〉。答えて曰く〈姓は即ち有るも是れ常の姓にあらず〉。師曰く、是れ何の姓ぞ。答えて曰く〈是れ仏性〉。師曰く〈汝、性無きか〉。答えて曰く〈性空なる故に〉。師、黙して其の法器なるを識る。即ち侍者をして其の家に至らしめ、父母の所に於て乞うて出家せしむ。……」。また前項に引いた『林間録』巻上。

【一一九】
栽松道者
縱有再來心印傳、實頭難得半文錢。
佗時異日青山裏、松是老成人少年。

栽松道者

縦い再来の心有って印伝するも、実頭得難し、半文銭。
佗時異日、青山の裏、松は是れ老成、人は少年。

〈訳〉

四祖は栽松道者に「もし再来すれば、吾れなお汝をまつべし」といったのだが、
いくら生れ変わって来ても半文の値打ちもない、まこと着実な人間は得がたい。
いずれ将来、生まれ変わって来たとしても、
その時に松は大きくなっているのに、再来した者はまだ小僧子だとは。

○縦有再来心印伝、実頭難得半文銭＝「再来不直半文銭」をふまえる。「印伝」は心印伝授。『句双葛藤鈔』「実頭人難得」の注に「上古ノスヂメノ、ソツトモタガワヌ人ナリ。宗旨デハ本分ニ踏ミスエタ事ゾ」。

【三〇】

六祖擔薪

殃及兒孫處、至今爭是非。
擔薪束荊棘、惹著六傳衣。

六祖担薪

殃い児孫に及ぶ処、今に至るまで是非を争う。
薪を担い荊棘を束ねて、六伝の衣を惹き著たり。

〈訳〉
（この男のために）後世の者に厄介がふりかかり、
今に至るまで是非を争っている。
薪を背負い荊棘を束にして売っていたこの男が、
達磨大師から六代つづいて伝わって来た衣を手にすることになったのだから。

○六祖担薪＝『伝灯録』巻五、慧能大師章「俗姓は盧氏。其の先は范陽の人なり。……三歳、父を喪う、其の母志を守って鞠養す。長ずるに及んで、家尤も貧窶なり。師、樵采（薪とり）して以て給す。一日、薪を負うて市中に至る。客の金剛経を読むを聞き、悚然として其の客に問うて曰く〈此れ何の法ぞや、何人に得たるや〉。客曰く〈此れ金剛経と名づく、黄梅の忍大師に得たり〉。師遽かに其の母に法の為に師を尋ぬるの意を以て告ぐ。直に韶州に抵る」。
○殃及児孫処、至今争是非＝「殃及児孫」は前出［一一二］。「争是非」は具体的には何か。『伝灯録』巻三、五祖弘忍章に出る神秀の偈「身是菩提樹、心如明鏡台。時時勤払拭、莫遣有塵埃」と、盧行者の偈「菩提本非樹、心鏡亦非台。本来無一物、何仮払塵埃」との違いのことか。
○担薪束荊棘、惹著六伝衣＝「荊棘」は、イバラのことだが、ここでは灌木のたぐい。また、イバラのトゲが衣をひっかけた、という含み。「六伝衣」は、達磨から六祖まで伝わった衣。「惹著」は、〜という結果になった。

【三二】

六祖

六祖惠能大師、獦獠自嶺南來。
不傳衣包香去、折得黄梅一枝。

六祖

六祖恵能大師、獦獠、嶺南より来たる。
不伝の衣に香を包み去って、黄梅の一枝を折り得たり。

〈訳〉

六祖恵能大師（と後世まで称えられる禅宗の祖師）は、
（もとはいえば）嶺南からやって来た蛮人だった。
（しかし、黄梅山に七百の高僧がいる中で、ただ一人印記を受けて）
五祖の法である黄梅の一枝を折り取り、

達磨より六伝した衣に（黄梅山の梅の）香を包んで、南の方に去った。

○六祖＝『伝灯録』巻三、五祖弘忍章「咸亨中、一居士有り、姓は盧、名は慧能。蘄州より来たって参謁す。師問うて曰く〈汝、何よりか来たる〉。曰く〈嶺南〉。師曰く〈何事をか須めんと欲す〉。曰く〈唯だ作仏を求む〉。師曰く〈嶺南の人、仏性無し、若為ぞ仏たるを得ん〉。曰く〈人は即ち南北有るも、仏性豈に然らんや〉。師、是れ人に異なることを知って、乃ち訶して曰く〈槽廠（米搗き小屋）に著き去れ〉。能、礼足して退き、便ち碓坊に入る。労に杵臼の間に服すること、昼夜息まず。八月を経る。師、付授の時至ることを知って、遂に衆に告げて曰く〈正法は解し難し、徒らに吾が言を記して、持して己が任と為す可からず。汝等、各自に意に随って一偈を述べよ。若し語意冥符するときは則ち衣法皆な付さん〉と。時に会下の七百余僧。上座神秀なる者、学、内外に通じ、衆の宗仰する所なり。咸な共に推称して云く〈若し尊秀に非ずんば、疇か敢えて之に当たらん〉。神秀、窃かに衆誉を聆いて、復た思惟せず。乃ち廊壁に於いて一偈を書して云く〈身は是れ菩提樹、心は明鏡台の如し。時時に勤めて払拭して、塵埃有らしむること莫かれ〉。師、因みに経行して忽ち此の偈を見る。是れ神秀の所述なることを知って、乃ち讃歎して曰く〈後代、此に依って修行せば、亦た勝果を得ん〉。……各おの誦念せしむ。能、碓坊に在って、忽ち偈を誦するを聆いて、乃ち同学に問う〈是れ何の章句ぞ〉。同学曰く〈汝知らずや、和尚、法嗣を求め各おのをして心偈を述べしむ。此は則ち秀上座が所述なり。和尚深く歎賞を加う、必ず将に付法伝衣すべし〉。能曰く〈其の偈、云何〉。同学為に誦す。能良久して曰く〈美なることは則ち美なり、了なることは則ち未了〉。同学訶して曰く〈庸流何をか知るや、忽ち狂を発して言う〉。能曰く〈子信ぜざるか。願わくは一偈を以て之に和せ〉。同学答えず、相視て笑う。能、夜に至って、密かに一童子に告げて、引いて廊下に至る。能、自ら燭を秉って、童子をして秀の偈の側に一偈を写さしむ。云く〈菩提本と樹に非ず、心鏡も亦た台に非ず。本来無一物、何ぞ塵埃を払うことを仮らん〉。大師後に此の偈を見て云く〈此は是れ誰の作ぞ、亦た未だ見性せず〉。衆、師の語を聞いて、遂に之を顧みず。夜に迨んで、乃ち潜かに人をして碓坊より能行者を召して入室せしむ。告げて曰く〈諸仏の出世は一大事の為の故に、機の小大に随って之を引導す。遂に十地、三乗、頓漸等の旨有り、以て教門と為す。然も無上微妙秘密円明真実の正法眼蔵を以て、上首の大迦葉尊者に付し、展転して伝授すること二十八世、達磨に至って此の土に届る。可大師を得て、承襲して以て吾に至る。今、法宝及び所伝の袈裟を以って、用って汝に付す。善く自ら保護せよ、断絶せしむること無かれ〉。……」。

○六祖恵能大師、獦獠自嶺南来＝一句で大師号でもって尊称し、二句では「獦獠」という差別用語でもって、その出自を明らかにする。その対比に妙がある。左に引く「仏姓何の差別か有らん」という、六祖による禅宗史上における重大な宣言がその裏付けとしてある。『六祖壇経』行由に「五祖曰く〈汝は是れ嶺南の人、又た是れ獦獠。若為ぞ仏と作るに堪えん〉。慧能曰く〈人に南北有りと雖も、仏性本と南北無し。獦獠の身と和尚と同じからざるも、仏姓何の差別か有らん〉」。「獦獠」は猲獠とも。北人が南人を卑しめて呼ぶ差別語。南方の少数部族に対する貶称。獦は、口の短い犬、転じてえびす。獠は、蛮族の名、また人を罵る語。

○不伝衣包香去＝「不伝衣」は、六伝衣というに同じ。達磨から六祖まで伝わり、それ以降は伝わらなかったので「不伝」という。『伝灯録』巻、黄連山義初章、「広南劉氏、師の道化を嚮って請じて府内に入れしむる説法」に、「……（僧）曰く〈法王の心要、達磨西来して、五祖、曹渓に付与す。此より衣鉢を伝えず。未審、碧玉階前、何を将ってか付嘱せん〉」。「包香」は、四句の「黄梅」に係る。

○折得黄梅一枝＝「黄梅一枝」は、黄梅山五祖の法を一枝の梅になぞらえたもの。

【三二】

六祖

嶺南獦獠脚如飛、七百高僧追不歸。

― 有力恵明難擘破、翻成盤石六傳衣。―

六祖

嶺南の獦獠、脚飛ぶが如し、七百の高僧、追うも帰らず。

有力の恵明も擘破し難し、翻って盤石六伝の衣と成る。


〈訳〉

嶺南の獦獠は脚の早いこと飛ぶようである。

黄梅下の七百の高僧がその跡を追いかけても戻っては来ない。

（中でも道明は数十人を引き連れて追いかけ、ついに大庾嶺で盧行者を見つけた。盧行者は衣鉢を岩の上に投げ出して、「この衣は力をもって奪うことはできない。持って行くなら持って行くがよい」といったが）

力持ちの恵明もどうしようもない、
盤石のごとく動かないのだった。

○嶺南獦獠脚如飛＝『伝灯録』巻三、五祖弘忍章「……能、礼足して已に衣を捧げて出づ。是の夜、南のかたに邁く。大衆知ること莫し。忍大師、此より復た上堂せざること凡そ三日。大衆疑怪して問を致す。祖曰く〈吾が道行きぬ、何ぞ更に之を詢う〉。復た問う〈衣法誰か得たるや〉。師曰く〈能くする者得たり〉。是に於いて衆、議すらく〈盧行者、名は能なり〉と。尋訪するも既に失せり。懸かに彼が得ることを知って、即ち共に奔り逐う」。「獦獠」は前項［三一］。

○七百高僧＝『伝灯録』巻三、五祖弘忍章「時に会下の七百余僧」。

○追不帰＝『伝灯録』巻四、袁州蒙山道明禅師章「……五祖、密かに衣法を盧行者に付して与うと聞くに及んで、即ち同意数十人を率いて跡を躡って追遂う。大庾嶺に至って、師、最先に見る。余輩未だ及ばず。盧行者、師の奔り至るを見て、即ち衣鉢を盤石に擲って曰く〈此の衣は信を表わす、力もて争う可けんや、君の将ち去るに任す〉。師、遂に之を挙するも山の動かざるが如し。……」。

○有力恵明難擘破、翻成盤石六伝衣＝右引の『伝灯録』巻四、袁州蒙山道明禅師章。『六祖壇経』に「慧能、大庾嶺に至る。……慧能、衣鉢を石上に擲下して曰く〈此の衣は信を表す、力をもって争う可けんや〉。能、草莽の中に隠る。慧明、至って提掇するも動かず」。

【三三】

藥山

寂寞藥嶠佳境開、淨瓶有水絶塵埃。
朗州刺史若呈問、指示箇閑家具來。

薬山

寂寞たる薬嶠、佳境開く、浄瓶に水有り、塵埃を絶す。
朗州刺史、若し問を呈せば、箇の閑家具を指示し来たる。

〈訳〉

寂寞とした素晴らしい薬山の風景、
（それがそのまま、この和尚の境涯）
そして浄瓶に注がれた水には、一点の汚れもない。
朗州知事の李翺が「如何なるか是れ道」と尋ねたのに、
この和尚は（一手では天を指さし、もう一手では）この水瓶を指しただけ。

○薬山＝『伝灯録』巻十四、李翺章、「朗州刺史李翺、師の玄化を嚮う。屢しば請ずるも起たず。乃ち躬ら山に入って之に謁す。師、経巻を執って顧みず。侍者白して曰く〈太守在此〉と。翺、性褊急なり。乃ち言って曰く〈面を見るは名を聞くに如かず〉。師、〈太守〉と呼ぶ。翺応諾す。師曰く〈何ぞ耳を貴んで目を賤しむることを得たる〉。翺、拱手して之を謝す。問うて曰く〈如何なるか是れ道〉。師、手を以て上下を指して曰く〈会すや〉。翺曰く〈不会〉。師曰く〈雲は天に在り水は缾に在り〉。翺乃ち欣愜して作礼して一偈を述べて曰く〈身形を練得して鶴に似たり、千株の松下、両函の経。我れ来たって道を問うも、余の説は無し、雲は青天に在り、水は缾に在りと〉」。

○寂寞薬嶠佳境開＝薬山禅師の境涯をもいう。

○閑家具＝いらざる家財道具。さして珍しくもない水入れ、という気味。

【三四】薬山

一　李翺未（來）到、話在淨瓶。澧陽藥嶠、水自靈靈。一

薬山

李翺、来到するも、話は浄瓶に在り。
澧陽薬嶠、水自ずから霊霊。

〈訳〉

朗州知事の李翺が（わざわざ）お出ましになって仏道を問うたというのに、「浄瓶には水が入っている」などとそっけない答え。（いや、さにあらず）澧州薬山の山水はもとより霊霊昭昭としておる。（それがそのまま薬山禅師の心境に他ならない）。

○李翺未到、話在浄瓶＝難訓。「未到」は不審、あるいは「来到」か。その場合には、「知事がわざわざやって来たのに、浄瓶を指し示しての公案を示した」という意味になる。いま「来」字として解した。孤蓬庵本の写本では、三祖賛の「何許人未曾知」の「未」とあるべきところを「来」字に誤写している例がある。

○澧陽薬嶠＝湖南省澧州の南九十里（約四十キロ）にある薬山。『伝灯録』巻十四、薬山惟儼章に、「師一夜、山に登り経行し、忽ち雲開き月を見て、大笑一声す。澧陽の東九十許里に応ず。居民尽く東家と謂えり」。

○水自霊霊＝「霊霊」は、霊霊照照として大千世界を貫いて輝く仏性。

【三五】

艅子

棲老華亭江水邊、自横橈子自横艅。
釣竿釣得夾山後、萬事無心一睡眠。

艅子(せんす)

棲(す)み老(お)ゆ、華亭(かてい)の江水の辺(ほとり)、自ら橈子(とうす)を横たえ自ら艅を横たう。
釣竿(ちょうかん)、夾山(かっさん)を釣り得たる後、万事無心(ばんじむしん)、一睡眠(いちすいみん)。

〈訳〉
華亭(かてい)の水辺に老身を寄せて、自ら櫂(かい)を手にして舟をあやつる。
（釣糸を垂れていたのは他でもない、夾山(かっさん)という男を釣り上げるためだが）、
たったひとり夾山を得た後は、
もはや何もなすべきことはない、ただ眠るだけ。

○船子＝『伝灯録』巻十四、船子和尚章、「華亭の船子和尚、名は徳誠、薬山に嗣ぐ。嘗に華亭の呉江に於いて一小舟を汎かぶ。時に之を船子和尚と謂う。師、嘗に同参の道吾に謂いて曰く〈他後、霊利の座主有らば、一箇を指し来たれ〉と。道吾、後に京口和尚、善会を激勉して師に参礼せしむ。師問うて曰く〈座主、甚れの寺にか住す〉。会曰く〈寺は即ち住せず、住すれば即ち似ざるなり〉。師曰く〈似ざると、箇の什麼にか似たる〉。会曰く〈目前、相似たる無し〉。師曰く〈何れの処にか学び得来たる〉。曰く〈耳目の到る所に非ず〉。師笑って曰く〈一句合頭の語、万劫の繋驢橛。糸を千尺に垂る、意は深潭に在り、鈎三寸を離れて、速かに道え、速かに道え〉。会、口を開かんと擬す。師便ち篙を以て水中に撞在す。因って大悟す。師、当下に舟を棄てて逝く。其の終りを知ること莫し」。

○栖老華亭江水辺＝「栖老」は老生涯を某地に寄せる。「華亭」は、江蘇省の松江県。

○万事無心一睡眠＝「一睡眠」は、江月の常套語。乾の巻［六一］［八六］、坤の巻［四一六］［五二八］。万事、もはやなすべき何ごともない、ただ眠るだけ、という究極の一睡。『日葡辞書』では「いっすいめん」とする。

【三六】

船子

未釣金鱗無底籃、華亭風景水淡淡。
誰知別有思量處、眼見高天心深潭。

船子

未だ金鱗を釣らず、無底の籃、華亭の風景、水淡淡。

誰か知る、別に思量の処有ることを、眼は高天を見、心は深潭。

〈訳〉

いまだに大物を釣り上げてはいないし、
（釣った魚を入れる）籠にしても底がない。
華亭の川辺にたゆとう水、のどかな風景（それに似た境涯のこの和尚）。
（しかし、この華亭の景に）よくよく思いを致すべきものがあることを誰が知ろう。
（船子和尚こそはそれが分かった人物）
眼は天を見ているが、その心は深潭にあるのだ。

○未釣金鱗無底籃＝「金鱗」は、すぐれた魚。傑僧になぞらえる。『句双葛藤鈔』「金鱗不在竿頭上」の注に「言ハ霊利作家ノ漢ハ垂示説法ノ言句ノエバ（＝餌）ヲムサムラヌ（ムラムル＝むさぶる＝貪る）ナリ」。「無底籃」は、『句双葛藤鈔』「路逢死蛇莫打殺、無底籃子盛将帰」の注に「路トハ今時、死蛇トハ本分ノ主。逢トハ契当、莫打殺トハ契当ノ旨ヲ失ナ、無底籃トハ境界、盛将帰トハ護持也」。『碧巌録』四三則、頌の評唱に「洞下に此の石女……無底籃・夜明珠・死蛇等の十八般有り」。ただし、ここでは単に「底の抜けた籠」のこと。魚を入れようにも入らない。
○淡淡＝澹澹に同じ。水の揺れ動くさま。
○誰知別有思量処＝「誰知別有思量処」は、江月がよく用いる語。『碧巌録』二十四則、本則の下語に出る語「誰知遠烟浪、別有好思量」をふまえる。中川渋庵『禅語辞彙』「この高遠なる理想は、凡人の分かる処ではない」。『句双葛藤鈔』に注して「渺々ノ烟浪ニ宗門ノ好思量ハアルゾ。思惟分別ノ思量デハナイゾ」と。
○眼見高天心深潭＝「心深潭」は、『伝灯録』巻十四、船子和尚章、「糸を千尺に垂る、意は深潭に在り」。

【三七】

船子

華亭江上水悠悠、罷釣歸來坐小舟。
崖得安閑無事底、遠山何處夕陽收。

船子（せんす）

華亭（かてい）の江上（こうじょう）、水悠悠（ゆうゆう）、釣を罷（や）め帰り来たって小舟に坐す。
崖得（がいとく）す、安閑無事底（あんかんぶじてい）、遠山何（いず）れの処にか夕陽（せきよう）収まる。

〈訳〉
華亭（かてい）の川の水はゆったりと流れている。
釣から帰って来て小舟に坐る、この男。
（魚を釣るのではない、夾山（かっさん）という大物を釣り上げたのだ）
とうとう（何もなすべきことのない）安閑無事の境に至ったのだ。

あの遠い山並みのどこに夕陽は沈んでいくのだろうか。

○罷釣帰来坐小舟＝司空曙の「江村即事」詩（『三体詩』収）に「釣を罷め帰り来たって船を繋がず、江村月落ちて正に眠るに堪えたり。縦然い一夜風吹き去るとも、只だ蘆花浅水の辺に在らん（罷釣帰来不繫船、江村月落正堪眠。縦然一夜風吹去、只在蘆花浅水辺）」。司空曙が漁父に成り代わって作った詩。『三体詩由的抄』に、「宵ヨリ釣ヲ垂レテ沖ニイタルガ、釣ヲヤメテ江村ヘ帰リ来タレバ、月落チテ夜イタク深クル間、船ヲ繫ガズ、ソノママ乗リ捨テ、睡眠スルトナリ。漁人ノ意ニオモヘラク、船ヲ繫ガズトモ苦シカラズ。今夜ノ気色ハ大風ナドモ吹ク可カラズ。タトヒ此ノ船ヲ風吹キサルトモ、此ノアタリハ蘆花アル所ノ浅水ノ辺ヨリ外ヘハ吹キヤルマジ。然ル故ニ船ヲ繫ガザルナリ」。

○崖得安閑無事底＝「崖得」は、「捱得」とも。『禅語辞典』「崖」に「ぐいぐいと押しまくる。追いつめていく」。『諸録俗語解』［二九］に「おしこばる（しいて我慢する、耐える）」。『虚堂録』に「捱到頭白歯黄、孤灯独照之時」とあり、『虚堂録犁耕』に、「正字通に曰く、俗に延緩を謂いて捱という」とし「猶お漸漸と言うがごとし」。「捱得期満」の例に見るように、「捱得～」で、「ようやく～になる」「とうとう～になる」「ついに～となる」という義。

【三八】

船子

呉江流水粼粼、平常掃世間塵。

舟中久成勞處、釣得善會一人。

船子
呉江の流水、粼粼たり、平常、世間の塵を掃う。
舟中、久しく労を成す処、善会一人を釣り得たり。

〈訳〉
呉江の流水は清らかで透き通り石が見えんばかり、
つねに一切の世俗の塵から離れている。
（船子和尚の胸中も、ちょうどこの水のように清らかであろう）
舟に乗って、長い間、大物の現われるのを待っていたが、
ついに夾山善会という男一匹を釣り上げたのだ。

○呉江流水粼粼＝「呉江」は、華亭を流れる呉淞江。「粼粼」は、水が清く透き通って石が見えるさま。『詩経』唐風、揚之水に「揚之水、白石粼粼」。

【三九】
船子接夾山
舟泛華亭野水濱、擧橈子惑幾多人。

縦然善會氷消去、却作深淵没溺身。

船子、夾山を接す

舟、華亭に泛ぶ、野水の浜、橈子を挙して幾多の人をか惑わす。
縦然い善会氷消し去るも、却って深淵没溺の身と作る。

〈訳〉

華亭の水辺に舟を浮かべ、
櫂を振り上げて、どれほどの人を惑わして来たことか。
たとい夾山善会ひとりが大悟したとしても、
この和尚はかえって、舟を捨てて行方不明、深い淵に沈んだと見える。

○船子接夾山＝本書前出［三五］。『伝灯録』巻十四、船子和尚章。
○縦然善会氷消去＝「氷消」は瓦解氷消の略。一切の疑団が氷のように溶け去ること。
○却作深淵没溺身＝『伝灯録』巻十四、船子和尚章の末尾に「（夾山善会）因って大悟す。師、当下に舟を棄てて逝く。其の終りを知ること莫し」。

【四〇】

懶瓚
蹲鴟坐祝融、寒涕拭寒風。
遠召泥對（封）紫、爭如芋火紅。

懶瓚（らんざん）
蹲鴟（そんし）、祝融（しゅくゆう）に坐す、寒涕（かんてい）、寒風に拭う。
遠く召す、泥紫封（でいしほう）、争（いか）でか如（し）かん芋火（うか）の紅なるには。

〈訳〉
（うずくまったミミズクのような）巨大な芋が、
衡山の祝融峰に鎮座している。
（その芋の如き）懶瓚和尚は、寒風の中で鼻水を拭っておる。
はるばる都から勅書をもって召されたのだが、
（そんな汚らわしいものより）赤く燃えた焼き芋の火のほうがよっぽどまし。

○懶瓚＝『碧巌録』三十四則、頌の評唱「懶瓚和尚、衡山の石室中に隠居す。唐の徳宗、其の名を聞き、使を遣わして之れを召す。使者、其の室に至って宣言す〈天子、詔有り。尊者、当に起って恩を謝すべし〉。瓚、方に牛糞の火を撥って、煨芋を尋ねて食す。寒涕、頤に垂るるも、未だ嘗て答えず。使者、笑って曰く〈且らく勧む、尊者、涕を拭え〉。瓚曰く〈我れ豈に俗人の為に涕を拭う工夫有らんや〉と、竟に起たず。使、回って奏す。徳宗、甚だ之れを欽嘆す」。また『林間録』下に「唐の高僧、懶瓚と号す。衡山の頂の石窟中に隠居す。嘗て歌を作る、其の略に曰く〈世事悠々たるも、山丘には如かず。藤蘿の下に臥し、塊石頭に枕す〉と。其の言、宏妙にして皆な仏祖の奥を発す。徳宗、其の名を聞いて使を遣わして詔を馳せ之を召さしむ。使者、其の窟に即いて宣言すらく〈天子詔有り、尊者、幸わくは起って恩を謝せ〉。瓚、方に牛糞火を撥して煨芋を尋ねて之を食す。寒涕、膺に垂れ未だ嘗て答えず。使者、之を笑って、且つ瓚に涕を拭うことを勧む。瓚曰く〈我れ豈に俗人の為に涕を拭う工夫有らんや〉と。竟に致すこと能わずして去る。徳宗、之を欽嘆す」。

○蹲鴟坐祝融、寒涕拭寒風＝「蹲鴟」は芋の異名。大芋。その形がうずくまっている鴟に似ているので、このようにいう。「祝融」は衡山中の一峰。

○泥対紫＝諸本「対」に作るが、横岳文庫本は「封」に作る。「泥封紫」は、紫泥封、封紫というに同じ。詔書のこと。紫色の印泥。天子の詔書は紫泥で封じた。坤の巻［四一九］懶瓚賛に「高僧、漫りに紫泥に汚され、虚名、古今に満つることを惹き得たり」。同じく［四二二］に「紫芋、元来、紫泥に勝る」とある。

○争如芋火紅＝焼き芋をする暖かい火に勝るものはない。

【四二】

懶瓚

衡山雲深掩崔嵬、寒涕垂頤洗世埃。

何料天書汚其手、手中常熟巨磨灰。

懶瓚

衡山雲深く、崔嵬を掩う、寒涕、頤に垂れ、世埃を洗う。
何ぞ料らん、天書其の手を汚すことを、手巾常に熟す、巨磨の灰。

〈訳〉

深い雲が衡山の険しい峰を掩っている。
（そのように、この懶瓚和尚の真面目も深く閉ざされていて世人には見えぬのだが）
頷まで垂らしている鼻水は、世俗の汚れをすっかり洗い流すのだ。
勅書などはこの人の手を汚すものだとは（役人ふぜいには）想像もできまい。
和尚の手はいつも牛糞を焼いた暖かい灰にまみれている（これぞ勅書にまさるもの）。

○衡山雲深掩崔嵬＝その姿を見せぬ崔嵬たる衡山を、懶瓚の境涯になぞらえる。
○手中常熟巨磨灰＝「巨磨」は、牛糞。『行事鈔』下一に「巨磨。此には牛屎と翻す」。

【四二】

懶瓚
幕雲枕石、黄獨療饑。衡山山下、塵視帝畿。

懶瓚(らんざん)
幕雲枕石、黄独、饑を療す。
衡山山下、帝畿を塵視(じんし)す。

〈訳〉
雲深い衡山に隠遁して、焼き芋でわずかに飢えをいやす。
山のはるか下の朝廷など、へちまの皮とも思わぬ。

○幕雲枕石＝「幕雲」は不審、「暮雲」か。「枕石」は、石に枕する。俗塵を避けて隠遁すること。
○黄独療饑＝「黄独」は、芋の異名。「療饑」は、飢え死にせぬていどに食いつなぐこと。
○塵視帝畿＝「塵視」は、もののかずともせぬ、(塵のごとくに)軽視する。

【四三】
倶胝

天龍佛法附兒童、作様作模心未空。
斯用亦如標月指、堪憐後學枉施功。

倶胝

天龍の仏法、児童に附す、様を作し模を作し、心未だ空ならず。
斯の用も亦た月を標す指の如し、憐れむに堪えたり、後学枉げて功を施すことを。

〈訳〉
天龍和尚から授かった「一指頭」の禅。
小僧はそれを猿真似しているが、それでは心空及第ではない。
一指を竪てて示したのは、月を指し示す指のようなもの（指先に用はないのだ）。
それなのに後世の者は（指先にとらわれて）無駄な努力をするばかり。

○倶胝＝『伝灯録』巻十一、金華山倶胝和尚章、「初め住庵するに、実際と名づくる尼有り、庵に到り、笠子を戴いて錫を執って、師を遶ること三匝して云く〈道い得ば即ち笠子を拈下せん〉と。三たび問うも、師、皆な無対。尼便ち去る。師曰く〈日勢稍や晩し、且らく留まること一宿せよ〉。尼曰く〈道い得ば即ち宿せん〉。師又た無対。尼去って後、歎じて曰く〈我れ丈夫の形に処すると雖も、丈夫の気無し。庵を棄て諸方に往いて参尋せんと擬す〉。其の夜、山神告げて曰く〈此の山を離るることを須いざれ。将に大菩薩の来たる有って和尚が為に法を説かん〉と。果して旬日にして天龍和尚、庵に到る。師乃ち迎え礼して具さに前事を陳ぶ。天龍、一指を竪てて之に示す。師、当下に大悟す。此より凡そ参学の僧の到る有らば、師唯だ一指を挙するのみ、別の提唱無し。一童子有り、庵外に人に詰せられて曰く〈和尚、何の法要をか説く〉。童子、指頭を竪起す。帰って師に挙似す。師、刀を以て其の指頭を断つ。童子、叫喚して走り出づ。師、召すこと一声。童子、首を回らす。師却って指頭を竪起す。童子豁然として領解す。師、将に順世せんとして、衆に謂いて曰く〈吾れ天龍一指頭の禅を得て、一生受用不尽〉と。言い訖って滅を示す」。また『無門関』三則。

○作様作模心未空＝「作様作模」は「模様を作す」というに同じ。（お手本どおりに）物まねをすること。「心未空」は、まだ悟ってはいない。

○標月指＝月を指し示す指を見て、それが月の本体だと思う妄見。「指月」は楞厳経巻二に、月を指す指を観て月体となす妄見を戒める話に依る。また「霊山話月、曹渓指月」の語あり。霊山会上で釈尊が迦葉尊者に伝法したのも、月について語ったようなもの、曹渓（六祖）から受け継いだ払子を、青原が石頭にむかって竪てて示したのも、月を指さしたほどのこと。『聯灯会要』巻二十三、玄沙の示衆に、「吾に正法眼有り大迦葉に付嘱すと道うも、我は道わん猶お話月の如しと。曹渓に竪払するも猶お指月の如し」と。「曹渓払子」は、『従容録』二十五頌評唱の連山注に、『空谷集』二則に「挙す、石頭の青原初参の因縁を指す、と。石頭来参。思問う〈甚の処よりか来たる〉。云く〈曹渓より来たる〉。思、払子を竪起して云う〈曹渓に還って這箇有りや〉。云く〈但だ曹渓のみならず、西天にもまた無し〉」と。

○枉施功＝「枉」は、むだに。

【四四】倶胝

指頭纔竪定乾坤、直至如今跡尚存。
流水不知（如）無事好、白雲依舊自翻翻。

倶胝

指頭纔かに竪てて乾坤を定むるも、直に如今に至るまで跡尚お存す。
流水、無事の好きに如かず、白雲、旧に依って自ずから翻翻。

〈訳〉

たった一本指を立てるだけで天上天下に治まりをつけたか知らないが、
今に至るまで（「倶胝一指頭」と騒がれるようでは）大いに痕跡を残したというもの。
（臨済も「妙応無方、朕跡を留めず」と言っているではないか。それよりか見たまえ）
流水は「好事も無きには如かず」と流れておるではないか、
空に浮かぶ白雲は、相も変わらずプカリプカリとしているではないか。
（これが無作為の妙応というもの）

○指頭纔竪定乾坤＝倶胝和尚は常に指一本をたてて仏法を示した。『伝灯録』巻十一、倶胝和尚章、また『無門関』第三則。「定乾坤」は、天上天下を治める。
○直至如今跡尚存＝「跡」は朕跡、（作為の）痕跡。『臨済録』に「妙応無方、朕跡を留めず」。

○流水不知無事好、白雲依旧自翻翻＝「不知」は「不如」ではないか。「無事」はここでは、あらまほしき状態をいうのだから「不知」であったら意味が逆になる。「白雲」「流水」はともに無心・無作為の象徴。『碧巌録』二十五則、頌に「白雲流水共悠悠」。

【四五】

倶胝

剝盡唇皮不説空、指頭纔竪戯兒童。
波瀾沒溺來人去、消得天龍一片風。

倶胝（ぐてい）

唇皮（しんぴ）を剝尽（はくじん）して、空（くう）を説かず、指頭（しとう）纔（わず）かに竪（た）てて、児童に戯る。
波瀾（はらん）、来人（らいじん）を没溺（もつでき）し去って、天龍一片（てんりゅういっぺん）の風を消得（しょうとく）す。

〈訳〉
この和尚、言葉を尽くして空の理を説くのではない。
たった一本、指を立てて、子供をたぶらかした。
その指一本が大波を起こし（問答目当てで）やって来る者たちを溺れさす。

天龍和尚伝来の一片の大風を用い尽くした。

○剝尽唇皮＝他に見ない表現。唇が剝げるほど言葉を尽くすことであろう。

【四六】
猪頭

猪頭無肉、咄箇風顛。嚼味外味、吐活機禪。

猪頭

猪頭、肉無し、咄、箇の風顛。
味外の味を嚼って、活機禅を吐く。

〈訳〉

（手に持った）猪頭には肉はついてないではないか、
これッ。この風顛和尚、格外の味を味わって、活機を示した。

○猪頭＝『仏祖統紀』巻四十五、「後州の沙門、志蒙徐氏、錦衣を衣、喜んで猪頭を食らう。人の災祥を言うに、験せざる無し。人を呼んで小舅と為す。自ら徐姉夫と号す。一日、三衢の吉祥寺に于いて坐化す。遺言すらく〈吾は是れ定光仏なり〉と。是に至って真身を奉じて、祈禱するに、神応歇まず。世に之を猪頭和上と目づく」。「猪頭」は豚の頭。「小舅」は、母の弟、妻の弟（こじゅうと）。また、罵詞。『聯灯会要』巻十四、真浄克文章の偈に、「事事無礙、如意自在。手に猪頭を把って、口に浄戒を誦す。婬坊を趁出し、未だ酒債を還さず。十字街頭、布袋を解開す」。『句双葛藤鈔』「手把猪頭、口念弥陀」の注に「超宗越格底ノ行履ヲノベタゾ。畢竟、法度ノ外ヂヤト云ハン為メ也」。

○嚼味外味＝「味外味」は、口では味わうことのできぬ味。詩文の意味が味わい深く極まりのないこと。

【四七】

猪頭

似賣狗肉、呈掌中珠。早放下去、事不如無。

猪頭

狗肉を売って、掌中の珠を呈するに似たり。早く放下し去れ、事は無きには如かず。

〈訳〉

自家のお宝のように猪頭をぶら下げておるが、
これでは羊頭狗肉でなく、猪頭狗肉じゃないか。
そんなものは早くほかしなされ、事は無きには如かず。
（なんぼ殊勝なことであっても、そこに跡が残る）。

○売狗肉＝『無門関』六則に「羊頭を懸けて狗肉を売る」。また、『晏子春秋』内篇雑下には「猶お牛首を門に懸けて、馬肉を内に売るがごとし」。
○掌中珠＝我が内なる仏性。
○事不如無＝好事も無きに如かず。好事あれば必ず悪事あり、よって好事も始めよりないがよし。『碧巌録』下語。

【四八】
猪頭
豁開兩手、翫弄一頭。
這佯狂底、不風流處也風流。

猪頭
両手を豁開して、一頭を翫弄す。

這の佯狂底、風流ならざる処、也た風流なり。

〈訳〉

両手をおっ広げて、ブタの頭を弄んでおる。
頭のおかしな風狂和尚だが、
その不風流のところに、格段の風流がござる。

○這佯狂底＝佯狂は、いつわって気のふれたふりをすること。『臨済録』末尾の略伝に「時に普化、先に彼に在って、佯狂して衆に混ず。聖凡測ること莫し」。普化のたぐい。

○不風流処也風流＝臨済の宗風を表わす語。白雲守端の臨済三頓棒の拈頌に「一拳に拳倒す黄鶴楼、一踢に踢飜す鸚鵡洲。意気有る時は意気を添え、風流ならざる処、也た風流」。「黄鶴楼」は武昌の漢陽門にあった塔。この地にあった辛氏という酒屋の常連客の一先生が酒債の代りに、みかんの汁で壁に鶴の画を描いたが、やがてその黄鶴に騎って登仙したという故事（『報応録』）。「鸚鵡洲」は同じ漢陽の西、大江にある洲の名で、ともに知られた名勝であったが、ことに崔顥の「黄鶴楼」詩で有名になった。云く「昔人、已に黄鶴に乗って去り、此の地空しく黄鶴楼を余す。黄鶴一たび去って復た返らず、白雲千載空しく悠悠。晴川歴歴たり漢陽の樹、芳草萋萋たり鸚鵡洲。日暮、郷関何れの処か是れなる、煙波江上、人をして愁えしむ」と。その後、ここを訪れても、この崔顥の詩を上まわる詩を作れる者はいなかったという。『五灯会元』巻四の長沙章に、ある秀才の問いに答えて「師曰く〈黄鶴楼に崔顥が題してより後、秀才、還た曾て題せるや〉。曰く〈未だ曾てなし〉。師曰く〈閑を得て一篇を題取せば好し〉」とある。また『丹鉛総録』十八に「李太白、武昌を過ぎ、崔顥が黄鶴楼の詩を見て、之れを歎服して、遂に復た作らず。去って鳳凰台を賦す。其の事本と此の如し。其の後、禅僧あり、此の事を用いて一偈を作って云く〈一拳槌砕黃鶴楼、一脚踢翻鸚鵡洲。眼前有景道不得、崔顥題詩在上頭〉。傍らに遊僧あり、亦た前の二句を挙して之れを綴って曰く〈有意気時消意気、不風流処也風流〉。又た一僧あり云く〈酒は知己に逢うべし、芸は当行（プロ）を圧すべし〉と云々」。『句双葛藤鈔』「有意気時添意気、不風流処也風流」に注して「著力アル処ヲサクリ（＝さっくりと）落シテ、手ヲ払テ一物ナイ処デ、コラエヌ道理ヲシメ得タゾ」。中川渋庵編『禅語辞彙』「勝つも面白く、負けるも又風流、彼も一時、此も又一時じゃ」。

【四九】

猪頭

要作朝飡耶夕飡、一場澁苦一場酸。
猪頭未破口皮破、禪味恰如吞鐵丸。

〈訳〉

猪頭

朝飡と作さんと要するか夕飡か、一場の渋苦、一場の酸。
猪頭未だ破れざるに口皮破る、禅味、恰も鉄丸を呑むが如し。

（おまえさんの持っておるブタの頭は）朝飯用か、それとも夕飯にするのか。
どっちにしたって、そんなものはまずい、まずい。
（とはいえ、この）猪頭を（食べようとして）さばくなら、
それより先に、（食べようとした者の）口唇皮が破られよう。
（この猪頭というご馳走の）禅味は、ちょうど鉄団子を呑むようなもの。

○一場渋苦一場酸＝酸渋は、すっぱくてしぶい。美味ではないこと。杜甫「病橘」詩に、「惜しい哉、結実小なること、酸渋、棠梨の如し」。『希叟語録』住慶元府仏隴□□禅寺語録、「問うて云く〈昔日、定上座、臨済に参じて問う、如何なるか是れ祖師西来の意、と。済、禅床を下りて擒住して云く、道え道え、と、未審、指示有るか指示無きか〉。答えて云く〈利剣、虚空を斬る。万象鳴ること曝曝〉。問うて云く〈定、擬議す、是れ会か不会か〉。答えて云く〈目を閉じて蝸牛を食らう、一場、酸渋の苦（閉目食蝸牛、一場酸渋苦）〉」。

【五〇】

蜆子

擧揚蜆子、説一味禪。吐活手段、在口皮邊。

蜆子

蜆子を挙揚して、一味禅を説く。

活手段を吐いて、口皮辺に在り。

〈訳〉

シジミ（エビなど小魚）を手で持ち上げて、純粋一味禅を説いた。

そしてその口は（エビ、シジミを食らうだけではなく、時には、祖師西来の意を問われて「神前の酒台盤」などという）活句を吐いた。

○挙揚蜆子、説一味禅＝坤の巻［四四八］「蜆子」に「拋擲蜆子、説一味禅」。

○吐活手段、在口皮辺＝左の「神前の酒台盤」のような一句。

○蜆子＝鰕子とも。洞山良价の法嗣。『伝灯録』巻十七、蜆子和尚章に「京兆の蜆子和尚、何許の人なるかを知らず。事迹頗る異なり。居に定所無し。心を洞山に印してより、俗に閩川に混ず。道具を畜えず、律儀に循わず。常に日び江岸に沿うて蝦蜆を採掇して以て腹に充つ。暮れれば即ち東山白馬廟の紙銭の中に臥す。居民、目づけて蜆子和尚と為す。華厳の静師、之を聞いて真仮を決せんと欲す。先に潜かに紙銭の中に入る。深夜、師帰る。静、把住して問うて曰く〈如何なるか是れ祖師西来の意〉。師遽かに答えて曰く〈神前の酒台盤〉。静、之を奇として、懺謝して退く。後、静師、化して京都に行く。師も亦た至る。竟に徒を聚めて法を演べず、惟だ佯狂するのみ」。「蝦蜆」の蜆はシジミ、蝦はエビ。ただし、和語の「エビ雑魚」と同じように、エビだけでなく小魚の総称。もっぱらエビやシジミのみを食していたわけではない。

【五一】

蜆子

雲之起與水之窮、攙蜆撈蝦西又東。
處處縱然勃跳去、如何網住世纏中。

蜆子

雲の起こると水の窮まると、蜆を攙り蝦を撈って、西又た東。
処処、縦然い勃跳し去るも、如何せん、世纏の中に網住せらるることを。

〈訳〉

「行いては到る、水の窮まる処、坐しては看る、雲の起こる時」というではないか。
（どうして、この句のように無事無心でおらずに）
西へ東へとうろついて、蜆をすくい蝦を採っているのか。
いくらあちこちに跳び出したところで、
いかんせん、俗世のしがらみという網にからめとられておるだけのこと。

○雲之起与水之窮＝「行到水窮処、坐看雲起時」をふまえた言い回し。王維「終南別業」の第三聯に「中歳、頗る道を好む、晩に南山の陲に家す。興来たれば毎に独り往く、勝事空しく自ら知る。行いては到る、水の窮まる処、坐しては看る、雲の起こる時。偶然、林叟に値い、談笑して還期を滞らしむ」。『三体詩由的抄』に、「我、歳半百ヨリ仏道ヲ信ジテ、頗ル之ヲ好メリ。然ル故ニ、晩年ニ至テハ、終南山ノホトリニ家居シテ、禅味ヲアヂワウナリ。……別業ニ在ツテ世事ニカカハラズ、常ニ安眠高臥ノ体ナルガ、眠サメテ興ノ来ル時ハ、常ニ独往イテ、ココカシコ、癪徉徘徊シテ楽シムナリ。勝事アリトイヘドモ、他ニ知人ナケレバ、空シク自知（スル）バカリナリ。或ル時ハ水窮処ノ水源ニ至リ、或ル時ハ坐シテ雲ノ起ルヲ看テ、其ノ無心ニシテ、以テ岫ヲ出ル意思ヲ了ズルナリ」。『句双葛藤鈔』「行到水窮処、坐看雲起時」の注に「安閑無事無心底ノ作用也」。

○攡蜆撈蝦＝「攡」も「撈」も、（水中にある物を）すくい取る。

○網住世纏中＝「世纏」は俗世の纏縛。「纏」は惑いによる束縛。

【五二】

蜆子

孟郊賈島、和尚仝風。詩味禪味、共在手中。

蜆子

孟郊賈島、和尚と仝風。詩味禅味、共に手中に在り。

〈訳〉

孟郊の詩風は「寒」、賈島は「瘦」と評されるが、この和尚もこの二人と同類。

（雑魚をすくって食らうなどとは、まことに寒痩の極み。しかし）
詩味も禅味も、共に手中にしておる。

○孟郊賈島＝「郊寒島痩」の句あり、孟郊の詩風は寒乞、賈島は枯痩と評される。蘇東坡の「柳子玉を祭る文」に、「元軽白俗、郊寒島痩」。元は元稹、白は白居易。

【五三】
蜆子
手中網奈得魚筌、攓蜆撈蝦未忘然。
祖意酬佗酒盤子、一生受用口皮邊。

蜆子

手中の網、魚を得る筌なることを奈せん、蜆を攓い蝦を撈って、未だ忘然たらず。
祖意、佗の酒盤子に酬う、一生受用す、口皮辺。

〈訳〉
（日がな毎日）網を手にしておるが、「魚を得たら筌を忘れる」というではないか。

雑魚を追いかけてばかりでは、まだまだ、
もはやなすべきことは何もないという「忘筌」という境地には至ってはおらぬようだ。
（とはいえ、時には）西来の意を問われて、
「神前の酒台盤」という（気の利いた）一句を吐き、これでもって一生受用不尽。

○手中網奈得魚筌＝難解。「魚筌」は、竹で編んだ漁具のこと。「得魚筌」は「得魚忘筌」の略として解した。『荘子』雑篇、外物に「魚を得て筌を忘る」。魚を取れば道具には用はない。

○攩蜆撈蝦未忘然＝「忘然」は、他にあまり見られない語であるが、江月は頻りに用いている。坤の巻の［五二八］「身靠布袋、此生忘然」、［五四五］「閻浮兜率、一時忘然」、［五五〇］「一生只忘然」、［五五四］「似則対月、一巻忘然」、［六六二］「忘然独立」［六七七］「高聳吟肩自忘然」。このほか、「万休」号頌に「忘然世事　勦絶塵縁　破蒲団上　終日安眠」とある。「万休」号頌の「忘然世事」は「世事に忘然たり」、「忘然」は次句の「勦絶」と対であり、ここでは動詞的なはたらきをもたせている。したがって「世事をすべて忘れて、万事をし、もはやなすべきことは何もない」という高い境地をいう。
この蜆子の賛では、エビやシジミを採りつづけて、「得魚忘筌」の境地になれぬことを「未だ忘然ならず」と、抑えていったもの。

○祖意酬佗酒盤子＝『伝灯録』巻十七、蜆子和尚章の問答に、「華厳の静師、之を聞いて真仮を決せんと欲す。先に潜かに紙銭中に入る。深夜、師帰る。静、把住して問うて曰く〈如何なるか是れ祖師西来の意〉。師遽かに答えて曰く〈神前の酒台盤〉。静、之を奇として、懺謝して退く」。「酒台盤」は供物台。『禅林方語』「神前酒台盤」に「柏樹の話と同意。直指当頭」。『句双葛藤鈔』に「柏樹ノ話ニ同ジ。理ヲ云ハヌゾ」。

【五四】

蜆子
終日撈蝦手未空、夜來投宿紙錢中。
一生用底是何物、作浪興波兩岸風。

蜆子
終日蝦を撈って、手未だ空ならず、夜来、投宿す紙銭の中。
一生用うる底は是れ何物ぞ、浪を作し波を興こす、両岸の風。

〈訳〉
一日中、エビ雑魚をすくっておって、なかなか空手の無一物にはなれない。
夜になれば、常宿にしている白馬廟に戻り、お賽銭の紙銭にくるまって眠る。
この男の一生受用不尽底はいったい何だ。
（河水をかきまぜて）大浪を起こし両岸に風を吹かせている、手に持った網。

○終日撈蝦手未空＝「手未空」は、前項の「未忘然」と同じ。
○作浪興波＝前出［二一〇］「興波作浪」。

【五五】

蜆子

神前一箇酒臺盤、端的拈來似鐵丸。
空腹高心老和尚、纔撈蜆子當朝飡。

蜆子（けんす）

神前（しんぜん）、一箇（こ）の酒台盤（しゅだいばん）、端的（たんてき）、拈じ来たれば鉄丸（てつがん）に似たり。
空腹高心（くうふくこうしん）、老和尚、纔（わず）かに蜆子（けんす）を撈（すく）って朝飡（ちょうさん）に当（あ）つ。

〈訳〉

（祖師西来意はと問われて）「神前のお供え台」と答えたのだが、この答話は、まったくもって歯もたたない鉄団子。
（とはいえ）この老和尚、腹ペコなのに気位だけが高いのと違うか。
（毎日）エビ雑魚を採ってきては朝飯にしているとは。

○空腹高心＝腹ペコなのに気位だけは高い。何の才覚もないのに見識ぶる。

【五六】

南泉提起猫兒

咄箇兩堂爭不窮、提猫兒起振威風。
太遲生也趙州底、當體如何歃血功。

南泉、猫児を提起す

咄、箇の両堂、争って窮まらず、猫児を提起して威風を振るう。
太遅生なり、趙州底、当体、歃血の功を如何せん。

〈訳〉

南泉和尚が猫をつかんで持ち上げたところ。
これッ、東西両堂の僧たちよ、言い争って決着がつかないから、
猫は南泉和尚につまみあげられ、威風を振るって斬られたではないか。
夜になって趙州が帰って来て、
素晴らしい芸当を披露してくれたが、それも遅すぎた。
さしあたり、猫が流した血が問題だ。
猫には（一滴も残さず血をなめる）歃血の功があるというのに。

○南泉提起猫児＝『碧巌録』六十三則、「南泉、一日、東西の両堂猫児を争う。南泉見て遂に提起して云く〈道い得ば即ち斬らじ〉。衆無対。泉、猫児を斬って両断と為す」。『無門関』十四則「南泉斬猫」に、「南泉和尚、因みに東西の両堂、猫児を争う。泉乃ち提起して云く〈大衆、道い得ば即ち救わん、道い得ざれば即ち斬却せん〉。衆、対うる無し。泉、遂に之を斬る。晩に趙州外より帰る。泉、州に挙似す。州乃ち履を脱いで頭上に安じて出づ。泉云く〈子若し在りしかば、即ち猫児を救い得たらんに〉」。

○当体如何歃血功＝「当体」は「ずばりそれそのもの」といった意味だが、それではここの文意は通じない。副詞的に用いられている。「当面」という義に解した。

「歃血功」は、『虚堂録』続輯、上堂に「猫に歃血の功有り、虎に起屍の徳有り。你衲子、恁麼に没碑記なることを得たり。南山に雲を起こし、北山に雨を下らすことは則ち且らく置く。什麼としてか桃華能く紅に李華能く白なる」。『虚堂録犂耕』に「忠曰く、未詳。渓云く、猫、鼡の血を歃って、余瀝を遺さず、と。忠云く、無抝」。『句双葛藤鈔』「猛虎起屍、猫児歃血」に「父子不伝ノ義ゾ。己々ノ智ナリ」、また「猫有歃血功、虎有起屍威」に「ソレゾレニソナワツタ本智本性ナリ」と。

【五七】

南泉斬猫兒

趙老太遅生、猫兒奈命輕。牡丹花下睡、普願手中驚。

南泉、猫児を斬る

趙老も太遅生、猫児、命の軽きを奈せん。

牡丹花下の睡り、普願が手中に驚く。

〈訳〉

趙州和尚は（晩方に帰って来て絶妙の解決策を示したが、それも）遅すぎた。
（可哀想に）猫の命は軽々しくも失われたではないか。
（せっかく）牡丹の花の下で眠っておったのに、
その夢を南泉普願で手中で覚まされてしまった。

○南泉斬猫児＝『無門関』十四則「南泉斬猫」の話。前項。
○太遅生＝はなはだ遅い。「生」は語助。
○牡丹花下睡＝「牡丹花下睡猫児」の禅語がある。『禅林方語』にこの語を収め「心ハ舞蝶ニ在リ」あるいは「暗中ノ明ナリ」と釈す。拠るところは『聯灯会要』巻十三、潤州金山達観曇穎禅師章に「師云く〈如何なるか是れ夜半正明、天暁不露〉。聡云く〈牡丹花下睡猫児〉。師、愈いよ疑い駭く」。また『大灯国師百二十則』の一「牛過窓櫺」の著語にも用いられている。また『狂歌鳩杖集』（法印信海）に、「小蝶牡丹猫のゑに、とぶ蝶をねらふこころのふかみ草、ねこかとみればそら寝いりかな」とある。江月の大仙院での居室の名を「牡丹花下」という。「睡眠」「欠伸」の語を好む江月の命名である。「牡丹花下睡猫児」のうち略した「睡猫児」がそのココロ。

—【五八】—

趙州
宗風振起稱宗猷、祖苑聯芳世已流。
袖手闍梨寒殺否、南方話在火爐頭。

趙州（じょうしゅう）
宗風振起（しゅうふうしんき）して宗猷（しゅうゆう）と称す、祖苑聯芳（そえんれんぽう）、世已（すで）に流（つた）う。
手を袖（そで）にして、闍梨寒殺（じゃりかんさつ）するや否（いな）や、南方、話在（わざい）す火爐頭（かろとう）。

〈訳〉
（趙州無字や庭前の柏樹子などで）大いに宗風を奮い起こし、禅の玄旨と称えられ、歴代の祖師によって、今日まで伝えられているのだが。「三十年来、無賓主（むひんじゅ）の話（わ）を挙していない」などと、懐手（ふところで）していかにも無策だ。（方便を垂れずに）修行者を凍えさすというものではないか。「南方の火爐頭（かろとう）」などと言いかけたのだから、まだ言うべきことがあるだろう。（それをきっぱりと言わんかい）。

○趙州＝いかなる図柄のものであろうか、イメージが浮かばない。

○宗風振起祢宗猷、祖苑聯芳世已流＝三四句へどうつながるか、難解。右の訳のように解してみた。「宗猷」は、宗旨の道。猷は道。「聯芳」は、聖賢（芳）がつぎからつぎへと輩出して、つながり続くこと。
○袖手闍梨寒殺否＝「袖手」は、袖手傍観、袖手無策。「闍梨寒殺否」は、『碧巌録』四十三則「洞山無寒暑」の「寒時は闍梨を寒殺す、熱時は闍梨を熱殺す」を借りたもの。「洞山無寒暑」には関わらない。
○南方話在火爐頭＝『趙州録』「師、衆に示して云く、老僧三十年前、南方の火爐頭に在って、箇の無賓主の話有り。直に如今に至って人の挙著する無し」。
「南方の話、火爐頭に在り」とも訓めるが、それでは意を得ぬ。「南方、話在す火爐頭」と訓むべきか。『虚堂録犂耕』「某甲話在」に「忠曰く、某甲、猶お話説す可き事有り」。『葛藤語箋』「話在」に「某甲、猶有可話説事」。『碧巌録秘抄』「某甲話在」に、「身共ガ方ニモ、チト云フベキコトアリ」。

【五九】

石鞏

三十年來弓一張、早知手裡沒商量。
腕頭力箇（盡）施機用、弋獵規模終不忘。

石鞏

三十年来、弓一張、早く知る、手裡没商量なることを。
腕頭力尽きて、機用を施す、弋猟の規模、終に忘れず。

〈訳〉

三十年来、一張の弓をつがえて、これはという男が現われるのを待っておったが、
三平が胸を開いて来たので、手にした弓箭もさっぱりワヤ。
老いて腕力も衰えたので、こんなやり方をしたのだろうが、
（昔とった杵柄）弓を使った猟の手本は、いつまでも忘れられぬと見える。

○石鞏＝もともと猟師だったが、馬祖に出会って出家した。『伝灯録』巻六、石鞏慧蔵禅師章、「本と弋猟を以て務と為し、沙門を見るを悪む。因みに鹿を逐って、馬祖の庵前より過ぐ。祖乃ち之を逆う。蔵問う〈和尚、鹿の過ぐるを見るや〉。祖曰く〈汝は是れ何人ぞ〉。曰く〈猟者なり〉。祖曰く〈汝、射することを解くするや〉。曰く〈解く射す〉。祖曰く〈汝一箭に幾箇をか射す〉。曰く〈一箭に一箇を射す〉。祖曰く〈汝、射することを解くせず〉。曰く〈和尚は解く射すや〉。祖曰く〈解く射す〉。曰く〈和尚は一箭に幾箇をか射す〉。祖曰く〈一箭に一群を射す〉。曰く〈彼此生命なり、何ぞ他の一群を射すことを用いん〉。祖曰く〈汝既に是の如くなることを知る、何ぞ自ら射せざる〉。曰く〈若し某甲をして自ら射せしめば、直に是れ手を下す処無けん〉。祖曰く〈這の漢、曠劫の無明煩悩、今日頓息せり〉。蔵、当時に弓箭を毀ち棄て、自ら刀を以て髪を截り、祖に投じて出家す」。

○三十年来弓一張＝『伝灯録』巻十四、三平義忠章に、「初め石鞏に参ず、石鞏は常に弓を張り箭を架して、以て学徒を待つ。師、法席に詣する次で、石鞏曰く〈箭を看よ〉。師乃ち襟を披いて之に当つ。石鞏曰く〈三十年、弓を張り箭を架し、只だ半箇の漢を射得たり〉」。

○早知手裡没商量＝「没商量」は『句双葛藤鈔』「一刀両段没商量」に「一刀デヅダヅダニ切ツタ直下ハ没商量ヂヤ、手ガ付ヌゾ」。

○腕頭力箇施機用＝「腕頭力箇」、正宗寺本も同じ。「箇」字は不審。「腕頭力尽」か。坤の巻［四七六］「石鞏張

弓架箭三平撥開胸」図賛に「腕頭力尽老生涯」とある。ならば「腕頭力尽くして機用を施す」。
○弋猟規模終不忘＝「弋猟」は、かり。「弋」は、もとは鳥をとらえるイグルミ。「弋」は鳥を「猟」は獣を対象にする語。「規模」、ここでは手本。

【六〇】
三平
丈夫志氣滿胸哉、驀向一張弦下開。
徹底老婆心太切、還呼半箇聖人來。

三平(さんぺい)
丈夫(じょうぶ)の志気(しき)、胸に満つるかな、驀(まく)に一張弦下(いっちょうげんか)に向かって開く。
底(そこ)に徹する老婆心(ろうばしん)、太(はなは)だ切(せつ)なり、還(ま)た半箇(はんこ)の聖人(せいじん)を呼び来たる。

〈訳〉

この男、大丈夫の志気が胸に一杯である。

弓を引きしぼり箭をつがえた石鞏(せっきょう)和尚にまっこう向かって、その胸をおし開いた。

（それにしても）石鞏和尚のやり口はいかにも老婆心切だ。

こうやって、三十年ぶりに半箇の聖人を得たのだから。

○三平＝『伝灯録』巻十四、三平義忠章。前項の注。
○丈夫志気満胸哉、驀向一張弦下開＝「開」は、初句の「胸」に係る。「石鞏曰く、箭を看よ。師乃ち襟を披いて之に当つ」というところ。矢をつがえ、ピンと張った一張の弓をまっこうから向けられたときに、サッと胸を開いたところ、ここに大丈夫の志気があふれている。「驀向」は「驀に〜に向かって」。
○徹底老婆心太切、還呼半箇聖人来＝ここの主語は石鞏。『碧巌録』八一則、本則評唱に、「豈に見ずや、三平初め石鞏に参ず、鞏、才かに来たるを見るや、便ち弓を彎く勢いを作して云く〈箭を看よ〉。三平、胸を撥開して云く「此は是れ殺人箭か活人箭か」。鞏、弓弦を弾くこと三下。三平便ち礼拝す。鞏云く〈三十年、一張の弓、両隻の箭、今日、只だ半箇の聖人を射得せり〉。便ち弓箭を拗折す」。

【六一】

陳尊宿

咄箇蒲鞋禪、破也又破也。縱轉向上機、宗風在脚下。

陳尊宿

咄、箇の蒲鞋禅、破也又た破也。
縦に向上の機を転ず、宗風、脚下に在り。

〈訳〉
これッ、この草鞋づくり禅め、
（そんな草鞋は）破れたり、破れたり。
（いやいや）自由自在に禅機を発するその宗風は、
　まさにその足下から繰り出されるのだ。

○陳尊宿＝『五灯会元』巻四、「睦州陳尊宿、諱は道明、江南（こうなん）の陳氏の後なり。……遊方して旨を黄檗に契す。後、四衆の請の為に観音院に住す。常に百余の衆なり。数十載を経る。学者、叩激（こうげき）すれば、問いに随って遽かに答う。詞語峻険なり。既に轍に循うに非ざる故に、浅機の流（やから）、往往、之れを嗤（わら）う。唯だ玄学性敏の者のみ欽伏す。是に由って諸方帰し慕い、咸な尊宿を以て称す。後、開元に帰す。今、兜率と改む。房に居して蒲鞋（ほあい）を織り以て母を養う。故に陳蒲鞋（ちんほあい）の号有り」。また『禅林僧宝伝』巻二、雲門章に「初め睦州に至る。老宿の飽参して古寺に掩門し、蒲屨を織って母を養う有りと聞いて、往いて之に謁す。……老宿、名は道蹤、黄檗断際禅師に嗣ぐ。高安の米山寺に住して、母の老いたるを以て、東のかたに帰る。叢林に陳尊宿と号す」。
○縦転向上機＝「縦（ほしいまま）に向上の機を転ず」とも「縦（たと）い向上の機を転ずるも」ともよめる。前者のように訓じた。

【六二】
　臨済
稱五家魁那箇禪、宗風滅却瞎驢邊。
怒雷乍轟晴天雨、一喝聲寒盡大千。

臨済

五家の魁と称するは那箇の禅ぞ、宗風、瞎驢辺に滅却す。
怒雷乍ち轟き晴天に雨ふる、一喝の声、尽大千に寒じ。

〈訳〉
五家の第一番とは、いかなる宗旨ぞ。
その端的が「正法眼蔵、瞎驢辺に滅却す」という末期の一句。
臨済の一喝は晴天に轟く雷のように、
その声は全宇宙を揺るがすほどにすさまじい。

○臨済＝坤の巻［四五五］臨済に「瞎驢背上、滅却宗風。一喝雷轟、天地共聾」。訳、「この和尚が末後に吐かれた「正法眼蔵、瞎驢辺に滅却す」の語。（これこそ宗門の眼目。滅却してこそ、真に宗風を興こすことができるのだ）。その一句はさながら轟く雷のごとし、天も地も耳がつぶれんばかり」。
○称五家魁那箇禅＝『五家正宗賛助桀』「五家」の注に、「諸書、五家を列す、其の次位、一様ならず。『五家正宗賛』では、一臨済、二曹洞、三雲門、四潙仰、五法眼。『人天眼目』、一臨済、二雲門、三曹洞、四潙仰、五法眼。『普灯』八、五祖法演章五家問答所列、一問臨済、二問雲門、三問曹洞、四問潙仰、五問法眼。……」。
○宗風滅却瞎驢辺＝『臨済録』行録に「師、遷化の時に臨んで拠坐して云く〈吾が滅後、吾が正法眼蔵を滅却することを得ざれ〉。三聖出でて云く〈争でか敢えて和尚が正法眼蔵を滅却せんや〉。師云く〈已後、人有って你に問わば、他に向かって什麽と道うぞ〉。三聖便ち喝す。師云く〈誰か知らん、吾が正法眼蔵、這の瞎驢辺に向かって滅却せんことを〉。言い訖って端然として寂を示す」。この「滅却」の解釈、臨済録の諸抄にいうところ、左のとおりである。

『直記』「林際ノ如此云レタハ三聖ヘノ印可ゾ。此印ニハ常ノ如ク文ガナイ程ニ他人ノ眼ニカ、ルコトデハナイ也」。

『臨済録鈔』（寛永七年刊）「一山国師云く〈誰知吾正法眼蔵、向這瞎驢辺滅却〉は、抑して揚ぐる、別に漏逗の意有り」。

『臨済録鈔』（寛永九年刊、カナ抄）「抑而托上也。……東陽云、凡ソ瞎驢受記トイウハ三聖ヲ言ウ也。夢窓国師云、抑而揚、別有漏逗意也」。

『臨済録夾山鈔』（承応三年刊）「学者切に須らく這の滅字に実参して始めて正法眼蔵の大段を知るべし。他の浅学、這の滅字に参得せずして、才かに滅の字を見ては輒く宗旨断滅の解会を為す。一笑を発すべし。『正宗』馬祖賛に〈菩提達磨の心宗を滅して、般若多羅の懸讖に応ず〉と。又た圜悟禅師、一日、懃・遠と同じく東山に侍して夜坐す。帰らんと欲して月黒し。山、各おの一転語を下さしむ。懃曰く〈彩鳳舞丹霄〉。遠曰く〈鉄蛇横古路〉。師曰く〈看脚下〉。山曰く〈吾が宗を滅する者は克勤のみ〉と。此の滅の字も亦た一準なり」。

『臨済録瑞巌抄』（寛文十一年刊）「有般は知らずして言う〈若し滅字を見て断滅の会を作さば笑う可し〉と。知らずして笑うは過は汝に在り。此の祖の臨終に〈吾滅後不得滅却吾正法眼蔵〉と言うは、断滅せしめざるの義に非ずして什麼とか作さん。還って汝、他の笑いを招かんか。祖師の遺旨を知らずして出世する者有らんや。正法眼蔵は不生不滅、滅却する所に非ず。嗣法の人は生滅の者なり、滅却せざらんことを欲するも其れ得べけんや。若し是の如く知らば、是れ大邪見、顛倒の衆生なり。名づけて滅却と為す所以は何ん。吾が宗は然らず、自覚の聖智、現在前するが故に。汝、不生不滅の蹤跡を求むるに不可得なり。一切の言説も亦た不可得なり。是れ臨済の正法眼蔵を滅却する底」。

○怒雷乍轟晴天雨、一喝声寒尽大千＝臨済の宗風を「五逆聞雷」という。『五灯会元』巻十九、五祖法演禅師章「問う〈如何なるか是れ臨済下の事〉。師曰く〈五逆聞雷〉」。『句双葛藤鈔』「五逆聞雷」に「方語云、頭脳裂破。

言ハ、ハツチト轟ク雷下デ五逆ノ罪ヲ殺シ尽シタナリ」。『虚堂録犂耕』に「五逆の人雷を聞くとは、一超直入の義、頭脳震裂、徹骨徹髄なるなり。蓋し五逆罪を造る者は、自ら罪の大なることを怖る、忽ち震雷を聞いて、魂飛び気絶す。偸心絶するに比す」。

【六三】

臨濟

普化從來知是精、大唐日本惹虚名。
至今聾却兒孫耳、動盡乾坤一喝聲。

臨済

普化、従来、是れ精なることを知る、大唐日本、虚名を惹く。
今に至るまで児孫の耳を聾却す、乾坤を動尽す、一喝の声。

〈訳〉

ただひとり普化だけが、臨済という化け物の正体が分かっておった。
（この普化という知音がおったればこそ、ひときわ）
臨済の名は支那と日本に知れ渡ることになった。

その一喝の声は今に至るまで法孫の耳を聾にし、
天地を揺るがせている。

○普化従来知是精＝『臨済録』に、「師一日、河陽、木塔長老と与に同じく僧堂の地炉内に坐す。因みに説く〈普化、毎日、街市に在って掣風掣顛す、知んぬ他は是れ凡か是れ聖か〉。言猶お未だ了らざるに、普化入り来たる。師便ち問う〈汝は是れ凡か是れ聖か〉。普化云く〈汝且らく道え、我れ是れ凡か是れ聖か〉。師便ち喝す。普化、手を以て指して云く〈河陽は新婦子、木塔は老婆禅。臨済は小厮児なるも、却って一隻眼を具す〉。師云く〈這の賊〉。普化〈賊、賊〉と云って便ち出で去る」。
「知是精」は「是精識精、是賊識賊」。『碧巌録秘抄』「精ハバケモノト云心ナリ、バケ物ガバケ物ヲ知ルゾ」。『禅語辞彙』「是精知精」に「自分が化け物だから、相手の化けたのもよくわかる」。また「是賊知賊」に「じゃの道は蛇」。「精」、『漢語大詞典』⑱に「妖怪」とし『捜神記』『博異志』『封神演義』などの例を引く。

【六四】
臨濟
運濟往來濟水邊、沿流洗出佛祖髓。
有僧若問無位眞、忽下禪床把住彼。

臨済

運済往来、済水の辺、流れに沿うて仏祖の髄を洗い出だす。
僧有って若し無位の真を問わば、忽ち禅床を下って彼を把住す。

〈訳〉
この渡し場で、往来の人々を運び渡し、
この流れに沿うて仏祖嫡伝の骨髄を洗い出すように露わにした。
僧が「如何なるか是れ無位の真人」と尋ねるや、
たちまち、椅子からおりて、そやつの胸ぐらをつかんで、「いえ、いえ」と迫る。

○運済往来済水辺＝「運済往来」は、『臨済録』馬防序に「黄檗山頭、曾遭痛棒。大愚肋下、方解築拳。……院臨古渡、運済往来。把定要津、壁立万仞」。往来のひとびとを運び渡した（運済）。「済」は、わたし（渡）の意であるが、「済水」は臨済院の近くの滹沱河のことをいう。転じて臨済のことをいう。「滅正宗於済水浜」「済水白拈賊」「済水三玄」など。
○沿流洗出仏祖髄＝臨済の遺偈に、「沿流不止問如何、真照無辺説似也。離相離名如不稟、吹毛用了急須磨」。この遺偈、本録には出ず、『圜悟心要』『林間録』などに出る。
○有僧若問無位真、忽下禅床把住彼＝『臨済録』上堂、「〈赤肉団上に一無位の真人有り。常に汝等諸人の面門より出入す。未だ証拠せざる者は、看よ看よ〉。時に僧有り出でて問う〈如何なるか是れ無位の真人〉。師、禅牀を下りて把住して云く〈道え道え〉。其の僧擬議す。師托開して云く〈無位真人、是れ什麼の乾屎橛ぞ〉。便ち方丈に帰る」。

【六五】

徳山

棒頭開眼辨來風、凡聖佛魔都絶通。

幸不呼央庠座主、出從婆子一擔中。

徳山（とくさん）

棒頭（ぼうとう）、眼を開いて来風（らいふう）を弁ず、凡聖仏魔（ぼんしょうぶつま）、都（すべ）て通（つう）を絶す。

幸いに央庠（おうしょう）の座主（ざす）と呼ばれず、婆子（ばす）が一担（いったん）の中より出づ。


〈訳〉

この和尚の杖には眼があって、来たる者の心肝を見抜く。

その手段には、仏も魔も、口も出せず手の下しようもない。

（「央庠（おうしょう）の座主（ざす）」と罵られたのは保寧の勇だったが）

この徳山は茶店の婆さんにやりこめられたのに、
幸いにも央庠の座主（ざす）（こざっぱりせぬ学者坊主）などと罵られることはなかった。

（それどころか）婆さんが提起（ていき）した（点心の問題という）お荷物から脱して、
龍潭に参ずることができたのだ。

○棒頭開眼弁来風＝「棒頭開眼」は、徳山三十拄杖（三十棒）のこと。『伝灯録』巻十五、徳山章、「師上堂して曰く〈今夜、問話することを得ざれ、問話する者は三十拄杖〉と。時に僧有り出でて方に礼拝せんとす。師乃ち之を打す。僧曰く〈某甲、話も也た未だ問わざるに、和尚、什麼に因ってか某甲を打す〉。師曰く〈汝は是れ什麼の処の人ぞ〉。曰く〈新羅の人なり〉。師曰く〈汝、上船の時、便ち好し、三十拄杖を与えるに〉」。「弁来風」は『碧巌録』一七則（雲門体露金風）の頌の下語に「問既有宗（深弁来風。箭不虚発）」。「来風」は、「来機風標」、やって来た相手がなんぼのものか、と見極める。『碧巌録秘抄』「深弁来風」に「賓ヨク此僧ヲ弁ジタ」、「此僧ヲミホサントノセンサクサ」、「心肝五蔵ヲ見ヌイタ」など。

○凡聖仏魔都絶通＝仏も魔も、徳山の手段には口も出せず、手を下しようもない。

○幸不呼央庠座主＝『五家正宗賛』保寧勇禅師章に、「師諱は仁勇。四明竺氏の子なり。少くして天台教を習う。衣を更えて雪竇に謁す。竇、之を熟視して呵して曰く〈央庠の座主〉。師、気平らかならず、発憤して山を下る。雪竇山を望んで大展三拝、誓って曰く〈我が此の生、行脚参禅、名、雪竇が如きに過ぎずんば、断じて帰郷せじ〉と。径ちに往いて楊岐に見え、旨を悟る」。『五家正宗賛助桀』「央庠座主」に、「勇、本と教者なり。衣を更うると雖も、猶お故態有り。故に罵って央庠座主と称す。蓋し教者の儀貌、散漫として禅者の威儀の蕭灑なるが若くならず」。さらに、無著道忠は「央庠は鞅掌、容を失する也」とする。

○出従婆子一担中＝「一担」は、一かつぎ（の荷物）。ここでは、婆子から仕掛けられた問答のこと。『碧巌録』四則、本則の評唱に、「徳山は本と是れ講僧なり。西蜀に在って金剛経を講ず。教中に道うに因らば〈金剛喩定、後得智の中に、千劫に仏の威儀を学し、万劫に仏の細行を学して、然る後に成仏す〉と。他の南方の魔子、便ち即心是仏と説く。遂に発憤して疏鈔を担って行脚し、直に南方に往いて、這の魔子の輩を破せんとす。看よ、他の恁麼の発憤、也た是れ箇の猛利底の漢なることを。初め澧州に到り、路上に一婆子の油糍を売るを見て、遂に疏鈔を放下して、且らく点心を買って喫せんとす。婆云く〈載する所の者は是れ什麼ぞ〉。徳山云く〈金剛経の疏鈔なり〉。婆云く〈我れに一問有り、你若し答え得ば、油糍を布施して点心と作さん。若し答え得ずんば、別処に買い去れ〉。徳山云く〈但だ問え〉。婆云く〈金剛経に云く、過去心不可得、現在心不可得、未来心不可得と。上座は那箇の心をか点ぜんと欲す〉。山、無語。婆、遂に指して、去って龍潭に参ぜしむ」。

【六六】
徳山托鉢
老來托鉢下方丈、歩歩清風點脚跟。
一自龍潭吹滅燭、山河大地暗昏昏。

徳山托鉢
老来、鉢を托げて方丈に下る、歩歩清風、脚跟に点ず。
一たび龍潭が燭を吹滅せしより、山河大地、暗昏昏。

〈訳〉
老いぼれて（飯の合図も鳴らないのに）鉢を托げて方丈に帰るのだが、
（いやいや）そこに、歩歩清風が起こっているではないか。
（この、鉢をささげて方丈に帰るところ、さすがは徳山ならでは）
かつて龍潭和尚に灯燭を吹き消されて大悟してより、

山河大地、暗昏昏（いや、それがそのまま明歴歴なのだ）。

○徳山托鉢＝『無門関』第十三則「徳山、一日鉢を托げて堂に下る。雪峯に〈者の老漢、鐘も未だ鳴らず鼓も未だ響かざるに、鉢を托げて甚れの処に向かってか去る〉と問われ、山便ち方丈に回る。峰、巌頭に挙似す。頭云く〈大小の徳山も、未だ末後の句を会せず〉。山聞いて侍者をして巌頭を喚び來たらしめて問うて曰く〈汝、老僧を肯わざるか〉。巌頭、密に其の意を啓す。山乃ち休し去る。明日陞座、果して尋常と同じからず。巌頭、僧堂前に至り掌を拊して大笑して云く〈且喜得らくは、老漢が末後の句を会せることを。他後、天下の人、伊を奈何ともせざらん〉」。
○老来托鉢下方丈、歩歩清風点脚跟＝徳山が方丈に帰ったところを高く評価する。
○一自龍潭吹滅燭＝『伝灯録』巻十五、徳山章に、「徳山辞し去らんとし、龍潭之を留む。一夕室外にて黙坐す。龍問う〈何ぞ帰り来たらざる〉。師対えて曰く〈外面黒し〉。龍乃ち点燭して師に与う。師接せんとす。龍便ち吹滅す。師乃ち礼拝す。龍曰く〈什麼をか見る〉。曰く〈今よりは天下の老和尚の舌頭を疑わじ〉」。
○暗昏昏＝「明皎皎暗昏昏」「明歴歴、暗昏昏」をふまえる。また「暗時明歴歴、明処暗昏昏」とも。明処に暗有り、暗処に明有り。

【六七】

徳山托鉢

鉢口向天開幾回、臨機多少費鹽來。
巖頭識破三年活、治療猶添醉後盃。

徳山托鉢

鉢口、天に向かって開くこと幾回ぞ、機に臨んで多少か塩を費し来たる。
巌頭識破するも、三年の活、治療、猶お添う酔後の盃。

〈訳〉

鉢の口を天に向けて、どれぐらい行き来したことか。
（それじゃ、粥一滴も入りますまい、ご苦労さん）。無駄な穀つぶしというもの。
かつて巌頭から（「大小の徳山、未だ末後の句を会せず」と）看破され、
暫時三年ばかりの命拾いだと指摘されたが、
せっかく巌頭に治療してもらったのに（鉢を托げてウロウロしているようでは）
酔後に盃を勧めるようなもの、無駄の無駄。

○臨機多少費塩来＝『虚堂録犂耕』「者僧費多少塩醤」に「徒に食物を費やすこと多くして、全く眼脳無し」。「徒労費塩醤」「費塩梅」などという。

○巌頭識破三年活＝「三年活」は、「果然只得三年活」「雖然只得三年活」、暫時の命拾い、ということ。『無門関』にこの語はないが、『五灯会元』巻七、鄂州巌頭全奯禅師章に、「……雪峰、徳山に在って飯頭と作る。一日飯遅し。徳山、鉢を擎げて法堂を下る。峰、飯巾を曬す次いで徳山を見て乃ち曰く〈鐘も未だ鳴らず、鼓も未だ響かず、鉢を托げて甚麼の処に向かってか去る〉。徳山便ち方丈に帰る。峰、師に挙似す。師曰く〈大小

の徳山、未だ末後の句を会せざること在り〉。山聞いて、侍者をして師を喚び去らしむ。問う〈汝、老僧を肯わざるか〉。師密に其の意を啓す。山乃ち休す。明日陞堂、果たして尋常と同じからず。師、僧堂の前に至って、掌を拊って大笑して曰く、〈且喜すらくは、堂頭老漢、末後の句を会せり。他後、天下の人、伊を奈何ともせじ。然りと雖も、也た祇だ三年の活を得るのみ〉と。山、果たして三年後に滅を示す」。

○治療猶添酔後盃＝「治療」は、巌頭の「大小の徳山、未だ末後の句を会せず」の一句をいう。

【六八】

徳山

惑亂來人多少那、手中活棒打山河。
催花雨却吹花落、建立佗兮掃蕩佗。

徳山

来人を惑乱すること多少ぞ、手中の活棒、山河を打す。
花を催す雨、却って花を吹き落とす、建立も佗、掃蕩も佗。

〈訳〉

どれぐらい修行者を悩ませたことか。

手にした棒で山河大地を打ちまくる。

（しかし、これは盲棒ではない）

花を咲かせる雨（建立）ともなり、花を散らす雨（掃蕩）ともなって自由自在。

それはすべて徳山の一心に由るもの。

○催花雨却吹花落＝坤の巻［四七六］「石鞏張弓架箭」に「殺人箭与活人箭、細雨催花又打花」。「この石鞏(せっきょう)の弓箭、殺すも活かすも自在の作略(はたらき)だ。そぼ降る雨が、あるいは花を催し、あるいはまた花を落とすものとなるように」。

○建立佗兮掃蕩佗＝「建立由他、掃蕩由他」の句をふまえる。建立門(こんりゅうもん)も掃蕩門(そうとうもん)もすべては那一心(ないっしん)に由るということろ。古岳宗亘(こがくそうこう)の著とされる『大徳寺夜話』（一名『眼裏砂』）の冒頭に「師曰、禅僧ハ建立モ由他、掃蕩モ由他也」とある。「建立（門）」は、化門を立てること、法門を設けること。その逆に、一切差別の相を否定し、その拠ってたつところを掃い去り否定するのが「掃蕩門」。「建立由他、掃蕩由他」は、建立門も掃蕩門もすべては那一心に由るということ。

【六九】

徳山托鉢

皷未響兮鐘未鳴、老來傾耳作虚行。

杖頭開口吧吧地、一活三年添鉢聲。

徳山托鉢

鼓も未だ響かず、鐘も未だ鳴らず、老来、耳を傾けて虚行を作す。
杖頭、口を開いて吧吧地、一活三年、添鉢の声。

〈訳〉
法鼓や鐘の合図も鳴らないのに、
老いぼれたのかこの親爺、聞き耳をたてて、無駄足ばかり運んでおる。
（徳山の三十棒といわれた）拄杖を使えば、
杖が大いに弁口を張るごとく力を発揮するが、
（無駄に鉢を托げておっては、巌頭に見抜かれたように）
しばし命拾いして添鉢して歩くようなもの。

○傾耳作虚行＝「傾耳」は、注意してよく聴こうとすること。「側耳」、耳をそばだてる。「虚行」は、無駄足。『龐居士語録』に「来去、枉に虚行す」。
○杖頭開口吧吧地＝「杖頭開口」は、徳山三十拄杖（三十棒）のこと。『伝灯録』巻十五、徳山章、「師上堂して曰く〈今夜、問話を得ざれ、問話する者は三十拄杖〉と。時に僧有り出でて方に礼拝せんとす。師乃ち之を打す。僧曰く〈某甲、話も也た未だ問わざるに、和尚、什麼に因ってか某甲を打す〉。師曰く〈汝は是れ什麼の処の人ぞ〉。曰く〈新羅の人なり〉。師曰く〈汝、上船の時、便ち好し、三十拄杖を与えるに〉」。「口吧吧地」

は、多言のさま、大口をたたく。ここでは、笑うさまか。
○一活三年添鉢声＝「一活三年」、本書前出［六七］「巌頭識破三年活」を参照。

【七〇】

普化

十字縦横街路程、徒搖鈴鐸太忙生。
聽耶不聽空中響、本是無聲勝有聲。

普化（ふけ）

十字縦横（じゅうじじゅうおう）、街路程（がいろてい）、徒（いたず）らに鈴鐸（れいたく）を搖らして太忙生（たいぼうせい）。
聴くや聴かざるや、空中の響き、本（も）と是れ声無きは声有るに勝る。

〈訳〉
十字街頭（じゅうじがいとう）をほしいままに歩きまわり、
いたずらに忙しく鈴を振りまわす。
（諸君よ）この声が聞こえるだろうか。
（白居易がうたっているように）声無きは声有るに、はるかにまさるのだ。

○徒揺鈴鐸＝『臨済録』勘弁、「因みに普化、常に街市に於いて鈴を揺らして云く〈明頭来や明頭打、暗頭来や暗頭打、四方八面来や施風打、虚空来や連架打〉」。

○無声勝有声＝白居易の琵琶行に「別に幽愁暗恨の生ずる有り、此の時、声無きは声有るに勝る（別有幽愁暗恨生、此時無声勝有声）」。『古文真宝前集』に収める。

【七一】

普化

過得盤山肚裏來、劈開臨濟面門時。
殷殷鈴韻驚天地、積嶽堆山跡尚遺。

普化

盤山の肚裏を過ぎ得来たって、臨済の面門を劈開する時。
殷殷たる鈴韻、天地を驚かす、積嶽堆山、跡尚お遺る。

〈訳〉

師匠盤山の肚をすっかり見抜いており（その肚の中を自在に歩き回ったのだが）、（師に頂相を提出するかわりにトンボがえりをするように）

臨済のところへやって来ても、その面をひんむいて、その真骨頂を露わにした、この男。
末後に振った鈴の音は天地を揺らし、
嶽と積み山と堆く、いたるところに残っている。

○過得盤山肚裏来＝普化が師の盤山の真（肖像画）を呈する代わりにトンボがえりを打ったこと。『伝灯録』巻第七、盤山宝積禅師章、「師、将に順世せんとして衆に告げて曰く〈人有って吾が真を邈得するや〉。衆皆な写し得たる真を将て師に呈す。師、皆な之を打す。弟子普化、出でて曰く〈某甲邈得せり〉。師曰く〈何ぞ老僧に呈似せざる〉。普化乃ち筋斗を打して出づ。師曰く〈這の漢、向後、風狂の如くにして人を接し去ること在らん〉と」。真を写すとは、その正体を見尽くすこと。よって印可の証明ともした。「過肚裏」は、『碧巌録』五十一則、本則評唱に「這の僧、殊に知らず、巌頭、草鞋を著けて他の肚皮裏を行くこと幾回かし了れることを」。『種電鈔』の注にいわく、「巌頭、這の僧の肚裏に入って、心肝五臓を見破し了ること数回なる者なり」。

○劈開臨済面門時＝「劈開面門」は、その真面目を暴き出す。有名な画僧の僧繇が宝誌和尚（誌公）の像を画こうとしたが、終に画くことができなかったのは、実は宝誌が観音だったという故事をふまえる。『編年通論』巻六、「梁の武帝、嘗て画工の僧繇に詔して、（宝）誌の像を写さしむ。僧繇、筆を下さんとするに、輒自く定まらず。既而（誌公）指を以て面門を釐いて分披して、十二面観音を出だす。妙相殊麗にして或いは慈、或いは威。僧繇、畢に写すこと能わず」。ここでは、普化が臨済の正体を見抜いていたことをいう。『臨済録』で、普化が「河陽は新婦子。木塔は老婆禅。臨済は小厮児（小僧っ子）なるも、却って一隻眼を具す」と評したこと。

○殷殷鈴韻驚天地＝鈴を振りながら遷化した普化。『臨済録』「……第四日に至って人の随い看るもの無し。独り城外に出でて自ら棺内に入り、路行の人を倩(やと)って之に釘うたしむ。即時に伝布す。市人競って往いて棺を開くに、乃ち全身脱去(だっこ)せるを見る。祇(た)だ空中に鈴の響き隠隠(いんいん)として去るを聞く」。

○積嶽堆山＝『碧巌録』二十則、垂示に、「堆山積嶽(たいざんしゃくがく)、撞墻磕壁(どうしょうかっぺき)、佇思停機(ちょしていき)せば一場の苦屈」。『禅語字彙』「堆山積嶽撞墻磕壁」に、「遠く見れば山と堆(うずたか)く嶽と積み、近く視れば、墻に突き当たり壁にぶつかる。至る処這箇(しゃこ)ならざるなしの意」。『虚堂録』に「形声未だ兆さざるに嶽と積み山と堆し、言跡纔(わず)かに彰われれば影響を尋ね難し」。『犁耕』に「忠曰く、形声未だ兆さざる時、却って徧く布いて嶽と積み山と堆し。言跡剖露する処、却って之を求むるに影無く響き無し」。

【七二】

普化

隻手振起鈴鐸、十字街頭徘徊。
對人有語中癖、明打來暗打來。

普化(ふけ)

隻手(せきしゅ)に鈴鐸(れいたく)を振起(しんき)して、十字街頭(じゅうじがいとう)を徘徊(はいかい)す。
人に対するに、語中に癖(くせ)有り、明打来(みょうだらい)、暗打来(あんだらい)。

〈訳〉

片手で鈴を振りながら、街中をうろつきまわり、

「明頭来也明頭打、暗頭来也暗頭打」などと、

わけの分からぬことをいうのが悪いクセじゃ、こやつは。

○明打来暗打来＝普化が常に街市に於て錫杖の輪鈴を揺らし云っていた「明頭来也明頭打、暗頭来也暗頭打」の語。前項［七〇］『臨済録』勘弁。『人天眼目』二、臨済宗要訣に、「明頭来暗頭来。仏も也た殺し、祖も也た殺す」。

【七三】

巖頭

漫逢沙汰會昌年、湖水隨流横片舩。

度去來多少人去、寛開眼界見風煙。

巖頭

漫りに沙汰に逢う、会昌の年、湖水、流れに随って片舩を横たう。

度し来たり度し去る、多少の人、寛やかに開く眼界、風煙を見る。

〈訳〉

会昌の沙汰に逢って、

（漢陽の）湖水辺で流れに任せて舟を浮かべる。

（もはや、生死の流れを諦観し随順し、喜びも憂いもない）

どれくらいの人たちを渡し去り渡し来たったことか。

かすかに霞む果てまで、見渡すかぎり、何のさえぎるものもない。

（それが、この男のいまの心境）

○巌頭＝『五灯会元』巻第七、巌頭全奯禅師章「師、鄂州の巌頭に住す。沙汰に値い、湖辺に於いて渡子と作る。両岸に各おの一板を掛け、人の過渡する有れば、板を打つこと一下す。師曰く〈阿誰ぞ〉。或もの曰く〈那辺に過ぎ去らんと要す〉。師乃ち棹を舞わして之を迎う。一日、因みに一婆、一孩児を抱いて来たる。乃ち曰く〈橈を呈し棹を舞わすことは即ち問わず、且らく道え、婆が手中の児、甚の処よりか得来たる〉。師便ち打す。婆曰く〈婆、七子を生めり。六箇は知音に遇わず。祇だ這の一箇も也た消得せず〉。便ち水中に抛向す」。

○漫逢沙汰会昌年＝「漫」字は難解、ここでは「みだりに」ではなく「姑且」か。「会昌年」は「会昌の沙汰」すなわち、唐の武宗による会昌年間（会昌五年［八四五］四月）の破仏をいう。寺院四六〇〇ヶ所余り、招提・蘭若四万ヶ所余りが廃止され、還俗させられた僧尼は二十六万人、没収寺田は数千万頃、寺の奴婢を民に編入した数が十五万人という。「沙汰」は「石沙をゆりて（淘る。水の中で籠を揺らすなどして選別すること）其の中で金をよりわけること」故に「公義より、僧尼の善悪を吟味し、悪しき者を還俗さする」を沙汰という。『仏祖統記』五五、六「唐武徳九年、詔して僧道の戒行の虧闕けたる者は悉く道を罷めしむ。月余にして前の沙汰を停む」。又た開元二年に「僧尼の偽濫せる者万二千人を沙汰して、竝びに俗に還らしむ」。又た会昌五年「詔して天下の寺院、僧尼の数を撿校し、両都左右街に敕して、寺四所に僧各おの三十人を留め、天下の州郡各おの一寺を留めしむ。上寺は二十人、中寺は十人、下寺は五人。僧尼の俗に帰る者、二十六万五百人」。
○湖水随流横片舩＝「随流」は、第二十二祖摩拏羅尊者の付法偈「心随万境転、転処実能幽、随流認得性、無喜復無憂」。「随流認得の性」は、生死の流れを諦観し随順すること。
○度去来多少人去＝諸本みな同じだが、意不通。「度来度去多少人」にあらためる。
○寛開眼界見風煙＝「眼界寛」は、見渡すかぎり、何のさえぎるものもない。巖頭の心境。

【七四】

巖頭

會昌年後有何災、沔水流清點不埃。
若遇老婆親切底、手中橈子打兒來。

〈訳〉

巖頭

会昌年後、何の災いか有る、沔水、流れ清く、点として埃せず。
若し老婆に遇わば、親切底、手中の橈子、児を打ち来たる。

会昌の大破仏に逢って、いかなる災いがあったか。
（仏教弾圧があろうと、何も変ることはない）
清らかに流れる汚水は、一点の汚れもない。（それがこの男の境界）。
女が乳飲み子を抱いて、一問を仕掛けて来れば、
手にした橈で乳児を打つという、ピタリの対応（親切底）。

○若遇老婆親切底、手中橈子打児来＝前項に引いた『五灯会元』。ここの「老婆」は、お婆さんではなく、（最近子供を産んだばかりの）既婚の婦人。

【七五】

巖頭

徳嶠門關八字開、威風匝地點無埃。
子傳父業會昌後、拈痛橈爲痛棒來。

巖頭

徳嶠の門関、八字に開く、威風匝地、点として埃無し。
子、父の業を伝う、会昌の後、痛橈を拈じて痛棒と為し来たる。

〈訳〉

徳山の門関は大きく八字に開かれている。

（この門で徳山に一喝され、ただちに礼拝した。それより、長らく徳山と切磋琢磨）。

今やその威風は地を覆い、一点として汚れはない。

まさに父の業を受け継いだこの巌頭、

会昌の破仏に逢ってからは、渡し守となって橈をとり、これを徳山譲りの痛棒となした。

○徳嶠門関八字開＝『伝灯録』巻十六、巌頭章に、「師、方丈の門に入って身を側て問う〈是れ凡か是れ聖か〉。徳山喝す。師礼拝す。有る人洞山に挙似す。洞山曰く〈若し是れ豁上座にあらずんば、大に承当し難し〉。師之を聞いて乃ち曰く〈洞山老人、好悪を識らず、錯って名言を下す。我れ当時、一手擡一手搦せり〉」。

○会昌後、拈痛橈＝本書前出［七三］「漫逢沙汰会昌年」の項。

【七六】

香巖撃竹

一叢緑竹本無情、疑處還従悟處生。

眼裏攸聞聞得否、畫其瀑不畫其聲。

香厳撃竹

一叢の緑竹、本と無情、疑処、還って悟処より生ず。
眼裏に聞く攸、聞き得るや否や、其の瀑を画くも其の声を画かず。

〈訳〉

ひとむらの緑竹は、もとより無情物。
（無情物の竹が、カチンという音で何かを教えたのではない）。
いま、所知でもない修治でもないと悟って見れば、
かつて（潙山のところで）所知や修治に執していたことが疑いの根本だった。
（香厳は小石が竹に当たる音を聞いて悟り、仏は暁の明星を一見して悟った。これはいずれも見聞を超えたところ、耳で看、眼で聴くという消息）
耳で聞くのではない、眼で聞くという消息、
それを聞くことができるか。（それができないならば）
滝を描いても、滝の音は描けないというもの。

○香厳撃竹＝『伝灯録』巻十一、香厳智閑章「……（潙山霊）祐和尚、其の法器なることを知って智光を激発せんと欲す。一日、之に謂いて曰く〈吾れ汝に平生の学解及び経巻冊子上に記得する者を問わず。汝未だ胞胎を出でず、未だ東西を弁ぜざる時の本分の事、試みに一句を道い来たれ。……〉。師、懵然として無対。沈吟之

を久しうして、数語を進めて其の所解を陳ぶるも、祐、皆な許さず。師曰く〈却って請う、和尚為に説け〉。祐曰く〈吾れ説き得るも、是れ吾が見解なり、汝が眼目に於いて何の益か有らん〉。師、遂に帰堂す。徧ねく集むる所の諸方の語句を検するも、一言として将て酬対す可き無し。乃ち自ら歎じて曰く〈画餅、飢えを充たす可からず〉と。是に於いて、尽く之を焚いて、曰く〈此の生、仏法を学ばず。且らく箇の長行粥飯僧と作って心神を役することを免れん〉。遂に泣いて潙山を辞して去る。南陽に抵って忠国師の遺迹を観る。遂に憩止す。一日、因みに山中で草木を芟除す。瓦礫を以て竹を撃ち声を作す。俄かに失笑する間、廓然として省悟す。遽かに帰って沐浴焚香して、遥かに潙山を礼し賛して云く〈和尚の大悲恩、父母に逾ゆ。当時若し我が為に説却せば、何ぞ今日の事有らんや〉と。仍って一偈を述べて云く〈一撃、所知を忘ず、更に修治を仮らず。処処、蹤迹無し、声色外の威儀。諸方の達道の者、咸な言う、上上の機〉と」。

○眼裏攸聞聞得否＝このカチンは聞声悟道。聞声悟道の対が見色明心。

乾の巻［三〇四］「示貞信禅人」に、「霊雲桃花の悟道、耳処に見るや、香厳撃竹の悟道、眼処に聞くや。言外に言を生じ、意中に意を得たり」。

○画其瀑不画其声＝『世語集』に「心とは如何なるものを言うやらん、墨絵にかきし松風の音」。

【七七】

政黄牛

白頭輕卸笠、一見眼中寛。四序花何覓、常騎黒牡丹。

政黄牛

白頭、軽く笠を卸し、一見すれば眼中寛やかなり。
四序の花、何ぞ覓めん、常に黒牡丹に騎る。

〈訳〉
白髪頭から笠をひょいとおろし、あたりを一見すれば、
眼中に寛やかな世界が広がる。
（上を見れば万層の山、橋の下には千里の水。そしてただ白鷺だけが見ている）
四季の花を求めることはない。
（なぜなら）いつもこの素晴らしい黒牡丹に乗っておるのだから。

○政黄牛＝余杭の惟政（惟正）禅師のこと。常に好んで黄牛に騎っていた。黄牛は、黄褐色の毛並みの牛。よい牛とされた。
『禅林僧宝伝』巻第十九、余杭政禅師章に「政黄牛は銭塘の人なり。……幼にして孤、童子と為って卓識有り。詞語皆な人の意表に出でたり。……蔣侍郎出でて杭州に守たるに当たって、政と方外の友たり。来謁するごとに必ず軍持（水瓶）をもって角上に掛く。市人争って之を観る。政、自若たり。郡庭に至って犢より下りて談笑す。日を終えて去る。一日、郡に貴客有り至る。蔣公、政を留めて曰く〈明日府に燕飲有り、師固く律を奉じて能く我が為に少しく留まること一日せよ〉。因って清和を款まん〉。政、之れを諾す。明日、人をして之れを要めしむ。一偈を留めて去る。曰く〈昨日曾て今日を将て期す、門を出でて杖に倚る。又た思惟す。僧と為っては只だ巖谷に居る合し。国士筵中甚だ宜しからず〉と。坐客皆な其の標致を仰ぐ」。

○白頭軽卸笠、一見眼中寛＝「眼中寛」は、眼界寛。『五灯会元』巻十、惟正禅師章、「師、嘗て山中の偈を作って曰く〈橋上、山万層、橋下、水千里。唯だ白鷺鷥のみ有って、我れ常に此に来たるを見る〉。平生の製作三十巻、錦渓集と号す。又た書を工みにす。筆法勝絶、秦少游、之を珍蔵す」。
○四序＝春夏秋冬。
○黒牡丹＝牛の異名。『古今事文類聚後集』毛虫部、黒牡丹に、「唐末、劉訓は京師の富人なり。梁氏国を開く。嘗て仮貸以て軍を給す。京師に春遊し、牡丹を観るを以て勝賞と為す。訓、客を邀えて花を賞するに、乃ち水牛数百を前に繋いで、指して曰く〈此れ劉氏が黒牡丹なり〉と」。

【七八】
政黄牛
歩行坐臥、平生自由。入眞入俗、無喜無憂。
你有答話、誰作問頭。縱然道得、還人一牛。

政黄牛
歩行坐臥、平生自由。真に入り俗に入って、喜も無く憂も無し。
你答話有り、誰か問頭を作す。縦然い道い得るも、人に一牛を還す。

〈訳〉

行こうが坐ろうが、寝転ぼうが、いつも自由自在。

真の禅僧のようでもあり、ときにはまた俗人とも交わり、（すべて流れのままにゆだね）喜ぶこともなければ憂えることもない。

そなたは山中の偈を作って（「橋上、山万層、橋下、水千里。唯だ白鷺鷥（はくろじ）のみ有って、我れ常に此に来たるを見る」とその）境界をうたったのだが、

誰かそなたの心境を問うものがおったか（シラサギが問うたのではあるまい）。

ただただ佳境に応じて、そのお返しに偈を賦したまでのこと。

○入真入俗＝役人の蔣侍郎らとつきあっていたことを「入俗」という。

○無喜無憂＝第二十二祖摩拏羅尊者の付法偈「心随万境転、転処実能幽、随流認得性、無喜復無憂」。政黄牛作「山中偈」の「橋上山万層、橋下水千里。唯有白鷺鷥、見我常来此」といった心境をいったもの。

○你有答話、誰作問頭＝「山中偈」を作って境界を述べたこと。

○還人一牛＝『句双葛藤鈔』「得人一牛還一馬、前三三与後三三」に「得人一牛還一馬トハ、モライモセズヤリモセヌ也。本ノ侭ヂヤホドニ、前三三与後三三ト也」。『禅語字彙』に「遣り取りなしの元の儘じゃ」。『諸録俗語解』［一八四七］「得人一牛、還人一馬」に、「人に物を貰えば返礼はしうち（仕打ち＝人に接する態度）と云う意なり」。『禅語字彙』に、「作家の応酬をいふ。得れば必ず酬るの意」。

【七九】

政黄牛

黄牛背上白頭僧、看盡橋邊山萬層。
一夜盆中免吟笑、還纒鼻孔尺餘繩。

政黄牛

黄牛背上、白頭の僧、看尽くす、橋辺、山万層。
一夜、盆中、吟笑さるるを免る、還って鼻孔に纒る、尺余の縄。

〈訳〉
黄牛に跨った白髪の僧。
橋の向こうに連なる万層の山、橋下を流れる千里の水。この景を飽くまで眺める。
（そして）いつもは盆中に月を浮かべ、朝までこれを愛でて吟じるのだが、
今夜はそうではない。
一尺あまりの縄で（騎っている牛の鼻ではなく）仏祖の鼻孔を貫いたとみえる。

○看尽橋辺山万層＝「橋辺山万層」は、「山中偈」の「橋上山万層、橋下水千里」。
○一夜盆中免吟笑＝意によって置き換えると「一夜免盆中吟笑」。『五灯会元』巻十、惟正禅師章に、「夏秋は、好んで月を翫で、盤膝して、大盆の中、池上に浮かべ、自ら其の盆を旋らし、吟笑して旦に達す。率ね以て常

と為す」。
○還纏鼻孔尺余縄＝難解。仮に右訳のように解した。

【八〇】
政黄牛
心隨萬境轉生涯、談笑從來思有邪。
國士筵中約違約、黄牛今去入誰家。

政黄牛
心、万境に随って生涯を転ず、談笑、従来思い邪有り。
国士筵中、約するか約に違うか、黄牛、今去って誰が家にか入る。

〈訳〉

（「山中の偈」などを作って、摩拏羅尊者のように生死の流れを諦観し随順するという）

「心は万境に随って転ず、転処実に能く幽なり」という心境のようであり、

（杭守の蔣侍郎と方外の交わりをし）清話談笑してはおるが、

（いやいや）もとよりひと癖がある（思有邪）のだ。

（なぜならば）葉内翰から士大夫の集まりに招かれたのに、
約束どおり参加するのか、それとも約束を違えるのか（分からぬのだから）。
さて、この黄牛はどこに行くことであろう。

○心随万境転生涯＝摩拏羅尊者の付法偈「心随万境転、転処実能幽、随流認得性、無喜復無憂」。「生涯」は、はたらき。

○談笑従来思有邪＝「談笑」は、『五灯会元』巻十、惟正禅師章に「杭守の蔣侍郎、嘗て師と方外の友たり、毎に往いて謁す。郡庭に至って犢を下りて譚笑、日を終えて去る」というところ。「思有邪」は、「思無邪」の逆。「思無邪」は、心意正しく邪悪の念がないこと。心情をありのままに発露して、少しの飾りけもないこと。『論語』の為政第二に「子曰く、詩三百、一言以て之を蔽えば、曰く、思い邪ま無し」。本来は『詩』の魯頌に「思無邪、思馬斯徂」。感性の純なること。ここでは「従来」に意あり。

○国士筵中約違約＝葉内翰から宴会に誘われたが、それを断った詩に、「昨日曾て今日を将て期す、門を出でて杖に倚って又た思惟す。僧たるもの祇だ巌谷に居る合し、国士筵中、甚だ宜しからず」と。

【八一】

郁山主

驢背寄身身未輕、溪橋一擲夢初驚。
重來收得破珠去、沒溺茶川終此生。

郁山主

驢背に身を寄す、身未だ軽からず、渓橋に一攧し、夢初めて驚む。
重ね来たって、破珠を収得し去り、茶川に没溺して此の生を終う。

〈訳〉

驢背に身をゆだねておるが、
(「百尺竿頭」の公案はまだ決着していないので)一身軽しというわけではない。
(ところがある日)橋を渡っているときに驢馬がひっくり返り、夢から覚めた。
あらためて、自家の中にある神珠の輝きを得て、
茶川のあたりに身を晦まして、一生を終えた。

○郁山主＝『五灯会元』巻六、未詳法嗣のところに、「茶陵の郁山主、曾て行脚せず。因みに廬山に化士有り至る。論じて宗門中の事に及ぶ。教えて〈僧、法灯に問う、百尺竿頭、如何か歩を進めん。灯云く、啞〉というを看せしむ。凡そ三年、一日、驢に乗って橋を度る。橋板を一踏して堕ちて、忽然として大悟す。遂に頌有り云く〈我に神珠一顆有り、久しく塵労に関鎖せらる。今朝塵尽きて光り生じ、山河万朶を照見す〉。此に因って更に遊方せず。師は乃ち白雲端和尚が得度の師」。あるいは楊岐の法嗣ともいう。
○驢背寄身未軽、渓橋一攧夢初驚＝右の『五灯会元』。
○重来収得破珠去＝「重来」は再来。もう一度、あらためて。

○没溺茶川終此生＝「没溺」、ここでは「身をひそめる」というほどの意。

【八二】

郁山主

竿頭百尺歩危哉、驢事如何馬事來。

多少遊人空喫攧、忽然自起掃塵埃。

郁山主

竿頭百尺、歩み危うい哉、驢事、馬事の来たるに如何ぞ。

多少の遊人、空しく喫攧す、忽然として自ら起って塵埃を掃う。

〈訳〉

（「百尺竿頭にどう歩を進めるか」という公案を与えられたが）

百尺の竿頭に一歩を進めるのは危いぞ。

（「百尺竿頭」の公案に決着がつかぬまま、驢に乗って橋を渡るのだが）

「驢事未だ去らざるに馬事到来す」は、「百尺竿頭」に比べてどうか（より難しかろう）。

他の多くの遊山客ならば、ただ空しくこけるだけだが、（この男はちがう。驢馬から落ちても）忽然と起き上がって埃を掃い、我が内なる神珠を見つけたのだ。

○竿頭百尺歩危哉＝課題となっていた公案、「百尺竿頭、如何か歩を進めん。灯云く、啞」。
○驢事如何馬事来＝『五灯会元』巻四、霊雲志勤禅師章に、「問う〈如何なるか是れ仏法の大意〉。師曰く〈驢事未だ去らざるに馬事到来す〉。曰く〈学人不会〉。師曰く〈彩気、夜常に動き、精霊、日に逢うこと少れなり〉」。『五灯抜粋』に「方語、一心無二用」。『句双葛藤鈔』「驢事未去馬事到来」に、「一心無二ノ用也。先ニ来タモ今マ来タモ、同ジ面ノ物計ト、ヲサエタ」。

【八三】

郁山主

一顆神珠光未生、蹇驢背上逐塵行。
果然進歩竿頭去、喫攧斷橋心地驚。

郁山主

一顆の神珠、光未だ生ぜず、蹇驢背上、塵を逐うて行く。

果然として、歩を竿頭に進め去って、断橋に喫攧して、心地驚む。

〈訳〉

己の内なる一顆の神珠はまだ光ってはいない。
ロバに乗って世塵の中を行く。
ところが果然、橋の上でひっくり返り、百尺竿頭に歩を進め、
自家屋中の神珠の塵を払い去って、燦然と輝きだしたのだ。

○蹇驢＝颯爽と歩む馬に比べて、不格好に歩く驢馬を貶していう。跛驢とも。必ずしもビッコではない。駑鈍なさまをいう。

○断橋＝文字通りには、壊れて渡れぬ橋。今は、粗末な壊れかかった橋。山水画に不可欠な道具。

郁山主

【八四】

郁山主

獨跨跛驢過九垓、溪山回首轉遲徊。
笠頭遙隔世埃壒、掛在虛空背上來。

独り跛驢に跨って九垓に過ぐ、渓山、首を回らして、転た遅徊。
笠頭、遥かに世の埃𡏖を隔て、虚空背上に掛在し来たる。

〈訳〉
ひとり驢馬に跨って、地の果てに向かうが、
振り返りつつ山や川をながめていて、歩みは遅い。
（ところが、橋上で一顚して、たちまち、我が内なる神珠を埃の中から見出し）
かぶっていた笠をおろし、
世埃からはるかに隔たった、（異空間である）虚空の背中にひょいと掛けた。

○独跨跛驢過九垓＝「九垓」は、中央より八極の地に到る大地の義。また、天のはて。
○渓山回首転遅徊＝「遅徊」は、遅回とも。遅疑、猶予（グズグズする）。
○掛在虚空背上＝宇宙の背中、という異次元、異空間。『句双葛藤鈔』「十方世界一団鉄、虚空背上生白毛」、「十方世界ガ一枚トミレバ、爰ナ老者ノ白頭ニシテ、空背上ニ白毛ヲ生ズルヨ。一心ノ用処ナリ」。

【八五】
郁山主

驢背風流自一奇、茶陵來去路參差。
不知仰首望天處、月霽時耶月暗時。

郁山主

驢背の風流、自ずから一奇、茶陵に来去し、路参差。
知らず、首を仰いで天を望む処、月の霽るる時か、月の暗き時か。

〈訳〉

驢馬に乗って遊山とはまことに風流で素晴らしいが、
茶陵の路はややこしく、こけ易うござるぞ。
仰向いて天空の彼方を望んでおるが、
さて、（真如の）月は晴れ輝いておるか、それとも暗いか。

○路参差＝「参差」には多様の義がある。『漢語大詞典』の解を見るに、不斉（ふぞろい）、紛紜繁雑、蹉跌（こける）、遠離疎隔、差不多（ほとんど）、頃刻（たちまち）、不一致、差錯（あやまちたがう）などの意がある。今、郁山主は、橋上でコケた驢馬から落ちたのだから、この場合は、道が不整でコケるようなことを言う。乾の巻［二六九］に「脚に草鞋を著け身に麻を著く、此の生、東望するも路、参差」とある。これは江月が江戸に赴くときのもの。「草鞋をはいて旅支度をし、東を目指すが、江戸への道は、私には遠い遠い」という意で、ここでの「参差」は、遠く隔たるという義。

【八六】 坤の巻〔四八九〕

布袋　擔囊

正法眼藏無付人、自荷擔到彌勒下生。自荷擔者布袋、化布袋者彌勒。
同工異曲、後甲先庚。即今汝到什麼處。道道。要坐則坐、要行則行。

布袋　嚢を担う

正法眼蔵、人に付する無し、自ら荷担して弥勒下生に到る。
自ら荷担する者は布袋、布袋と化する者は弥勒。
同工異曲、後甲先庚。
即今、汝什麼の処にか到る。道え道え。
坐せんと要するときは則ち坐し、行かんと要するときは則ち行く。

〈訳〉

「伝えるべき正法眼蔵などはない、五十六億七千万年のちに弥勒が下生するまで、永劫に自分で担いでいくだけだ」と徹翁祖師はいわれたが、
それを担いでいるのは布袋、その布袋に化身したのは弥勒。
布袋も弥勒も、大同小異。先には弥勒、後には布袋に化身、
後にも先にも、ごていねいなこと。
袋を担いで、どこへ行くのか。言え言え。
坐るも行くも自由自在、どこへ行こうと勝手でござる（と言わんばかり）。

○布袋担嚢＝布袋が布袋をかつぐ図。布袋の伝は、『伝灯録』巻二十七、布袋和尚章、「明州奉化県の布袋和尚は未だ氏族を詳らかにせず。自ら称して契此と名づく。形裁腲脮（肥え太り）、蹙額（せまい額）皤腹（大きな腹）。語を出だすに定まり無く、寝臥、処に随う。常に杖を以て一布嚢を荷う。凡そ供身の具、尽く嚢中に貯う。鄽肆聚落に入って、物を見れば則ち乞う。或いは醯醢魚菹（しおから）、才かに接すれば口に入れ、少許を分かって嚢中に投ず。時に長汀子、布袋師と号す。
嘗て雪中に臥すに、雪、身を沾さず。人、此を以て之を奇とす。或いは人に就いて其の貨を乞うときは則ち售る。人に吉凶を示せば必ず期に応じて忒うこと無し。天将に雨ふらんとせば、即ち湿った草履を著けて途中に驟り行く。亢陽に遇えば即ち高歯の木屐（ゲタ）を曳く。市橋の上に膝を竪てて眠る。居民、此を以て験知す。

一僧有り師の前を行く。師乃ち僧の背を拊つこと一下。僧、頭を回らす。師曰く〈我に一文銭を乞えよ〉。曰く〈道い得ば即ち汝に一文を与えん〉。師、布嚢を放下し、叉手して立つ。

白鹿和尚問う〈如何なるか是れ布袋〉。師便ち布袋を放下す。又た問う〈如何なるか是れ布袋下の事〉。師、之を負うて去る。

先の保福和尚問う〈如何なるか是れ仏法の大意〉。師、布袋を放下して叉手。保福曰く〈為た只だ此の如きか、為た更に向上の事有るか〉。師、之を負うて去る。

師、街衢に在って立つ。僧有り問う〈和尚、這裏に在って什麼をか作す〉。師曰く〈箇の人を等つ〉。曰く〈来也、来也〉。［帰宗の柔和尚、別して云く、帰去来］。師曰く〈汝は是れ這箇の人にあらず〉。曰く〈如何なるか是れ這箇の人〉。師曰く〈我に一文銭を乞えよ〉。

……梁貞明三年丙子三月、師将に滅を示さんとす。嶽林寺の東廊下に於いて磐石に端坐して、偈を説いて曰く〈弥勒、真の弥勒、身を千百億に分かつ。時時に時人に示すも、時人自ら識らず〉と。偈し畢って安然として化す。其の後、他州に人有って師が亦た布袋を負うて行くを見る。是に於いて、四衆競って其の像を図す。今、嶽林寺大殿の東堂に全身見存す」。

○正法眼蔵無付人、自荷担到弥勒下生＝徹翁の末後の遺誡に「如来の正法眼蔵、人に付する無し、自ら荷担して弥勒下生に到る。噫」。

○化布袋者弥勒＝弥勒の化身であることは布袋の偈「弥勒真弥勒、分身千百億」。

○同工異曲＝もとは「伎倆は同じで曲の調べは異なる」という意。転じて、大同小異の意。いまは後者。布袋も弥勒も同一人物。

○後甲先庚＝先には弥勒、後には布袋に化身、後にも先にも、ごていねいなこと。「先庚」は『易』巽「先庚三日、後庚三日、吉」。命令を発布する三日前に、通告しておくこと。「後庚」は、『易』蠱「後甲三日」。命を発布した三日後にさらにもう一度通告し、しかる後に令を実施すること。転じて、一般的には、「先庚」も「後甲」も、ものごとを丁寧になすことをいう。しかし、『欠伸稿』では「先庚」は単に「先だって」の意に使われることが多い。

○要坐則坐、要行則行＝行くも坐るも自由自在、どこに行こうと勝手でござる。『臨済録』「要行即行、要坐即坐」。『句双葛藤鈔』「要行即行、要坐即坐」の註に「自由自在ノ義ナリ。大用無事ノ人ノ左右（ありさま、という意）ニハ規矩ガナイゾ」。

【八七】

布袋

分身若稱眞彌勒、兜率天宮何不歸。
三藐院自畫自贊
鈞命率奉和玉韻以加贊詞
上天無梯不如坐、遠隔率陀何處歸。
同右　仝

身を分かって、若し真の弥勒と称さば、兜率天宮に何ぞ帰らざる。
三藐院自画自賛
鈞命によって卒に玉韻に和し奉り以て賛詞を加う。
天に上るに梯無し、如かじ坐せんには、遠く率陀を隔つ、何れの処にか帰せん。
同右　仝

〈訳〉

弥勒が化身したのであって、わしは布袋ではなく弥勒だというなら、どうして早く兜率天に戻らぬのか。
天に登ろうにもハシゴはない。坐っているしか仕方があるまい。
兜率天は遠いぞ。（そこに帰れないとしたら）いったいどこにお帰りになるかな。

○三藐院殿下＝近衛信尹（一五六五～一六一四）。

【八八】 坤の巻［五二五］

布袋　撚紙嚔

鼻孔欲穿噴嚏頻、手中撚紙爲何人。
布囊藤杖共抛擲、皤腹便便忘此身。

布袋、紙を撚って嚔す

鼻孔、穿って噴嚏せんと欲すること頻り、手中の撚紙、何人の為ぞ。
布囊藤杖、共に抛擲し、皤腹便便、此の身を忘ず。

〈訳〉

ココリで鼻孔を刺激して、頻りにくしゃみをしようとしておるが、
いったい誰が噂をしているからなのか。
大事な持ち物である布袋と杖をほったらかして、
太った腹を出して（一心不乱）、我とわが身を忘れておる。

○撚紙嚔図＝四暢図の一つ。「四暢」は、四種類の「のびのびとして心地よいこと」を描いたもので、「散髪」「背中の痒いところを掻く」「くしゃみをする」「耳をほる」の四種。ここでは、こよりで鼻孔を刺激して嚔（しようと）する図。
『貞和集』覚範慧洪の四暢図詩があり、それぞれ左のとおり（『石門文字禅』巻十四にも）。

「月を経て楼颼を得たり、頭懶うして垢靧わず。樹間、一たび梳り理むれば、道は精神と会す（経月得楼颼、頭懶垢不靧。樹間一梳理、道与精神会）」。

「痒処、掻けども及ばず、頼いに童子の手有り。精微、伝う可からず、歯を齘って首を一転す（痒処掻不及、頼有童子手。精微不可伝、齘歯一転首）」。

「口を呿いて眼尾垂る、嚏せんと欲して特に未だ発せず。竟に紙を以て事を用う、快きこと船の閘を出づるに等し（呿口眼尾垂、欲嚏特未発。竟以紙用事、快等船出閘）」。

「耳痒うて拈じ去らず、猛く省す、須らく明を用うべしと。目を注いで深く之を探れば、疎快、鬖髪に満つ（耳痒不拈去、猛省須用明。注目深探之、疎快満鬖髪）」。「猛省」は、ハッと気づく。『石門文字禅』では一二句を「耳痒欲拈去」に作る。「明」は、『葛原詩話』に「明、音月。説文ニ堕耳ト注ス、耳ヲサラユルコトナリ」とする。耳掻きのこと。
○鼻孔欲穿嚔頻、手中撚紙為何人＝「為何人」は、蘇東坡「元日、丹陽を過ぎ、明日、立春、魯元翰に寄す」詩に「白髪蒼顔、誰か肯えて記せん、暁来、頻りに嚔するは何人の為ぞ」をふまえたもの。鼻をつついて頻り

にクシャミをしようと、手にコヨリを持っているのは、誰（が噂をしていること）のためだろう。人が噂をすればクシャミが出る、という俗諺は中国にもある。『詩経』邶風、終風に「寤めて言に寝ねられず、願うて言に則ち嚏す」、鄭玄注に「今俗に、人嚏すれば〈人、我を道う〉と云う」。馬永卿『嬾真子』巻三に、「俗説に、人の嚏噴するを以て、人説うと為す。此れ蓋し古語なり（俗説、以人嚏噴為人説。此蓋古語也）」。「撚紙」は、紙をひねることだが、ここでは和語のコヨリのことをいう。

○鼻孔欲穿噴嚏頻、手中撚紙為何人＝「為何人」は、蘇東坡「元日、丹陽を過ぎ、明日、立春、魯元翰に寄す」詩に「白髪蒼顔、誰か肯えて記せん、暁来、頻りに嚏するは何人の為ぞ」をふまえたもの。鼻をつついて頻りにクシャミをしようと、手にコヨリを持っているのは、誰（が噂をしていること）のためだろう。人が噂をすればクシャミが出る、という俗諺は中国にもある。『詩経』邶風、終風に「寤めて言に寝ねられず、願うて言に則ち嚏す」、鄭玄注に「今俗に、人嚏すれば〈人、我を道う〉と云う」。馬永卿『嬾真子』巻三に、「俗説に、人の嚏噴するを以て、人説うと為す。此れ蓋し古語なり（俗説、以人嚏噴為人説。此蓋古語也）」。「撚紙」は、紙をひねることだが、ここでは和語のコヨリのことをいう。

○布嚢藤杖共拋擲＝「拋擲」は、「うっちゃって」。

【八九】坤の巻［五二六］

布袋　擔嚢

嚢括十虚、鼓舞萬有。天上人間、奈名利走。

布袋　嚢を担う

十虚を嚢括し、万有を鼓舞す。天上人間、名利に走ることを奈せん。

〈訳〉

全宇宙をこの袋にすっぽりとおさめ、
一切の存在を奮発し興起させるのだが、
兜率天から人間世界に下るとは、
まことに名利に走ったというものだ。

○嚢括十虚、鼓舞万有＝「十虚」は、十方虚空。「万有」は、あらゆる存在。

【九〇】 坤の巻［五四〇］

布袋　睡眠

自横拄杖置嚢上、包裹山川樂在中。
兜率閻浮共忘却、比來天地一眠翁。

布袋　睡眠

自ら拄杖を横たえて嚢上に置く、山川を包裹す、楽、中に在り。

兜率閻浮、共に忘却す、比来、天地の一眠翁。

〈訳〉

上に杖を置いたこの袋の中は（無一物中無尽蔵なのだから）、
森羅万象をすっぽりと包んだも同じこと。そこに真の楽しみがござる。
兜率天のことも娑婆のことも、すっかり忘れて眠っておる。
この男にとっては、本来、天地も過去未来も一眠りのうち（時空を超絶した一眠りじゃ）。

○楽在中＝「楽在其中」。『論語』述而「疏食を飯い水を飲み、肱を曲げて之を枕とす、楽しみは亦た其の中に在り」。
○比来天地一眠翁＝「比来」は、本来（もともと）。熊孺登の「役を祇んで風に遇うて湘中の春色を謝す」詩（『三体詩』所収）に「応に百花の撩乱たるに笑わるべし、比来天地の一閑人（応被百花撩乱笑、比来天地閑人）」。

【九一】

布袋　回顧指嚢

脚底草鞋徒蹈破、手中竹杖是同行。
這風顚漢有誰問、指示分明顯我名。

【九二】布袋

布袋　回顧して嚢を指す

脚底の草鞋、徒らに踏破す、手中の竹杖、是れ同行。
這の風顛漢、誰有ってか問う、指示分明、我が名を顕わす。

〈訳〉

（毎日、街市をウロウロするとは）足につけた草鞋を無駄に履きつぶすだけ。
手にした杖だけが連れ合いだ。
いったい誰が、この瘋癲坊主に名を尋ねたのか。
（和尚は）何も答えず、黙って袋を指さす。
これぞ、まことに直指、ズバリその名を顕わしたというもの。

○手中竹杖是同行＝拄杖は修行、行脚のシンボル。
○指示分明顕我名＝「我名」とは、ニックネームの「布袋」。坤の巻［五四八］「手中の一杖、本と是れ同行。肩上は何物ぞ、我が名を荷担す」。

杖頭挑日月、囊裏納須彌。開口笑何事、分身人未知。

布袋

杖頭（じょうとう）、日月を挑げ、囊裏（のうり）、須弥（しゅみ）を納（おさ）む。
口を開いて、何事をか笑う、身を分かつも、人未だ知らず。

〈訳〉
杖の先に日月をひっかけ、
袋の中に大宇宙をすっぽりと包んでいる。
大きな口を開いて、いったい何を笑っているのか。
弥勒の分身であることを、世人は誰も知らぬのを笑っておるのであろう。

○杖頭挑日月＝『五灯会元』巻五、道場如訥禅師章に「三尺杖頭挑日月、一塵飛起任遮天」。『句双葛藤鈔』「袈裟裏白雲、柱杖挑日月」、注に「一袈裟一柱杖トシタゾ、アマツタモノハアルマイゾ」。
○開口笑何事、分身人未知＝三句が問い、四句がその答え。

【九三】

布袋　睡眠
三世三昧、三昧三世、一生一睡、一睡一生、天上人間、人間天上、要行即坐、
要坐即行。

布袋　睡眠

三世三昧、三昧三世。

一生一睡、一睡一生。

天上人間、人間天上。

行かんと要せば即ち坐し、坐せんと要せば即ち行く。


〈訳〉

過去・現在・未来の三世にわたっての風狂三昧。その三昧は三世を貫く。

長い一生も一眠り。（いやいや）この一眠りただの眠りではない、一生を貫徹するもの。

兜率天が娑婆で、娑婆世界がそのまま兜率天。

臨済は「行かんと要せば即ち行き、坐せんと要せば即ち坐す」と言ったが、

（この瘋癲和尚はさらに上手でその逆をやる）

行こうと思えば坐り、坐ろうと思えばたちまち行く。

○三世三昧、三昧三世、一生一睡、一睡一生、天上人間、人間天上＝ＡＢ、ＢＡ。相対がそのまま円環のように自己同一。

○要行即坐、要坐即行＝『臨済録』示衆の「但だ能く縁に随って旧業を消し、任運に衣裳を著け、行かんと要せば即ち行き、坐せんと要せば即ち坐す。一念心の仏果をする無し」。『碧巌録』六十一則、頌の下語に「要行即行、要住即住」、自在の境界をいう。いまはそれをも反転したもの。

【九四】

布袋　睡眠

本是一身、分千百億。生兜率天、化大唐國。

彌勒長汀、長汀彌勒。腹何膨脝、飽爲眠食。

布袋　睡眠

本と是れ一身、千百億に分かつ。

兜率天に生じ、大唐国を化す。

弥勒長汀、長汀弥勒。

腹何ぞ膨脝たる、飽くまで眠食を為す。

〈訳〉
本来、一身であるのに、千百億に身を分かって現れる。兜率天に生まれたが、大唐国には（乞食坊主の姿となって）降臨して人々を教化する。弥勒菩薩が長汀子、長汀子が弥勒菩薩か。この男、どうしてこんなに腹が膨れておるのか。飽くまで食らい、飽くまで眠るからだ。

○腹何膨脝、飽為眠食＝蘇東坡「遊恵山」三首の三に「吾が生は眠食するのみ、一飽、万想滅す（吾生眠食耳、一飽万想滅）」。

【九五】
布袋
頭上卸棲笠、脚跟著草鞋。
龍華有何處、笑眺望天涯。

布袋

頭上(ずじょう)、樱笠(そうりゅう)を卸(おろ)し、脚跟(きゃっこん)、草鞋(そうあい)を著く。
龍華(りゅうげ)、何(いず)れの処にか有る、笑って天涯(てんがい)を眺望(ちょうぼう)す。

〈訳〉
頭にかぶった笠を卸(おろ)し、脚には草鞋を著けている。
（弥勒が下生(あしょう)して三番の法会を開くという華林園の）龍華樹は、
さて、いずれの方向であろう。
（この坊主）笑いながら天の涯を見やっておる。

○頭上卸樱笠＝「卸笠」は、物をよく見るため。すなわち、第四句「眺望天涯」を導く。
○龍華有何処＝「龍華」は龍華樹。その樹の華の形が龍の如くなる故に龍華という。弥勒の「龍華三会」をいう。弥勒仏が、五十六億七千万年のちに兜率天からこの世に下生(あしょう)し、華林園中龍華の下において成道し、三番の法会を開いて、あまねく人天を化益すること。

【九六】
布袋

立十字街頭、一歩不回踵。你困這什麼、自負聲名重。

布袋

十字街頭（じゅうじがいとう）に立って、一歩、踵（きびす）を回（かえ）さず。

你、這（こ）の什麼（なに）をか困（こん）す、自ら声名（せいめい）を負うて重からん。

〈訳〉

街中に突っ立って、一歩も戻ろうとはせぬ。

これこれ、いったいどうして疲れたのか。

自分の名と同じ「布袋」という重い名声を担いでいるからだろう。

【九七】

布袋　指天

指示兜率、開口胡盧。還可知愧、你是佗奴。

布袋　天を指す

兜率を指し示して、口を開いて胡盧。
還って愧を知る可し、你は是れ佗が奴。

〈訳〉
兜率天の方角を指さして、
大きな口を開いてカラカラと笑ってござるが、愧を知りなさい。
（五祖法演禅師も言われておるではないか）「釈迦弥勒ですら他が奴」じゃと。

○指示兜率、開口胡盧＝胡盧は、笑う声。また、葫蘆（ひょうたん）にも通じ用いる。
○你是佗奴＝『無門関』四十五則「他是阿誰」に「東山演師祖曰く〈釈迦弥勒は猶お是れ他が奴、且らく道え他は是れ阿誰ぞ〉と。無門曰く〈若し也た他を見得して分暁ならば、譬えば十字街頭に親爺に撞見すが如くに相い似たり、更に別人に問うて是と不是と道うことを須いざれ〉」。

【九八】
布袋　随身具載馬
下生彌勒半文錢、去去來來迷市鄽。
似得一牛還一馬、著鞭直上率陀天。

布袋　随身の具、馬に載す

下生の弥勒も半文銭、去去来来、市鄽に迷う。
一牛を得て一馬を還すに似たり、鞭を著けて直に率陀天に上れ。

〈訳〉

（五十六億七千万年のちに弥勒の姿となって）
ふたたび下生したところで半文の値打ちもござらぬ。
今は街中を行ったり来たりウロウロしておるが、
（弥勒の姿で現れるのも、乞食坊主の姿で現れるのも）
「一牛を貰って一馬を還す」ようなもの、どっちもどっち、ちょぼちょぼ。
さあ、鞭をいれて、サッサと兜率天に去になされ。

○随身具載馬＝いかなる図柄か。身の回りの持ち物（袋、杖、団扇など）を驢馬に載せた図、ということになるが、では布袋はどこにいるのだろう。貴顕や士族が用いるべき馬に乗る布袋はあり得ないが、あるいは布袋自身も乗っているか。しかし、一方で『欠伸稿』ではしばしば驢馬のことを馬ということがある。坤の巻［五三〇］「布袋　馬上持鞭図」に「驢背軽跨、路頭縦横」。［五三八］の「布袋　馬上」に「以拄杖鞭驢去、一跳直昇率陀」。

○得一牛還一馬＝『句双葛藤鈔』「得人一牛還一馬、前三三与後三三」、「モライモセズ、ヤリモセヌ也。本ノ侭ヂヤホドニ前三三後三三ト也」。
○著鞭直上率陀天＝「著鞭」は、鞭をいれる。

【九九】

布袋

眞彌勒彌勒眞、示時人叫分身。
豁開布袋無隱、從門入者不珍。

布袋

真の弥勒、弥勒真、時人に示して分身と叫ぶ。
布袋を豁開して隠す無けれども、門より入る者は珍にあらず。

〈訳〉

（死ぬ前に）「弥勒、真弥勒」と詠って、
世人に対して我こそは弥勒の化身だとのたまわった。
布袋を拡げて隠す無し（と言うのだろうが）、
そんな（物もらいをして）よそから得たものなどお宝じゃありませんよ。

○無隠＝『論語』述而篇に「子曰く、二三子、我を以て隠すと為すか。吾隠すこと無きのみ（吾無隠乎爾）。吾は行なうとして二三子と与にせざる者無し。是れ丘なり」。
○従門入者不珍＝外から入って来たものは真の家宝ではない。『碧巌録』第五則、本則評唱に「巌頭喝して云く〈你道うことを見ずや、門より入る者は是れ家珍にあらずと。須らく是れ自己の胸中より流出して蓋天蓋地、方めて少分の相応有るべし」。『句双葛藤鈔』「従門入者不是家珍」に「門ヨリ入トハ、外ヲ見ルコトゾ。自己ヲ見レバ別ニ外ハナイゾ。境界ヲ尽テミルハ、門ヨリ入モノゾ。自己ノ外ニ境界ナシ、境界ノ外自己ナシ」。

【一〇〇】

布袋

手持團扇、身靠布囊。坐迎素月、行送夕陽。
天上人間、人間天上。狂亦作聖、聖亦作狂。

布袋

手に団扇を持ち、身は布囊に靠く。
坐しては素月を迎え、行いては夕陽を送る。
天上人間、人間天上。
狂も亦た聖と作り、聖も亦た狂と作る。

〈訳〉

手には団扇を持ち、体を布袋に寄せかけている。
坐って月がのぼるのを迎え、おもむろに歩いて夕陽の沈むのを送る。
兜率天が娑婆世界で、娑婆世界がそのまま兜率天。
風狂三昧が聖であり、弥勒の聖がそのまま風狂三昧。

○坐迎素月、行送夕陽＝王元之の「黄州竹楼記」に「……公退の暇（いとま）、鶴氅衣（かくしょうい）を披し華陽巾を戴き、手に周易一巻を執り、香を焚いて黙坐し、世慮を消遣（しょうけん）す。江山の外、第（た）だ風帆沙鳥、烟雲竹樹を見るのみ。其の酒力醒め、茶烟歇（や）むを待って、夕陽を送り素月を迎う。亦た謫居（たっきょ）の勝概なり」。『古文真宝後集』。

【一〇一】

布袋

破布嚢中納大千、虚行遙隔率陀天。
力量不知重多少、拄杖輕横擔一肩。

布袋

破布嚢（はふのう）中に大千（だいせん）を納め、虚行（きょこう）、遥かに率陀（そつだ）天を隔つ。

力量、知らず重きこと多少なるかを、拄杖（しゅじょう）、軽く横ざまに一肩（いっけん）に担う。

〈訳〉
破れ袋に三千大千世界をすっぽりと納め、
兜率天から遥かに隔ったこの世にむだ足をして、したい放題。
いったいどれぐらい力持ちなのか。
杖に袋をひっかけ、ひょいと肩にかけている。

○虚行＝本書前出［六九］の「徳山托鉢」に「皷未響兮鐘未鳴、老来傾耳作虚行」とあったが、これは、むだ足することと。今もその意味で解した。

布袋

【一〇二】
布袋
仰頭遙望兜率宮、笑中自愧又自悔。
彌勒佗奴佗是誰、百億分身一布袋。

頭(こうべ)を仰(あおむ)け遥かに兜率宮(とそつきゅう)を望む、笑中、自ら愧じ又た自ら悔ゆ。
弥勒(みろく)は佗(た)が奴(ぬ)、佗(た)は是れ誰(た)そ、百億分身、一布袋。

〈訳〉
頭をもたげて、遥か彼方の兜率天の方を眺めやる。
笑っておるが、自ら愧じ、また悔いておることであろう。
「弥勒も佗が奴」というではないか、その「佗」とはいったい誰のことか。
「弥勒、真の弥勒、千百億に分身す」などとうたったが、
布袋というひとりの乞食和尚なのだから。

○弥勒佗奴佗是誰＝『無門関』四十五則に「東山演師祖曰く、釈迦弥勒も猶お是れ他が奴。且らく道(い)え、他は是れ阿誰(あた)ぞ」。

【一〇三】
布袋
布嚢棕笠定非輕、掛在杖頭回顧行。
兜率天高奈歸路、塵勞日日混衆生。

布袋

布嚢棕笠、定めて軽きに非ざらん、杖頭に掛在して、回顧して行く。
兜率天は高し、帰路を奈せん、塵労、日日衆生に混ず。

〈訳〉

布袋も笠も、定めし重たかろう、
杖に引っ掛けて、振り向きつつ歩く。
兜率天は高い所だぞ、どうやってお帰りになるかな。
毎日、娑婆の人々の中にまじって、俗世の煩悩の真っ只中。

○塵労日日混衆生＝「塵労」は煩悩。

【一〇四】

四睡

沒商量也好商量、凡聖同居古道場。
一睡堆中四時景、梅蓮蘭菊覺猶香。

四睡（しすい）

没商量（もっしょうりょう）や好商量（こうしょうりょう）、凡聖同居（ぼんしょうどうご）、古道場（こどうじょう）。

一睡堆中（いっすいたいちゅう）、四時（しじ）の景（けい）、梅蓮蘭菊（ばいれんらんきく）、猶お香（かんば）しきを覚ゆ。

〈訳〉

問答せぬのが、これまた好問答。

（こうやって半僧半俗の三人とけだもの一匹が眠りこけておるところ、それがよくよく商量すべところ）。

凡と聖とがまざっておるところ、それが真の修行道場。

四（よ）たりが一かたまりになって眠っておるが、それはさながら四季の景色のようだ。

（なぜならば）四季を代表する梅・蓮・蘭・菊よりも香しく思われるのだから。

○四睡＝『三隠詩集』の「豊干禅師録」にいう、「忽爾として一日、虎に騎って松径（しょうけい）より来たって国清に入る。廊を巡って唱道す。衆皆な驚き訝る」。豊干（ぶかん）和尚と虎の縁をもとにして、これに寒山、拾得を配して、四者ともに眠るところを描いたもの。禅録にこの事なし。『虚堂録犁耕』に「忠曰く、豊干、虎の縁有り。画工、是に依って寒山拾得と相い枕藉して睡るの像を画いて、号して四睡と為す。今、往々に之れ有り」。

○没商量也好商量＝坤の巻［三一七］「三教」に、「三教胡為論短長、好商量也没商量」。「三つの教えについて、どうして短長を論ずるのか。三つの違いが区別できぬところにこそ、思いを致すべきだ」。

○凡聖同居古道場＝「凡聖同居」、もとは「凡も聖もごちゃまぜの同居」の意。『碧巌録』三十五則、「文殊、無著に問う〈近離什麼の処ぞ〉。無著云く〈南方〉。殊云く〈南方の仏教は、如何が戒律を住持す〉。著云く〈末法の比丘、少しく戒律を奉ず〉。殊云く〈多少の衆ぞ〉。著云く〈或いは三百或いは五百〉。無著、文殊に問う〈此間は如何が住持す〉。殊云く〈凡聖同居、龍蛇混雑〉。著云く〈多少の衆ぞ〉。殊云く〈前三三、後三三〉」。凡も聖も、どっちもちょぼちょぼ。

○一睡堆中四時景、梅蓮蘭菊覚猶香＝坤の巻［六二九］「四睡」に、「同如底者、打睡工夫。梅蓮蘭菊、入一画図」。「同類が集まって、ひたすら居眠りの工夫三昧。（しかし、これは単なる昼寝ではあるまい）春夏秋冬をそれぞれ代表する花の中の君子ともいうべき、梅・蓮・蘭・菊が一幅の絵になったようなもの」。

【一〇五―一】

（豊干禪師）

天台豐干禪師者、不知何許人也。剪髮齊眉、乘虎入松門。衆僧驚畏。本寺廚中有二苦行。曰寒山子拾得。二人執爨。終日晤語。潛聽者都不體解。時謂風狂子。獨與師相親矣。

寒山子者、本無氏族。豐縣西七十里、有寒明二岩。以其於寒岩中居止得名也矣。

拾得者、不言名氏。因豐干山中經行至赤城、道側聞兒啼聲。遂尋之、見一子可數歲。初謂牧牛子。及問之云孤棄于此。豐干乃名爲拾得也矣。

（豊干禅師）

天台の豊干禅師は何許の人かを知らず。髪を剪って眉に斉し。虎に乗って松門に入る。衆僧驚畏す。本寺の厨中に二苦行有り。寒山子、拾得と曰う。二人は爨を執り、終日晤け語る。潜かに聴く者、都て体解せず。時、風狂子と謂えり。独り師とのみ相い親しむ。其の寒岩の中に於いて居止するを以て名を得たり。寒山子は本と氏族無し。豊県の西七十里に寒明（暗）の二岩有り。其の寒岩の中に於いて居止するを以て名を得たり。拾得は名氏を言わず。因みに豊干、山中を経行し、赤城に至り、道側に児の啼く声を聞く。遂に之を尋ぬるに、一子の数歳可りなるを見る。初め牧牛子と謂えり。之に問うに及んで、此に孤棄さると云う。豊干乃ち名づけて拾得と為す。

〈訳〉

天台の豊干禅師はいずこの生まれか分からぬ。髪を眉のところで切っておかっぱにしている。虎に乗って松門に入ったりして、僧たちを驚かせている。寺の庫裏には二人の行者がおり、寒山、拾得という。二人は飯炊きをしており、一日中仲よく話している。こっそりその話を聞く者がおったが、まるきり何のことか分からない。皆は風狂子と思っていたが、ただ豊干(ぶかん)禅師とだけは親しくうちとけていた。寒山は生まれ素性が分からない。豊県の西七十里に寒岩と暗岩という二つ岩があり、寒岩のところに住んでいるので寒山と呼ばれた。拾得も名氏が分からない。たまたま豊干禅師が山中を歩いており、赤城に至ったとき、道端に子供の泣き声がした。探して見ると数歳ばかりの子供がいた。最初は牛飼いの童と思ったが、たずねると、ここに捨てられたのだという。豊干はそこで拾得と名づけた。

○天台豊干禅師＝『伝灯録』巻二十七、天台豊干禅師章の記述に同じ。
○乗虎入松門＝『三隠詩集』豊干禅師録に「忽爾として一日、虎に騎って松径より来たって国清に入って廊を巡って唱道す。衆皆な驚き訝(いぶか)り怕懼(おそ)る」。
○剪髪斉眉＝『諸録俗語解』の「衣冠不御髪斉眉」に「行者(あんじゃ)は髪をなでつけにして、眉ぎりに（＝眉のところを境にして）きっているなり。『水滸伝』（二十九回）武行者が事に〈剪髪斉眉（髪を剪って眉に斉しうす）〉の語あり。楊麟はまだ行者なり、故に次に楊道者と云う」。豊干の伝をみるに、皮衣を着ており、髪はおかっぱである。また『寒山詩集』の序には「豊干は在日、唯だ米を舂くことを攻めて供養するのみ」とある。つまり、寒山・拾得と同じような行者(あんじゃ)の姿だったわけであるが、豊干像はなぜかつねに僧の姿で描かれる。
○苦行＝行者。
○執爨＝爨火を司る。飯炊き。
○晤語＝互いにうちとけて語り合う。
○体解＝理解し、領悟する。

○有寒明二岩＝「明」は誤り、「暗」に訂す。『伝灯録』巻二十七、天台豊干禅師章に「豊県西七十里に寒暗の二巌有り」。
○寒山子者＝『伝灯録』巻二十七、寒山子章の記述に同じ。
○拾得者＝『伝灯録』巻二十七、拾得章の記述に同じ。

【一〇五―二】

（寒山・拾得・豊干虎）

寛永八辛未歳之春、予爲武陵客。一日過訪正勝信士之亭。壁間掛在梁楷所圖之寒山拾得二士二畫。而告予云、今狩野守信描豊干於菟之圖。以作之三㡧則可乎。予云、梁楷者、昔時妙天下畫手、無不敬伏矣。守信者、今鳴日東佳名獨甚分明焉。共作畫圖看則合符者必矣。信士好事人、英氣逸群、奇工冠衆、寔宜哉。是故照之、爲書此謂、見求予贊詩。不獲揶揄、率露醜拙。


（寒山・拾得・豊干虎）

寛永八辛未(かのとひつじ)の歳の春、予、武陵(ぶりょう)に客たり。一日、過(よぎ)って正勝信士(まさかつしんじ)の亭を訪う。壁間(へきかん)に梁楷(りょうかい)図する寒山拾得二士の二画を掛在(かざい)す。而して予に告げて云く「今、狩野守信(かのうもりのぶ)、豊干於菟(ぶかんおと)の図を描く。以て之を三㡧(とう)と作(な)さば則ち可ならんか」と。予云く「梁楷は昔時、天下に妙たる画手、敬伏せざるは無し。守信は、今、日東に佳名を鳴らして独り甚だ分明なり。共に画図の看を作すときは則ち符に合する者必せり」と。信士は事を好むの人、英気逸群、奇工衆に冠たり。寔に宜なるかな。是の故に之を照かす。此の謂を書せんが為に予が賛詩を求めらる。揶揄することを獲ず、卒に醜拙を露わす。

〈訳〉

寛永八年の春、私は江戸に滞在していた。ある日、稲葉正勝公の屋敷を訪れた。床には梁楷描くところの寒山拾得の画が掛けられていた。稲葉公がいわれた、「近ごろ狩野守信が豊干と虎の図を描いてくれたので、これと合わせて三幅としたいのだが」と。そこで私はいった、「梁楷は当時、天下に聞こえた妙手で大いに敬伏されております。また守信は今、日本で佳名を鳴らしている画家であることははっきりしております。二人とも画図の妙手ですから、この取り合わせはきっとよく合うことでしょう」と。稲葉公は風流を解する人士で、英気抜群、その創意工夫にも図抜けたものがあるので、まことにもっともなお考えであり、よって守信に描かせたのであろう。そして、その意味を書いて賛詩にすることを私に求められた。お断りするわけに参らぬので、醜拙を表した次第である。

○寛永八辛未歳之春、予為武陵客＝この前々年の七月に、玉室と沢庵が奥羽に配流となった。以降、江月は両師の赦免のためにしばしば江戸に行っている。これより三年間の江月の動きを『年譜』その他で見ておく。

△寛永六年己巳（一六二九）師五十六歳、「八月五日、師を酒井雅楽頭忠世の館に召し、幕下の左右、侍臣三五輩列席す。咸な監事の士なり。同じく告げて云く〈品目罪状、師に連及すと雖も、台命、本山の荒に就かんことを追憶し、以て仏法相属の任を重んじ、師の責を免宥さる、云云〉。師謝して云く〈但だ吾が門の二甘露（沢庵・玉室）を欠く。伏して冀わくは赦を賜って、同じく携えて龍宝の故山に帰らば、太幸ならん〉。台命太だ厳にして、師の志に称わず。悲しむ可し」。

△寛永七年庚午（一六三〇）師五十七歳、「春、江都に抵り、二老の赦を乞訴す。夏、洛山に帰る」。

△寛永八年辛未（一六三一）師五十八歳、「武陵に留滞すること茲に三年なり。日日、間を窺い二老の赦を枢府の左右に乞うこと至懇なり。居諸、台顔漸く解け、其の情を憐愍して寛す。二老をして謫地を去り江都に赴かしむることを以てす。実に是れ師の力なり。猶お二老をして未だ龍宝の旧棲に環（還）るを賜うことを得ず。国俗、之を国安堵と相謂えり。是の故に、師も亦た二老と与に江都に客居す。因って偈を賦して、二老に呈して旅懐を慰む。〈時なる哉、八月の優曇跋、祖苑春を回す一両枝〉の句有り。二老、和篇有り。秋九月、帰洛」。

○正勝信士＝稲葉正成の次男（春日局との間では長男）、母は春日局。このとき老中。

○妙天下画手＝「妙天下」は「天下に妙たる」と訓ずる。「言語妙天下（言語、天下に妙たり）」。『冷斎夜話』「李伯時画馬」に「師曰く、但だ観音菩薩を画け。是より此の像を画く。天下に妙たり」。

○狩野守信＝狩野探幽（一六〇二～一六七四）。狩野孝信の子。号は探幽斎、諱は守信。元和三年（一六一七）に江戸幕府の御用絵師となり、元和七年（一六二一）には江戸城鍛冶橋門外に屋敷を得て、本拠を江戸に移している。

○合符＝割り符を合わせるごとく、彼此合致。
○好事人＝風流をこのむ人。
○揶揄＝断わる、とどめる。揶揄には複数の義があるが、『五家正宗賛助桀』に無著道忠いわく「禅録にては揶揄は、皆な約免の義と為す」。『禅林僧宝伝』巻第十九、西余端禅師章、「端、僧官の宣が此に至れりと聴いて、手を以て耶揄して曰く〈止みね〉……」。現代つかわれている「からかう」という義ではない。

【一〇五―三】

（寒山・拾得・豊干虎）

人斑虎斑、意齊形異。廻天台山、栖國清寺。
纒身布袋（裘）、咒病淨器。有問佛來、答隨時字。
呈殺活機、傳安危示。夏愛薫風、冬辟朔吹。
不喜不憂、以實以僞。正理自由、神通遊戲。
春穀供僧、入厨入位。嘗唱道歌、尚婉詩致。
寒拾共行、閭翹相識。説是論非、出群拔萃。
別別奇奇、難難易易。寄浮雲生、立流水志。
一畫古今、同根天地。日本大唐、幷作四睡。

（寒山・拾得・豊干虎）

人斑虎斑、意は斉しく形は異なる。
天台山に廻り、国清寺に栖む。
身に布裘を纏い、病を呪う浄器。
仏を問い来たる有れば、答うるに随時の字をもってす。
殺活の機を呈し、安危を伝え示す。
夏は薫風を愛し、冬は朔吹を辟く。
不喜不憂、実を以てし偽を以てす。
正理自由、神通遊戯。
穀を舂いて僧に供し、厨に入り位に入る。
甞に道歌を唱し、尚婉詩致。
寒拾共に行き、閭翹相い識る。
是と説き非と論ず、出群抜萃。
別別奇奇、難難易易。

浮雲（ふうん）に生を寄せ、流水（りゅうすい）に志を立つ。

一画古今（いちがここん）、同根天地（どうこんてんち）。

日本大唐、幷（あわ）せて四睡（しすい）と作（な）す。


〈訳〉

「虎斑は見易く、人斑は見難し」というように、
虎と人ではその形態の特徴が異なるけれども、
所詮は色相であって空なるものという点では同じである。

豊干和尚は天台山の国清寺に隠棲していた。

身には皮衣を纏っており、
時には、きれいな器に入れた水に呪（まじな）いをかけ、これを吹きかけて人の病を治したりする。

仏法を問うものがあれば、いつもただ「随時」の二字を答えた。

殺活の機をあらわし、安危の兆（きざし）を事前に分かる法を示した。

夏は薫風を愛し、冬は寒い北風を避けた。

すべてをその流れのままに受け入れて、喜ぶでもなく憂えるでもない。

あるいは実を示すかと思えば、時には偽を以てするが、

それが理にかなっており、自由自在に神通を発揮する遊戯三昧。
平生は米つき小屋で穀物をついて僧衆に供しており、
庫裡に出入りしているかと思えば、時には僧位にも列する。
いつも道歌を唱え、詩情も豊かである。
寒山拾得と一緒におり、そのことを道翹が話したので、閭丘胤の識るところとなった。
世上の是非を論じさせたら、その理屈は抜群で格別であるが、
その意味するところは難難、かと思えば易易。
浮雲流水のごとき心持ちで生きておる。
（ここに三幅となった）この絵はそれぞれ描かれて時と場所が異なるけれども、
その本性は天地同根、一体のものである。
大唐の梁楷が描いた寒山拾得の双幅に、日本の狩野守信が描いた豊干虎図が加わったのだから、
さしずめ四睡になったというものであろう。

○人斑虎斑、意斉形異＝『句双葛藤鈔』「虎斑易見人斑難見」、「目前ハ見易キゾ、自己ハ見難キゾ、又、参上士ノ無為無事ノ肌ガ見エヌコト也」。『禅語辞彙』「虎斑易見人斑難見」、「目前は見易く、人心は知り難し」。
○廻天台山、栖国清寺＝『伝灯録』豊干禅師章「居天台山国清寺」「後回天台山示滅」。
○纏身布袋＝「布袋」は「布裘」に訂すべし。布裏に皮がついたもの。『伝灯録』豊干禅師章「髪を剪って眉に斉しく、布裘を衣る」。『三隠詩集』豊干禅師録では「毳裘もて質を擁す」とする。「毳裘」は毛皮の衣。

○呪病浄器＝『伝灯録』豊干禅師章「閭丘、且らく之が病を告ぐ。師乃ち浄器を求め、水を呪して之を噴く。斯須にして立ちどころに差ゆ」。

○有問仏来、答随時字＝『伝灯録』豊干禅師章「人或し仏理を問わば、止だ随時の二字のみを答う」。

○呈殺活機＝右のごとく、秘術でもって病を癒すことをいう。

○伝安危示＝右の閭丘とのやりとりのつづきに、『伝灯録』豊干禅師章「閭丘、之を異とす。乞一言示、此去安危之兆」。この部分、『三隠詩集』にはない。「一言を乞うに、此より安危の兆を去ることを示す」と訓むか。「此より去って」と訓めば「安危之兆」に係る動詞がないことになる。あるいは「一言の示しを乞う。此より去って、安危の兆を知る」か。最後の訓で解した。

○夏愛薫風、冬辟朔吹＝そのまま自然のふるまい。「朔吹」は北風。

○不喜不憂＝摩拏羅尊者の付法偈「心随万境転、転処実能幽、随流認得性、無喜復無憂」。

○正理自由＝『碧巌録』八十八則、「玄沙三種病」、頌の下語に、「盲聾瘖唖、杳絶機宜。天上天下〔正理自由。我也恁麼〕堪笑堪悲〔笑箇什麼悲箇什麼。半明半暗〕……」。『禅学大辞典』に「正しい理であるとともに、自由性を帯びたものであることをいう」。『種電鈔』に「雪竇、正理に順って頌するが故に、大自由を得たり」。

○舂穀供僧＝『伝灯録』豊干禅師章「（閭丘）復た道翹に問う〈豊干は此に在って何の行業をか作す〉。翹曰く〈唯だ穀を舂いて僧に供するを事とす〉」。

○入厨入位＝「入位」は、自らの班位（自分が並ぶべき場所）につくこと。

○嘗唱道歌＝『伝灯録』豊干禅師章「嘗に道歌を誦唱し、虎に乗って松門より入る」。

○尚婉詩致＝錯あるか。難解。「詩致」は、詩情、詩趣。

○閭翹相識＝「閭」は、『寒山詩集』の序を書いた閭丘胤。閭丘が姓（複姓）。「翹」は僧道翹。閭丘胤は寒山に来て、僧道翹に詳しく尋ね、行状を調べあげ、竹木や石壁に書きつけた詩を集めて本にした。閭丘胤が僧道翹に詳しく尋ねることによって、寒拾と豊干の三人の行履があらわになった。

○説是論非＝世上のあれこれを云々する。『臨済録』「大丈夫児、祇麼に主を論じ賊を論じ、是を論じ非を論じ、色を論じ財を論じ、閑話を論説して日を過ごすこと莫かれ」。
○難難易易＝『聯灯会要』巻六、龐居士章「居士、一日、自ら語って云く〈難難、十碩の油麻、樹上攤〉。龐婆、声に応じて云く〈易易、百草頭辺、祖師の意〉。霊照云く〈也た難ならず也た易ならず、飢え来たれば飯を喫し、困じ来たれば睡る〉」。
○寄浮雲生、立流水志＝「寄生」「立志」に「浮雲流水」をあわせたもの。
○同根天地＝『碧巌録』四十則に「挙す。陸亘大夫、南泉と語話する次いで、陸云く〈肇法師道わく、天地と我と同根、万物と我と一体なりと。也た甚だ奇怪なり〉」。すべての存在は相を異にしているが、その性は一つのもの。
○日本大唐、并作四睡＝梁楷が描いた寒山拾得の双幅に狩野守信が描いた豊干と虎の図一幅をあわせて三幅対とした。三人と一匹がそろったので、これを四睡としたもの。

【一〇六】

豐干虎

人斑未辨虎斑來、物我相忘轟鼻雷。
端的阿誰管窺去、一輪寒月照天台。

豊干虎

人斑未だ弁ぜざるに、虎斑来たる、物我相忘、鼻雷を轟かす。

端的(たんてき)、阿誰(あた)か管窺(かんき)し去る、一輪(いちりん)の寒月(かんげつ)、天台(てんだい)を照らす。

〈訳〉

「虎斑は見易く、人斑は見難し」というが、
人心も分からないのに、虎がやって来た。
虎も人も区別がなく、一体となって、大いびきを轟かせておる。
まことに、誰がこれを見分けることができようか。
ヨシの藁から覗くようなもので、その全体像を見届けることはできまい。
一輪の寒月が、天台山を照らしておる。（分かっているのはお月さんだけ）。

○人斑未弁虎斑来＝前項の「人斑虎斑、意斉形異」の注。
○物我相忘轟鼻雷＝『少林無孔笛』四睡図賛に「癡癡兀兀(ちちごつごつ)、物我相忘(もつがそうぼう)」。「物我」は、境と人、客観と主観。ここでは人も虎も差別がない。「鼻雷」は、いびき。
○端的阿誰管窺去＝「管窺」は、ヨシの藁からのぞく、すなわち見識の狭いことだが、「管窺虎」をふまえる。管の穴から虎を見る。全体を察せずに一部のみを見ること。また「管中窺豹」とも。

【一〇七】坤の巻［六一六］
寒山拾得

兩人相對髮髼鬆、形亦同兮機亦同。

手裏開經須抛擲、岩前頼是有松風。

寒山拾得

両人相対して髪髼鬆たり、形も亦た同じ、心も亦た同じ。

手裏に経を開く、須らく抛擲すべし、岩前、頼いに是れ松風有り。


〈訳〉


向かいあった、ぼうぼう髪のふたり。

なりも同じならば、その心もまた同じ。

（寒山は）経巻などを開いておるが、そんなものは捨て去るがよろしい。

岩の前には、よいことに微風に吹かれる松があるではないか。

（君自身が「微風、幽松に吹く、近く聴けば、声愈いよ好し」とうたったではないか。まあ本など読まずに、松に吹く風の音を楽しむがよろしい）。

○手裏開経須抛擲、巌前頼是有松風＝坤の巻［六一四］「寒山開経」に「手中に巻を開くは摠に閑事、汝道う、松風に好声有りと」と同じ趣旨。『寒山詩』に「身を安んずる処を得んと欲せば、寒山、長えに保つ可し。微風、幽松を吹く、近く聴けば声愈いよ好し。下に斑白の人有り、喃喃として黄老を読む。十年、帰り得ざれば、来時の道を忘却す」。

【一〇八】

寒山拾得

手中開一巻經、兩箇終日相對。
眞文殊眞普賢、出爲遊戯三昧。

寒山拾得

手中に一巻の経を開く、両箇、終日相対す。
真の文殊、真の普賢、出でて遊戯三昧を為す。

〈訳〉

一巻の経を開いて、一日中、向かい合っている、この二人。
実は、それぞれ本当の文殊と普賢なのだ。
この世に仮の姿で現われて、無心にしたい放題。
（しかし、それがいちいち法にかなっておる）

○寒山拾得＝「寒山持経」「拾得執帚」が典型的な寒山拾得図であるが、その持ち物や動作など寒拾が入れ替わった画賛も多く見られる。
○手中開一巻経＝寒山が手にしているのは、『寒山詩』では「寒山に躶虫有り、身は白うして頭は黒し。手に両巻の書を把つ、一道と一徳と」あるように、道徳経、すなわち『老子』。あるいは「余、一巻の経を持つ。標軸を装うに心無し、来去、人の擎ぐるを省く」とあるように、「無字経」のことをもいう。
○真文殊真普賢＝寒山が文殊、拾得が普賢の再来だということは、『寒山子詩集』閭丘胤の序に「寒山は文殊、迹を国清に遯す。拾得は普賢、状貧子の如く、又た風狂に似たり」。
○出為遊戯三昧＝『無門関』一則に「生死岸頭に於いて大自在を得、六道四生の中に向かって遊戯三昧せん」。「遊戯三昧」は、無心に遊ぶように、心に滞りなく自在に行動し、法において自在を得ること。

【一〇九】 坤の巻［六四七］

寒山

忘帚忘掃、元是愚癡。咄、稱七佛師。

〈訳〉

寒山

帚を忘れ、掃くことも忘る、元と是れ愚癡なるに、咄、七仏の師と称す。

帚も忘れ掃くことも忘れる。
もとより阿呆なのに、これっ、七仏の師と呼ばれるとは。

○忘帚忘掃＝寒拾の伝記で帚をいうのは拾得である。『五灯会元』「天台山拾得子。一日地を掃く。寺主問う〈汝が名は拾得なり。豊干、汝を拾得って帰るに因ってなり。汝、畢竟姓は箇の甚麼ぞ〉。拾得、掃帚を放下し叉手して立つ。主、再び問う。拾得、掃帚を拈じて地を掃いて去る。寒山胸を搥って曰く〈蒼天、蒼天〉。拾得曰く〈甚麼をか作す〉。山曰く〈道うことを見ずや、東家人死すれば、西家の人、哀を助くと〉。二人、舞を作し、笑い哭して国清寺を出づ」。しかし、時には寒山にも箒を持たせる図がある。
○称七仏師＝「文殊是七仏祖師」、智慧第一の文殊菩薩は過去七仏の師であるということ。教典にはこの語はなく、禅録でいわれるもの。寒山は文殊の化身ゆえ、このようにいう。寒山が文殊の再来だということは、前項の注、『寒山子詩集』閭丘胤の序。

【一一〇】坤の巻［六四八］

拾得

不安一字、爭誦全篇。咄、奈稱普賢。

拾得

一字を安かず、争でか全篇を誦せん。咄、奈せん、普賢と称することを。

〈訳〉
（禅の本旨は不立文字）一字でもつけ加えれば、もはや真理から乖離する。それなのに、全巻を読むなど（無駄の無駄）。
これっ、普賢の化身と呼ばれるとは。

○拾得＝寒山ではなく、拾得が巻を開いているところ。
○不安一字＝『五灯会元』巻七、玄沙師備章、「若し這裏（しゃり）に到らば繊毫（せんごう）も受けず。意を指せば則ち差（たが）う。便ち是れ千聖出頭し来たるも也た一字を安（お）くこと得ず」。「安」は設置、加える。
○奈称普賢＝拾得が普賢の再来だということは、『寒山子詩集』閭丘胤の序。前項［一〇八］の注。

【一一一】

拾得
饒舌豊干亂稱他、閭丘公胤問如何。
一經換却六牙象、獨歩乾坤歸大峨。

拾得（じっとく）
饒舌（じょうぜつ）の豊干（ぶかん）、乱（みだ）りに他を称す、閭丘公胤（りょきゅうこういん）、如何（いかん）と問（とぶら）う。

一たび六牙の象に換却するを経ば、独歩乾坤、大峨に帰せん。

〈訳〉
おしゃべり豊干が、(本身は普賢などと)いらざることを喋ったがために、役人の閭丘胤に訪問されることになってしまった。
(しかし、この寺男)ひとたび、六牙の白象に騎る姿に変身すれば、その住所である蛾眉山に帰って、乾坤に独歩するであろう。

○問如何＝「問」は、訪問する。
○一経換却六牙象＝「六牙象」は、六牙白象王。普賢菩薩の乗り物をいうが、ひいては普賢菩薩自身を指す。『槐安国語』に「縦令い六牙の象王も方に迷い度を失せん」という例も、普賢菩薩そのものをいう。「六牙」は菩薩の無漏の六神通を表す。
○独歩乾坤帰大峨＝「大峨」は、大峨眉山。普賢の霊場。『峨眉山志』に、「昔、蒲翁、山に入って普賢大士の真相を見る」。

【一一二】
寒山
指頭何處、明月在天。七佛師也、再來半錢。

寒山

指頭何れの処ぞ、明月、天に在り。
七仏の師や、再来するも半銭。

〈訳〉

指はどこを指しているのか。（吾が心、秋月に似たり、と歌った）空にある明月。
（それが一心の所在だと指し示しているのだ）
（とはいえ）七仏の師たる文殊が、寺のお掃除係りに生まれかわったとて、
半文の値打ちもおまへん。

○指頭何処、明月在天＝指はどこを指しているのか。空にある明月。『寒山詩』に、「吾が心、秋月の碧潭に清うして皎潔たるに似たり。物の比倫するに堪うる無し、我をして如何か説かしめん」。よく描かれるのが、寒山が笑って天上の月を指さす図柄。『虚堂録犂耕』に「寒山は尋常好く笑う。又た吾心似秋月の詩有あり。故に画工、滑稽をもって指月大笑の図を作るのみ。必ずしも本拠を求めざれ」。しかし、時には拾得も同じく月を指さす図もある。『虚堂録』に「拾得指空笑」という画賛がある。『虚堂録犂耕』に「伝記には寒山に此の事有り。画匠、通じて拾得に之を用うるのみ」。

○七仏師＝「文殊是七仏師」の語による。智慧第一の文殊菩薩は過去七仏の師であるということ。七仏とは、毘婆尸仏・尸棄仏・毘舎浮仏・拘留孫仏・拘那含牟尼仏・迦葉仏・釈迦牟尼仏。「文殊是七仏師」の語は経典に見えないが、禅録ではしばしば言われる。無着道忠によれば、百丈が最初に言ったものであるという。『古

尊宿語録』巻第二・百丈懐海章「文殊は是れ七仏の祖師。亦た云う、是れ娑婆世界第一の主首菩薩」。

【一一三】

寒山

帚柄携來到國清、五臺山上日西傾。

一朝誤被閭丘識、強惹文殊師利名。

寒山(かんざん)

帚柄(そうへい)携え来たって、国清(こくせい)に到る、五台山上(ごだいさんじょう)、日、西に傾く。

一朝(いっちょう)、誤って閭丘(りょきゅう)に識(し)られ、強いて文殊師利(もんじゅしり)の名を惹く。

〈訳〉

仏法の陽が西の方に沈まんとする、この時にあたって、

五台山にまします文殊菩薩が、箒を持って、寺男の姿になって国清寺にやって来た。

しかし（豊干(ぶかん)のおしゃべりによって）閭丘(りょきゅう)に知られることになり、

文殊の変身だといわれることとはあいなった。

○寒山＝拾得ではなく寒山が帚を持っているところ。
○五台山上日西傾＝「日西傾」は、仏日が西に傾く、仏法の秋晩をいう。

【一一四】

拾得

佇立仰天何再來、豐干拾得到奴僮。
指頭便是普賢境、月白一輪明鏡臺。

拾得

佇立して天を仰ぐ、何ぞ再来す、豊干拾い得て、奴僮に到る。
指頭便ち是れ普賢の境、月白し一輪、明鏡台。

〈訳〉

佇んで天を見上げておるが、（普賢菩薩が）なぜ捨て子に身を変えて現れたのか。
（この世に現れたりするから）
豊干に拾われて、寺で下働きをさせられることになったではないか。
その指さす先が普賢世界だ。

白く輝く、明鏡のような月、それが普賢の白銀世界だ。

○何再来＝普賢菩薩というのに、どうして人間（捨て子）に身を変えて現れたのか。
○豊干拾得到奴僮＝「奴僮」は、家来、使用人。
○月白一輪明鏡台＝伝記では月と関わるのは寒山だが、ここでは拾得と月。

【一一五】

寒山

手裏乇苕還混塵、塵縁處處苦斯身。
再來元是半錢直、七佛師成掃地人。

寒山

手裏の乇苕、還って塵に混ず、塵縁、処処、斯の身を苦しむ。
再来するも元と是れ半銭の直、七仏の師、掃地の人と成る。

〈訳〉

（塵を掃く）チビ箒を持ったところで、

かえって塵と煩悩の俗世に混ずるというもの。
至るところが煩悩を起こさせる物ばかりで、わが身を苦しめる。
もともと七仏の師たる文殊なのに、
寺のお掃除男に生まれかわったとて、半文の値打ちもござらぬ。

○寒山＝ここでも拾得の持ち物である箒を寒山に持たせている。
○塵縁処処苦斯身＝「塵縁」は、色・声・香・味・触・法の六塵。心に縁じて心性を汚すもととなる。

【一一六】
寒山
國清寺裏箇風狂、春是花荒秋月荒。
墨磨人耶人磨墨、誰知別有好思量。

寒山
国清寺裏、箇の風狂、春は是れ花に荒り、秋は月に荒る。
墨、人を磨るか、人、墨を磨るか、誰か知る、別に好思量有ることを。

〈訳〉

国清寺の風狂男。
春は花、秋は月を愛でて詩を作るのだが、
墨を磨っているのか、それとも墨に磨られておるのかな。
（そんなことでは、詩作三昧で一生を終わるのじゃないかな。いやいや、さにあらず）
この風狂三昧、よくよく思いを致すべきものがござる。

○寒山＝寒拾で、墨を磨る役割は主として拾得である。『虚堂録』に「寒、墨を磨って筆を過ごす」。『西巌録』に「拾得、墨を磨り、寒山、巌に題す」「寒山、崖に題し、拾得、墨を磨る」など。寒山拾得の伝にこの事はない。

○春是花荒秋月荒＝「荒」字、未穏。「荒」は、すさみだれる、おぼれる。ふける。荒淫、荒飲の荒。『雪叟詩集』に「蓬島之英産、貞公侍吏者、定光山下之一僧雖也。頃掛于錫三之松山、而花之朝、朝々于花而為花荒、月之夕、夕々於月而為月荒。一吟一詠、玉風流名、玉風流質者也（蓬島の英産、貞公侍吏は定光山下の一僧雖なり。頃、錫を三の松山に掛けて、花の朝、朝々、花に花荒を為し、月の夕、夕々、月に月荒を為す。一吟一詠、風流の名を玉にし、風流の質を玉にする者なり）」という例がある。

○墨磨人耶人磨墨＝蘇東坡の「韻を次いで舒教授の余が所蔵の墨を観るに答う」に、「人、墨を磨るに非ず、墨、人を磨る（非人磨墨墨磨人）」。自分は沢山の墨を持っているが、それを使いきらぬうちに死んでしまうだろう。これでは墨に磨られて命を落すようなもの、という自嘲の語。あるいは、石昌言が墨を大事にして人に使わせないのを風刺した語ともいう。『漁隠叢話』に、「石昌言は李廷珪の墨を畜えて、人が磨るを許さず。或もの之に戯れて云う〈子、墨を磨るにあらず、墨、将に子を磨るべし〉。……」。『俗語辞典』「非人磨墨墨磨人」に、

「紙墨を研習して、人生を消磨し了る」。

【一一七】

拾得

右手毫兮左手經、無明字字強惺惺。
元來清淨普賢界、混世間塵同渭涇。

拾得

右手に毫、左手に経、無明なるに、字字、強いて惺惺。
元来、清浄普賢界なるに、世間の塵に混じて、渭涇を同ず。

〈訳〉

右手には筆を持ち、左手には経。
（捨て子には）字など分からぬはずなのに、無理して賢いふりをするというもの。
もともと清浄なる普賢界におったのに、
（寺男となって）汚れたこの世に身を寄せるとは、

清らかな渭水の流れを、涇水の濁り水と一緒にするというもの。

○強惺惺＝分かってもいないのに、分かっているふりをする。「惺惺」は、聡明怜悧なさま。『碧巌録』一則、本則の下語。「武帝、達磨大師に問う〈如何なるか是れ聖諦の第一義〉。磨云く〈廓然無聖〉。帝曰く〈朕に対する者は誰ぞ〉［満面の慚惶、強いて惺惺］。磨云く、不識」。

○元来清浄普賢界、混世間塵同渭涇＝「渭涇」は、涇渭を、韻の関係で逆にしたもの。陝西省にある河の名、涇水と渭水。涇水は濁り、渭水は清んでいる。清濁がはっきりしていることに喩える。

【一一八】

寒山

石上題成五字詩、古今不沒墨淋漓。

午眠忽被微風觸、夢入松聲幽處來。

寒山

石上に題して五字詩と成す、古今没せず、墨淋漓。

午眠、忽ち微風に触れられて、夢、松声の幽処に入り来たる。

〈訳〉
寒巌に五言詩を書き付けた。
今もなお墨痕鮮やかに「微風吹幽松……」と、その名吟が残っている。
微風に昼寝を覚まされ、
夢見心地で、「微風吹幽松、近聴声愈好」の妙境に入る。

○五字詩＝寒山詩は大部分が五言詩である。
○午眠忽被微風触、夢入松声幽処来＝『寒山詩』「微風吹幽松、近聴声愈好」。

【一一九】
拾得
如此風狂世已無、閉眉合眼自成娯。
國清飽喫殘羹飯、夢裡乾坤我忘吾。

拾得（じっとく）
此（かく）の如き風狂、世に已に無し、閉眉合眼、自ら娯（たのしみ）と成す。
国清に飽くまで喫（くら）う、残羹飯（ざんこうはん）、夢裡（むり）の乾坤、我れ吾を忘ず。

〈訳〉
こんな風狂男は世にはおるまい、
楽しみは目を瞑って居眠りすること。
そして国清寺の庫裏で余り物をたらふく食べて、
夢の世界に入って、我を忘れて眠っておる。

○閉眉合眼＝眠る、居眠りする。『伝灯録』巻十九、雲門山文偃禅師章、「更に一般底有り、纔かに人の箇の休歇の処を聞いて、便ち陰界裏に向かって閉眉合眼、老鼠孔裏に活計を作し、黒山下に坐し鬼趣裏に体当して、便ち道う、箇の入頭の路を得たりと。夢にも見んや」。
○国清飽喫残羹飯＝伝のとおり。

【一二〇】
寒山
苕帚不知多少長、一生扶得箇風狂。
纖毫若有掃塵意、決定被閑家具障。

寒山(かんざん)
苕帚(ちょうそう)、知らず多少の長さぞ、一生(いっしょう)、扶(たす)かり得たり、箇(こ)の風狂(ふうきょう)。

纖毫も若し塵を掃く意有らば、決定、閑家具に障えられん。

〈訳〉

この箒、なんぼの長さぞ。
一生、箒に寄りかかっておる、この瘋癲野郎。
いささかでも塵を掃くつもりならば、
きっと、この古道具に障えられよう。

○扶得＝杖などに寄りすがること。『句双葛藤鈔』「扶過断橋水、伴帰無月村」に「扶リ伴トハ、杖ニ扶リ伴テ也。無事無心作用ニシテ、往来妨ゲナキ」。

○纖毫若有掃塵意、決定被閑家具障＝ただ無心、ひたすら無心だからこそよいのだ。「閑家具」は、いらざる無用の古道具。いまは手にした箒のことをいう。

【一二一】

寒山

箇水牯牛事不分、相逢趙老謝慇懃。
等閑抛擲開經去、何若無心對白雲。

寒山

箇の水牯牛、事分かたず、趙老に相逢うて謝すること慇懃。
等閑に開経を抛擲し去れ、何ぞ若かん、無心に白雲に対するには。

〈訳〉

わきまえのないこの男。趙州に「このコッテイ牛」と勘破され、
問答ののち、（知音の証である）呵々大笑を得たのだから、心から感謝しただろう。
そんなお経なんか、かまわずほおっておきなさい。
無心に白い雲でも眺めているほうが、よっぽどよろしい。

○箇水水牯牛事不分、相逢趙老謝慇懃＝『古尊宿語録』巻十四、趙州真際禅師語録之余に、「師因みに天台の国清寺に到って寒山拾得に見ゆ。師云く〈久しく寒山拾得と嚮う、到来すれば、只だ両頭の水牯牛を見るのみ〉。寒山拾得、便ち牛闘を作す。師云く〈叱、叱〉。寒山拾得、歯を咬んで相看る。師便ち帰堂。二人、堂内に来たって師に問う〈適来の因縁、作麼生〉。師乃ち呵呵大笑す。一日、二人、師に問う〈什麼の処にか去来す〉。師云く〈五百尊者を礼拝し来たる〉。二人云く〈五百頭の水牯牛は、聻、尊者〉。師云く〈什麼と為てか五百頭の水牯牛と作り去る〉。山云く〈蒼天蒼天〉。師、呵呵大笑す」。

○等閑抛擲開経去＝「寒山開経」の典故は、『寒山詩』に「仙書、一両巻、樹下、読んで喃喃（仙書一両巻、樹下読喃喃）」、また「手に両巻の書を把る、一道と一徳と（手把両巻書、一道将一徳）」とあり、ここにいうのは道教の書物。あるいはまた、「時に古仏の書を抜き、往往、石閣に登る（時披古仏書、往往登石閣）」ともあ

り、この場合は仏書ということになる。さらにまた、「一生、作すに慵懶し、重きを憎んで只だ軽きを便とす。他家は事業を学ぶ、余は一巻の経を持す。標軸を装うに心無し、来去、人の擎ぐるを省く。病に応じて則ち薬を説く、方便して衆生を度す。但だ自ずから心無事なれば、何れの処か惺惺ならざる」ともあり、この場合は「無字経」ということ。

ただし、江月の場合、寒山の持つ経は「無字経」ではなく、文字言語の象徴としての経を意味する。坤の巻［六一四］「寒山開経に手中に巻を開くは摠に閑事、汝道う、松風に好声有りと」。三四句は、「経巻をひろげることなぞ、まったくもって、いらざること、（経典など読むのはやめて、そなたの詩にあるように）松に吹く風の音を楽しむがよろしい（松に吹く風の音こそが無字経なのだから）」。

［六一六］に、「手裏に経を開く、須らく抛擲すべし、巌前、頼いに是れ松風有り」、「（寒山は）経巻などを開いておるが、そんなものは捨て去るがよろしい。岩の前には、よいことに微風に吹かれる松があるではないか。（本など読まずに、松に吹く風の音を楽しむがよろしい）」。

［六四五］に、「縦い全巻を看尽くすも、直に是れ半文銭。残羹飯を喫却して、如かじ、睡眠を打さんには」。「いくら全部を読み終えても、何の足しにもなるまい。経の勉強などやめにして（庫裡に行って）、残飯でも食って、昼寝でもなさい、そのほうがずっとよろしい」。

【一二二】

拾得

五臺山上月光幽、隻手指空高仰頭。
孤倚路傍休久立、人間恐是有閻丘。

拾得(じっとく)

五台山上(ごだいさんじょう)、月光幽(かす)かなり、隻手(せきしゅ)、空を指して高く頭(こうべ)を仰ぐ。

孤(ひと)り路傍(ろぼう)に倚(よ)って久立(きゅうりゅう)することを休(や)めよ、人間(じんかん)、恐らくは是れ閭丘(りょきゅう)有らん。

〈訳〉

かすかに月が照らす五台山上。

片手で空を指して、高い空を見上げておる。

(これこれ)道端にひとりで長いこと立っていてはいけませんぞ。

娑婆には、恐らくは閭丘(りょきゅう)のような(詮索好きな)男がお(って正体を探られることにな)りましょうぞ。

○孤倚路傍休久立＝「孤倚」は、『聯珠詩格』巻五、蒙斎の「梅」詩に「去年、花下、曾て孤り倚る(去年花下曾孤倚)」。「倚」は、立。「倚門」は、門のところに立つ。

【一一三】

虚堂

徑雲簇簇蓋扶桑、鄞水溶溶沒大唐。

一　若是虚堂眞面目、髮毛荒盡只麼長。

虚堂

径雲簇簇、扶桑を蓋う、鄞水溶溶、大唐を没す。
若し是れ虚堂の真面目ならば、髪毛荒尽して只麼に長ず。

〈訳〉
虚堂和尚が住した径山興聖万寿禅寺におこった雲のように、その法は東海に伝わり、日本をおおう禅流となった。ゆったりと流れる鄞水のある明州が産したこの和尚の法が、大唐をことごとく埋めた。その和尚の真面目如何となれば、髪毛がこんなに伸びた、この姿。

○径雲簇簇＝「径雲」は、虚堂が最後に住した径山興聖万寿禅寺。
○鄞水溶溶＝「鄞水」は、虚堂和尚出身の明州（四明）の河。よって縁語に用いる。『虚堂録』巻一、嘉興府興聖禅寺録の「嘉興府請疏」に、「法法無心。湛鄞水一輪之月。句句有眼。高北山半嶺之雲」。
○没大唐＝「没」は埋没。
○髪毛荒尽只麼長＝「只麼」は、ここでは如此（このように）、こんなにも。『禅語辞典』では「只寧、只没、只麼、只摩」の項目があり、「ただ……だけ、という意」とする。

「只麼」には「ただ……だけ」の意もあるが、「このように」の意で用いられる（張相『詩詞曲語辞匯釈』）ことの方が圧倒的に多く、「ただ……だけ」の例はむしろ少数である。室町期の写本『五灯会元抜粋』（龍光院本）の注には「如此」とあり、当時の正しい理解が見られる。

【一二四】

南浦

古帆未掛釣竿垂、天澤波瀾不記涯。

東海漁人蟭眼裏、當頭覰破五須彌。

南浦

古帆未だ掛けざるに、釣竿垂る、天沢の波瀾、涯を記せず。

東海の漁人、蟭眼裏、当頭に覰破す、五須弥。


〈訳〉

まだ帆を張らぬうちに、「古帆未だ掛けざる時はどうじゃ」と、釣り針を垂れて来た。

虚堂和尚の起こした、果てしも知れぬ大波瀾。

これに対して、わが東海の漁人（大応国師）は、「蟭螟虫の目玉の中に五つの世界がすっぽり」と、たちどころに核心をついた答えをもってされた。

○南浦＝大応国師、南浦紹明。全句、大応国師が虚堂智愚に参じたときの「古帆未掛」の問答をふまえる。『大応国師塔銘』に、「正元の間、航海して宋に至り、徧く知識に参ず。虚堂愚公、浄慈に主たり。門庭高峻にして、学者崖を望んで却く。師、往いて礼謁す。堂曰く〈古帆未だ掛けざる時如何〉。師云く〈蟭螟眼裏の五須弥〉。堂云く〈掛けて後如何〉。師云く〈黄河北に向かって流る〉。堂云く〈未在、更に道え〉。師云く〈某甲は恁麼、和尚又作麼生〉。堂云く〈黄河北に向かって流る〉。師云く〈和尚、人を謾ずること莫くんば好し〉。堂云く〈参堂し去れ〉と。久しくして賓客を典らしむ。日夕咨扣す」。

○古帆未掛釣竿垂、天沢波瀾不記涯＝一二句、虚堂が問答をしかけてきたことをいう。「天沢」は、径山にある虚堂禅師をまつる祖堂の名。ここでは虚堂のことをいう。

○東海漁人蟭眼裏、当頭覷破五須弥＝「東海漁人」は大応国師。虚堂が大応国師に与えた「東海日多の記」をふまえる。「門庭を敲磕して細やかに揣摩す、路頭尽くる処、再び経過す。明明に説与す、虚堂叟、東海の児孫、日に転た多からん」。「蟭螟」は、蚊のまつげに巣くうという極微の虫。『抱朴子』刺驕に、「蟭螟、蚊の眉の中に屯して、弥天の大鵬を笑う」。

【一二五】

大燈

透過雲關無舊路、重通一脉度群生。

古岩松下梅橋畔、引得兒孫墮深坑。

大灯

雲関を透過して、旧路無し、重ねて一脉を通じて、群生を度す。
古岩松下、梅橋畔、児孫を引得して深坑に堕す。

〈訳〉

「雲関を透過して、旧路無し」と、投機の偈を作って大応国師から認められ、
その一脈の法をもって、衆生済度なされた。
そして、大徳寺の古岩松下、梅橋畔において、
法孫を厳しく導き、深い坑に叩き込まれた。

○透過雲関無旧路＝「雲関」は、雲門の関字。春作禅興の『大灯国師行状』に「徳治丁未、国師（大応）相州に赴き建長に住す。師乃ち参随して彼に至り、未だ十日を経ざるに、因みに案上に鎖子を放在し、忽然として関字を打透す。円融無際、真実諦当、大法現前の処に到り了り、汗流れ背を浹す。急に方丈に趨り下語して曰く〈幾乎んど路を同じうす〉。国師大いに愕いて云く〈夜来、夢に雲門、吾が室に入るを見る。你、今日関字を透る。你は是れ雲門の再来なり〉と。師、耳を掩って出づ。翌日、二偈を呈して云く〈一回、雲関を透過し了って、南北東西、活路通ず。夕処朝遊、賓主没し、脚頭脚底、清風を起こす。雲関を透過して旧路無し、青天白日、是れ家山。機輪通変、人の到ること難し、金色の頭陀、手を拱して還る〉」。「関字」は『碧巌録』八則に、「翠巌、夏末に衆に示して云く〈一夏以来、兄弟の為に説話す。看よ、翠巌が眉毛在りや〉。保福云く〈賊と作る人、心虚なり〉。長慶云く〈生也〉。雲門云く〈関〉」。

○重通一脉度群生＝「一脉」は、（祖師より伝わる）一筋の脈絡。
○古岩松下梅橋畔＝「古岩松」「梅橋」は大徳寺十境の一。大徳寺十境とは、雲門庵、起龍軒、金剛軒、看雲亭、明月橋、官池、梅橋、古巖松、瑞雲亭、達磨峰。
○引得児孫随深坑＝原本の「随」を横岳文庫本によって「堕」に訂す。弟子を打出したことを抑下して表現したもの。

賛

【一二六】

朝陽

羅綺思衣處、紅絲又一重。抛針鋒上看、這裏本無縫。

朝陽

羅綺、衣を思う処、紅糸、又た一重。

抛って針鋒上に看よ、這裏本と無縫。

〈訳〉

『臨済録』には「衣を思えば羅綺千重」とあるが、

（まだ、いい着物が欲しいのかな、糸で繕っておるとは。そういうことでは）

赤い糸という煩悩をまた付け加えることになるぞ。

（衣も糸もなげうって）この針先をしっかりと看よ。

そこは本来いかなる縫い目もないところ。

〈まさにそこが大活自在のはたらきを示す場所〉

○朝陽＝「朝陽穿破衲。対月了残経」、日なたで破衲をつくろい、月あかりで読書する。禅門では朝陽対月の対幅の好画題となる。『臥雲日件録』享徳元年二月十八日に「絶海云く〈陽に朝して破衲を穿ち、月に対して残経を了ず〉、是れは王逢辰が句なり。是れに由って、画工、意を設け図と為し、朝陽対月と号するのみ。実に僧の名の朝陽、対月という者有るに非ず」。「朝陽」は、朝の陽光の義もあるが、ここでは「陽に朝う」という意。『虚堂録犁耕』に、忠曰く「面テ前ノ人ニ向フヲ朝ト曰フ。陽ハ日ナリ。日ニ向ツテ衲衣ヲ補フナリ」。

○羅綺思衣処＝欲しいと思えばどんな美しい衣服でも手に入る。「羅綺」は、うすぎぬと綾ぎぬ、美しい衣。『臨済録』示衆に「你一念不生なれば、便ち是れ菩提樹に上り、三界に神通変化し、意生化身して、法喜禅悦し、身光自ずから照らさん。衣を思えば羅綺千重、食を思えば百味具足して、更に横病無し」。

○紅糸又一重＝まだ吹っ切れないものがひとつ加わったというもの。『禅学大辞典』「脚跟紅糸線不断」に「紅糸線は男と女をつなぐ縁のきずな〔開元天宝遺事〕。男女の欲の断ち難いことをいう」とあるが、この解は非。『禅語辞彙』「紅糸」に「煩悩妄想の意」。「紅糸」は、脚跟不断紅糸線。松源三転語による。「松源嶽和尚、三転語に云く、大力量の人、甚に因ってか脚を擡げ起こさざる。口を開くこと、甚と為てか舌頭上に在らざる。明眼の人、甚に因ってか脚跟下、紅糸線不断なる」。

『大弘禅師語録』、「智源宗勝禅定門掩土」に「掣断脚下糸線、露不凋心祖、打破胸中漆桶、挑無碍霊光」とある。「掣断脚下糸線」と「打破胸中漆桶」とは対、つまり「紅糸」と「漆桶」は同義と見てよい。したがって、用例によっては『禅語辞彙』の解も採用されてよいだろう。

○抛針鋒上看＝「針鋒頭上に筋斗を翻す」の語あり、針の先でトンボ返りを打つ、大活自在の働き。『虚堂録犁耕』に「那一人安身の処」。あるいはまた「針鋒頭上翹足」の語もあり、いずれも「針鋒頭」は「那一人安身の処」。

○這裏本無縫＝「無縫」、『句双葛藤鈔』「鉄丸無縫罅」に、「卒度モ（＝ちっとも）理ノ出デヌ処ナリ。理ノ無イ処ガアルゾ。縫ハヌイメ、罅ハスキマナリ」。また、「元来無縫鉄崑崙」に、「仏性ヲサスゾ。手ヲ付ヌ処ゾ。無縫トハ、ヌイシテモナイヲ云ゾ」。

【一一七】

朝陽

竹針麻絲補破、平常何勞指頭。

若向無寒暑處、侘日必一時休。

朝陽

竹針麻糸、破を補う、平常、何ぞ指頭を労せん。

若し無寒暑処に向かえば、侘日、必ず一時に休せん。

〈訳〉

針と糸でほころびを繕っておるが、

いつも、そうやって指を疲らせることはあるまい。

洞山の無寒暑処という境界になれば、
いずれ、すべては埒があき、長生きができるというものだ。
（永遠の生命が得られるのだから）。

○竹針麻糸＝『五灯会元』巻三、大梅山法常禅師章、「問う〈如何なるか是れ仏法の大意〉。師曰く〈蒲花柳絮、竹針麻線〉」。

○若向無寒暑処、侘日必一時休＝坤の巻［四七一］にも「若向無寒暑処、休歇地百年身」。「無寒暑処」は、『碧巌録』四三則、「洞山、因みに僧問う〈寒暑到来す、如何が回避せん〉。山云く〈何ぞ無寒暑の処に向かって去らざる〉。僧云く〈如何なるか是れ無寒暑の処〉。山云く〈寒時は闍梨を寒殺し、熱時は闍梨を熱殺す〉」。

【一二八】

朝陽

朝陽照見瘦癯人、補破衣來弄幾塵。
若放麻絲竹針去、無寒暑處保安身。

朝陽

陽に朝って照らし見る、瘦癯の人、破衣を補い来たって、幾塵をか弄す。

若し麻糸竹針を放ち去らば、保す、無寒暑処に身を安んぜんことを。

〈訳〉
日差しに照らしながら（ほころびを）見ている痩せた男、
破れを繕っているようだが、ご苦労なことじゃ。
そんな糸や針をうっちゃってしまえば、
洞山の「無寒暑処」に身を安んぜんこと請け合いだ。

○無寒暑処保安身＝「無寒暑処」は、前出［一一七］。「保」は「敢保」、「～すること請け合い」。

【一一九】
朝陽
遮寒補破時、慚愧老生涯。其奈針頭短、可添白髪絲。

朝陽
寒を遮らんとて破を補う時、慚愧す老生涯。
其れ針頭短きことを奈せん、白髪の糸を添う可し。

〈訳〉
寒さを防ごうとほころびを繕っているのだが、
お恥ずかしい老いらくというもの。
針先の糸が短いのは、いかんともしようがない、
短い糸に白髪を付け足すがよろしい。

○其奈針頭短、可添白髪糸＝「針頭短」は「針頭糸線短」ということ。うしろに「白髪糸」とあるので「糸」を省略したもの。

【一三〇】

對月
雲昏遮兩眼、雪白覆雙眉。縱使了殘課、老衰不曾知。

対月
雲昏くして両眼を遮り、雪白うして双眉を覆う。
縦使い残課を了ずるも、老衰、曾て知らず。

〈訳〉

眼は雲に覆われたようにかすんで（文字が）見えない。
ふたつの眉は雪に覆われたように真っ白。
もし読み残しを読みおおせたとしても、
いよいよ老衰するばかり。

○対月＝「対月了残経」。月あかりで読書する。前出［一二六］の注。

【一三二】

對月

老衰眼中暗、争識月明圓。縱使了殘課、不如一睡眠。

対月(たいげつ)

老衰(ろうすい)して眼中(がんちゅう)暗し、争(いか)でか月明(げつめい)の円(まど)かなるを識(し)らん。
縦使(たと)い残課(ざんか)を了(りょう)ずるも、如(し)かじ一睡眠(いちすいみん)せんには。

〈訳〉

老い衰えて、眼はさっぱり見えない。
見なさい（天上には、真如の）いい月が明るく照らしておるのに、それが分からぬか。
いくら（苦労して）読み残しを読んだとて、
（それよりは）ぐっすりと一眠りするのが、よっぽどよろしい。

○老衰眼中暗、争識月明円＝坤の巻〔四四四〕「対月」に、「老涯、眼暗けれど、佳月、影明らかなり」。老いて視力もすっかり衰えたが、（天上には、真如の）いい月が明るく照らしておるぞ。
○不如一睡眠＝「一睡眠」は、単なる「一眠り」ではない。欠伸子江月の好む語。乾の巻〔六二〕の「謝人恵枕子」に「破蒲団上工夫熟、十二時中一睡眠」。〔八六〕に「知吾人若問吾事、一把茅中一睡眠」。坤の巻〔四一六〕達磨面壁睡図に「坐久幾労処、九年一睡眠」。〔四二〇〕徳山賛に「三十棒頭閑伎倆、不如一睡対青山」など。万事、もはやなすべき何ごともない、ただ眠るだけ、という究極の一睡。『臨済録』示衆に「仏法は功を用いる処無し。祇だ是れ平常無事。著衣喫飯、困じ来たれば即ち臥す」。また、『碧巌録』七十八則、頌評唱に「胸中、一事も無し。飢え来たらば飯を喫し、困じ来たらば眠る」。

【一三二】

對月
月前開卷奈何老、字字難分東束來。
頼是妙加加妙術、只須一洗眼中埃。
目醫師妙加出斯圖而請贊。戯書之以招傍人之笑云。

対月

月前に巻を開くも、老いたるを奈何せん、字字分かち難く、東束来。頼いに是れ妙加、妙術を加う、只だ須らく眼中の埃を一洗すべし。目医師の妙加、斯の図を出だして賛を請う。戯れに之を書して以て傍人の笑いを招くと云う。

〈訳〉

月明かりに向かって巻物を開いているが、老いたるはいかんともしようがない。一字一字がはっきり分からず、東を束に読み違えるありさま。だが幸いなことには、目医者の妙加さんが妙術を加えて下さるという。これによって、眼中の埃をすっかり洗い流すがよろしい。

目医者の妙加がこの図に賛を請うて来たので、書してお笑い種にするものである。

○東束来＝東と束と来の違いが分からない。「来束東」とも。『近世禅林僧宝伝』豊前州開善寺大蘇禅師伝の「女子出定」の頌に「罔明弾指、刁刀力、妙徳神通、来束東」。

○加妙術＝「妙加」の名を読み込んだ。

○眼中埃＝真理をくらますもの。

【一三三】

對月

仰頭爲月望雲衢、日課讀殘吾忘我。
眼在東南不看卷、恰如失却手中珠。

対月

頭を仰けて月の為に雲衢を望む、日課読み残し、吾れ我を忘ず。
眼は東南に在って巻を看ず、恰も手中の珠を失却するが如し。

〈訳〉

頭をあげて、月が晴れぬかと雲の彼方を望む。
日課の読み残しがあるが、我を忘れて忘然。
眼はただ（月の出る）東南を見て、書物は見ておらぬ。
（これじゃあまさに）天上の月を貪り看て、手中の珠を失却するというもの。

○日課読残吾忘我＝「吾忘我」は、蘇東坡「客位仮寐」に「豈に惟だ主の客を忘るるのみならん、今我れ亦た吾を忘ず」。「客位仮寐」は、応接間に通されたのにうたた寝したこと。『荘子』斉物論に「今、吾れ我を喪えり（今者吾喪我）」。

○眼在東南不看巻＝「東南」は、月が上がって来るところ。
○恰如失却手中珠＝「貪看天上月、失却掌中珠」。わが内なる仏性を忘れて、徒らに他に仏を求める。『碧巌録』二十八則、本則評唱に出る。

【一三四】
對月
黄巻半開全眼花、何鑽故紙撒塵沙。
一霄忘寝了殘課、猶惜西窓月影斜。

対月
黄巻半ば開くも、全く眼花、何ぞ故紙を鑽って塵沙を撒く。
一霄、寝ぬるを忘れて残課を了ず、猶お惜しむ、西窓に月影の斜めなるを。

〈訳〉
経巻を半分ばかり開いているが、眼は曇ってさっぱり見えぬ。
どうして、穴をあけんばかりに経巻を見つめて、かえって塵ホコリを撒き散らしているのか。

一晩、寝るのを忘れて残課を読了しようと、
　西窓に月影が斜めになっているのに、まだ時間を惜しんでいる。

○黄巻半開全眼花＝「黄巻」は経巻。「眼花」は、眼がかすむこと。
○鑚故紙＝「故紙」は経典のこと。「鑚」は、穴をあける、あるいは、蜂などが穴をあけんばかりにつっこむこと。『伝灯録』巻九、古霊神讃章に「又た一日、窓下に在って看経す。蜂子、窓紙に投じて出でんことを求む。師、之を覩て曰く〈世界、許の如く広闊なるに肯えて出でず。他の故紙を鑚るも驢年にして出で得ん〉」。
○撒塵沙＝塵をばらまいて目つぶしをする。『碧巌録』四十一則、頌に、「古仏尚お言う、曾て未だ到らずと、知らず、誰か塵沙を撒くことを解くせん」。

【一三五】
　十王
五蘊漏質無間業、洒血梵天彰目前。
請看閻羅破顔底、抛毫擧手駭因緣。

　十王
五蘊の漏質、無間の業、血を洒ぐ梵天、目前に彰らかなり。
請う看よ、閻羅の破顔底、毫を抛ち手を挙げて、因縁を駭む。

〈訳〉

煩悩にまみれたこの肉体は無間(むげん)地獄の責めを受けることになる。
血を洒がんばかりに眼を見開いた十王の姿が、目前にありあり。
しっかり見るがよい、破顔大笑している閻魔大王の顔を。
筆を擲って手をあげ、すべて因縁により、この悪道に落ちたことを誡めているのだ。

○十王＝冥土の十王。亡者は中陰から三回忌までの間、この十王のもとに拘束され、罪過の判を受ける。一、秦広王。二、初江王。三、宋帝王。四、伍官王。五、閻羅王。六、変成王。七、泰山府君。八、平等王。九、都市王。十、転輪王。中国でできた『十王経』に拠るもの。以下［一四二］まで十王図賛が続くが、この十王図は狩野探幽によって描かれたもので、その粉本が現存している。巻末にその写真を載せた。［一三六］の賛は、四七一頁の図一にあるものである。

○五蘊漏質＝『臨済録』「雖是五蘊漏質、便是地行神通」。「五蘊」は、色受想形識の五蘊の集まり（である肉身）。「漏質」は「有漏の形質」「漏」は「漏泄」ろしつ、ろうせつ、ろうぜつ、ろぜつ。煩悩のこと。

○無間業＝無間地獄は、もっとも下方にある地獄で、最深最極の苦痛を受ける所。

○洒血梵天彰目前＝「洒血」は「怒眼、血を洒ぐ」「怒眼瞪(みひら)いて血を洒ぐ」ということ。「梵天」、ここでは十王のこと。

○請看閻羅破顔底＝眼を見開いて、口を大きく開けて忿怒相をしているところを「あたかも破顔大笑しているごとき」と言ったもの。

○駭因縁＝「駭」、おどろかす、いましめる。

【一三六】
十王
一指頭邊十惡生、冷看鐵眼與銅睛。
當臺鏡裏撒塵却、恰似風雲亂月明。

十王(じゅうおう)
一指頭辺(いっしとうへん)、十悪生ず、冷やかに看る、鉄眼(てつげん)と銅睛(どうぜい)と。
台に当たる鏡裏(きょうり)に塵を撒却(さんきゃく)す、恰(あたか)も似たり、風雲の月明を乱すに。

〈訳〉

わずかに指一本を立てたところから、十悪が生まれる。

今や地獄の牛頭馬頭が冷徹に見ておる。

(悪因を積んだがために)台に置かれた(本来清浄(しょうじょう)なる)浄玻璃の鏡に塵をまき散らし、清らかな月明を風雲で乱すようなことになった。

○十王＝四七二頁の図二。
○一指頭辺十悪生＝「一指頭辺」は、普通は「天龍一指頭」「倶胝一指頭」をいうが、ここはさにあらず。「十悪」は、身口意の三業がつくる十種の罪悪。殺生、偸盗、邪淫(以上が身三)、妄語、両舌、悪口、綺語(以上が口四）、貪欲、瞋恚、邪見（以上が意三）。八邪は、八正道の逆、すなわち、邪見、邪思惟、邪語、邪業、邪命、邪精進、邪念、邪定。

○冷看鉄眼与銅瞳＝「冷看」は「冷眼看」。「鉄眼」「銅瞳」は、普通は作家の禅客をいうが、ここでは地獄の牛頭馬頭をいう。

○当台鏡裏＝業鏡、浄玻璃の鏡。閻魔王庁にあって、死者の生前の善悪の所業を残すところなく映し出すという鏡。

【一三七】

十王

小巻開看過大哉、歴然因果奈輪廻。

鐵鎚鉗未擊頭碎、五逆罪人聞怒雷。

十王

小巻開き看る、過、大なるかな、歴然たる因果、輪廻を奈せん。

鉄鎚鉗、未だ頭を撃砕せざるに、五逆の罪人、怒雷を聞く。

〈訳〉

（十王が）罪簿を開いて調べている、その罪状ははなはだ大きい。
悪因悪果は歴然としておる、輪廻はどうすることもできぬ。
獄卒が手にした鉄鎚や鉗が頭を撃ち砕くより前に、
五逆の大罪を犯した者は雷に打たれるのだ。

○十王＝四七三頁の図三。
○小巻＝閻魔は持つ罪簿。いわゆる閻魔帳。罪福簿、功徳簿ともいう。生前の悪だけではなく善も記録されている。倶生神が記録する。人の出生と倶にあるので倶生という。人が生まれた時から、左右の肩に取り付いている男女の二神で男神を「同名」、女神を「同生」と言う。あるいはまた、善部童、悪部童とも言う。その人の所行の善悪を観察記録し、それが死後に閻魔の庁での審問の資料にされるという。
○五逆罪人聞怒雷＝五逆の大罪を犯した者は雷に打たれて死ぬ。「五逆」は五逆罪のことで、父を殺し、母を殺し、仏身血を出し、和合僧を破り、仏像経巻を破棄するの五をいう。「鉄鎚鉗」は、鉄鎚と鉄鉗（かなばさみ）。獄卒の持つ責め道具。

【一三八】

十王

帯鎖擔枷在子孫、愛憎於母摠勞煩。
養花雨與打花雨、恩是寃兮寃是恩。

十王

帯鎖担枷、子孫に在り、愛憎、母に於いては揔に労煩。
花を養う雨と花を打つ雨と、恩は是れ寃、寃は是れ恩。

〈訳〉

子孫が地獄で手鎖首枷をつけ、鎖で繋がれることになる。
愛するも憎むも、母親の思いはすべて煩悩。
同じ雨がときには花を育て、ときには花を散らすように、
親の恩も寃になることもあり、寃がまた恩になることもある。

○十王＝四七四頁の図四。
○愛憎於母揔労煩＝「労煩」、ここでは塵労煩悩。『沙石集』七、一〇、「人の親の、子を思ふ癡愛の因縁によりて、多く悪道に落ちて苦を受くるを、神通なければ、これを知る子もなし」。
○養花雨与打花雨＝同じ雨でも正反対のものになる。

五祖云、三乘人出三界獄、小果必藉方便、如穴地穿壁、及自天窓中出。唯得道菩薩、從初入地獄、先與獄子不相疑、一切如常。一日寄信去、覓得酒肉、與獄子喫。至大醉、取獄子衣服行纒頭巾、結束自身、却將自己破衣服、與獄子著。移枷在獄子頂上、坐在牢裏、却自手捉獄子藤杖、公然從大門出去。參禪人須是恁麼始得。以這語賦一偈云。

美酒佳肴得信傳、無常殺鬼醉將眠。罪人若有斯方便、還捉藤條倒一鞭。

十王

五祖云く、「三乘の人、三界の獄を出づるに、小果は必ず方便を藉る。地に穴し壁を穿ち、及び天窓の中より出づるが如し。唯だ得道の菩薩のみは、初め（地）獄に入ってより、先ず獄子をして相疑わしめず、一切常の如し。一日、信を寄せ去って酒肉を覓得し、獄子に与えて喫せしむ。大酔するに至って、獄子の衣服、行纒、頭巾を取って、自身に結束し、却って自己の破衣服を将って獄子に与えて著せしめ、枷を獄子の頂上に移して、牢裏に坐在せしめ、却って自ら手に獄子の藤杖を捉って、公然と大門より出で去る。参禅の人、須らく是れ恁麼にして始めて得たり」と。這の語を以て一偈を賦すと云う。

美酒佳肴、信の伝うるを得たり、無常の殺鬼、酔うて将に眠る。
罪人、若し斯の方便有らば、還って藤条を捉って倒まに一鞭せん。

〈訳〉

五祖禅師がいわれた、「三界の苦をのがれるには、二乗の声聞縁覚は、地面や壁に穴をあけるとか、あるいは天窓を通って抜け出すなどといった方便を必ずめぐらす。しかし、得道の菩薩はそういうことはせぬ。この牢獄に入った最初から、獄卒に疑われるようなふるまいはせず、すべて通常どおりにふるまう。そしてあるとき、手紙を出して酒肉を取り寄せて、獄卒に与える。獄卒がすっかり酔っぱらうと、その衣服や行纏、頭巾まですっかり取りあげて自分が着け、逆に自分の衣服を獄卒に着せる。そして首枷を獄卒の頭に着けて牢屋に坐らせ、自分は獄卒の六尺棒を手にして、堂々と大門から出でいくのである。参禅もこのようにして始めて成就することができるのである」と。この言葉によって一偈を賦す。

手紙で美酒佳肴が届いた。
無常の殺鬼は酔っぱらって眠りこけている。
獄舎につながれた罪人にこういうはたらきがあったならば、

逆に獄卒の棒を奪って、一鞭することができるであろう。

○十王＝四七五頁の図五。
○五祖云＝『大慧武庫』「五祖云く、三乗の人、三界の獄を出づるに、小果は必ず方便を藉る。地に穴あけ壁を穿ち、及び天窓の中より出づるが如し。唯だ得道の菩薩のみは、初め（地）獄に入ってより、先ず獄子をして相疑わしめず、一切常の如し。一日、信を寄せ去って酒肉を覓得し、獄子に（与えて）喫せしむ。大酔するに至って、獄子の衣服、行纏、頭巾を取って、自身に結束し、却って自己の破衣服を将って獄子に与えて著せしめ、枷を獄子の頂上に移して、牢裏に坐在せしめ、却って自ら手に獄子の藤杖を捉って、公然と大門より出で去る。参禅の人、須らく是れ恁麼にして始めて得たり」。
○三乗人＝声聞乗、縁覚乗、菩薩乗。
○三界獄＝欲界、無色界、無色界。
○小果＝小果二乗。声聞縁覚のこと。
○従初入地獄＝『諸録俗語解』では「地」を衍字とする。いわく「〈地〉字、衍文ならん。前後に照応なし。以下譬喩の説なり」。地獄ではなく牢獄に入る、なり。
○先与獄子不相疑＝『大慧武庫』東嶺書き入れに「欲得信、切勿疑六塵〈信を得んと欲せば、切に六塵を疑うこと勿かれ〉。三祖大師ノ語ト一也。勿嫌六塵」。すなわち「獄子」は六塵の象徴。「与」字をどう解釈するか。『諸録俗語解』ではこの部分にコメントがない。「与」は使役の「役」の義がある。「先ず獄子をして相疑わしめず」。
○一切如常＝東嶺書き入れに「提婆達多ガ如ク」。
○覓得酒肉、与獄子喫、至大酔、取獄子衣服行纏頭巾、結束自身、却将自己破衣服、与獄子著＝『諸録俗語解』「与の字、このような処では〈に〉と訳すべし。〈与人看〉も〈人に看せる〉なり」。

○移枷在獄子頂上＝『諸録俗語解』「在の字を於の字の意に見るべし」。
○藤杖＝棍棒、六尺棒。東嶺書き入れ本に「ハナネジ」。
○大門＝東嶺書き入れ本に「閻羅大城ノ大門」。白隠『辺鄙以知吾』「十丈も畳み上げたる鉄の城門にたどり着きぬ。見上ぐれば二丈ばかりも有るべき大きなる額を打たり。是は閻羅大城と云へる文字なりと教へ玉ひき。けたゝましき獄卒の種々の罪人を引立々出で入るは引きも切らず」。
○無常殺鬼＝人の命を奪う無常を鬼になぞらえたもの。『臨済録』「無常の殺鬼、一刹那の間に貴賤老少を揀ばず」。

【一四〇】

十王

四十二章經有云、飯惡人百、不如飯一善人。乃至、飯千億三世諸佛、不如飯一無住無作無證之者。其無修證、則是正念獨脱。能飯斯人則功超諸佛矣。何況人間色論色、錦上鋪花、過惡累積財論財、句裏呈機、以贖罪愆。看此圖則何嫌何疑矣。正與麼時、傍人可笑、爲養吾拙也。不然、吾非善人。只爲衆生生死死（之）際如環上尋始末矣。欲界去欲、須必生天。果然果然。見現在果知過去未來。猶書一偈云。

獄官所記露邪心、先世無量罪業深、硯海變成生死海、波瀾泱泱幾浮沈、仝。

十王（じゅうおう）

四十二章経に云えること有り、「悪人百に飯せんより、一りの善人に飯せんには如かず。乃至、千億の三世諸仏に飯せんより、一りの無住無作無証の者に飯せんには如かじ。其れ無修証は則ち是れ正念独脱す。能く斯の人に飯するときは、則ち功は諸仏に超う」と。何ぞ況んや人間、色もて色を論じ、錦上に花を鋪いて過悪累ね積み、財もて財を論じ、句裏に機を呈して以て罪愆を贖うをや。此の図を看るときは則ち、何をか嫌い何をか疑わんや。正与麽の時、傍人、笑いつ可し、「為に吾が拙を養う。然らず、吾は善人に非ず。只だ衆生生死の際は環上に始末を尋ぬるが如きが為なり。欲界に欲を去らば、須らく必ず生天すべし」と。果然果然。

現在の果を見て、過去未来を知る。猶お一偈を書すと云う。

獄官の記する所、邪心露わる、先世無量の罪業深し。

硯海、変じて生死海と成る、波瀾泱泱たり、幾浮沈。

〈訳〉

『四十二章経』に云う、「百人の悪人に施食するより、ひとりの善人に施すほうがよい。千人の善人に施食するより、ひとりの五戒を持つひとに施すほうがよい。また千億の三世の諸仏に施食するより、ひとりの無念無住無修無証の者に施すのがよい。無修証の人は正念独脱しているからである。このような人に施食すれば、その功徳は諸仏に施食するのにまさるのである」と。

（しかるに）人の世では、つねに物質的欲求を追い求め、屋上に屋を重ねるように、過ちを積み重ねておきながら、一方では、財物を施したり、盛んにうまい言葉を連ねて、己れの罪を贖おうとしているのである（何ぞ無念無住無修無証などというようなことがあろうや）。いまこの図を前にするならば、もはや何の疑うこともない（因果は歴然としているのだ）。このとき、傍らの人が笑いながら言った、「だから、自らを低くして、愚を守り拙を養って閑居するのですよ。いやいや、私は『四十二章経』に言われるような、百人の悪人にまさる一人の善人ではございません。ただ衆生（しゅじょう）の生き死にの境目というものは、環の中で始まりと終わりをさがすようなもので（その境目というものはない）。欲界にあって欲を離れるならば、必ずきっと天に生ずるでありましょう」と。

しかり、しかり。現在の果を見れば過去の因がわかり、現在の因によって未来の果が分かる（と経典にもあるではないか）。そこで一偈を書す。

閻魔大王の帳簿の記録に、邪心はすっかりあらわれておる。
前世の量り知れないほどの深い罪業があるのだ。
（閻魔大王が使っている）硯の海が、たちまち生死の海となる。

波瀾(はらん)うずまく大海に、どれほど浮きつ沈みつすることか。

○十王＝四七六頁の図六。

○四十二章経有云＝『四十二章経』「仏言、飯悪人百、不如飯一善人。飯善人千、不如飯一持五戒者。飯五戒者万、不如飯一須陀洹。飯百万須陀洹、不如飯一斯陀含。飯千万斯陀含、不如飯一阿那含。飯一億阿那含、不如飯一阿羅漢。飯十億阿羅漢、不如飯一辟支仏。飯百億辟支仏、不如飯一三世諸仏。飯千億三世諸仏、不如飯一無念無住無修無証之者」。

○無住無作無証之者＝一切の執着がなく、修行するの、悟ったのという念もない者。

○無修証＝修行して悟りを得たなどという思いもない。

○正念独脱＝一切から抜け出た境地。

○色論色、錦上鋪花、過悪累積＝『臨済録』「大丈夫児、莫祇麼論主論賊、論是論非、論色論財、論説閑話過日」。

○財論財、句裏呈機、以贖罪愆＝『雲臥紀談』「今、東漢の楚王英の伝を観るに、永平八年、詔(みことのり)して天下の死罪のものをして、皆な縑(かとり)を入れて贖(あがな)わしむ。英、郎中を遣(つか)わして、黄絹白紈(しらぎぬ)十匹を奉じて、国相に詣せしめて曰く〈藩輔（王室の守護者、諸侯）に託在せられて、過悪累(かさ)ね積もるも、歓喜す、天恩をもって縑帛(けんはく)を送り奉り、以て罪愆(つみあやまち)を贖うを〉。国相以て聞す。詔の報に曰く〈楚王、黄老の微言を講じ、浮屠(ふと)の仁祠を尚(たっと)ぶ。潔斎すること三月、神と誓いを為す。何をか嫌い何をか疑って、常に悔吝有らん。其(そ)れ贖える縑(かとり)を還して、以て伊蒲塞(いぼそく)桑門の盛饌を助く〉と。……」。「縑」は、かとり絹、ふたこ絹。

○色論色……財論財＝『臨済録』「論色論財」、『臨済録撮要鈔』に「色は世に所謂(いわゆ)る男女の色なり。財は世に所謂(いわゆ)る金銀玉帛なり」。

○錦上鋪花＝美しい錦の上にさらに美しい花を敷きつめる。美しい上にさらに美しい、という意味になるが、今ここでは、屋上に屋を重ねる、という意。

○句裏呈機＝通常は「言葉に禅機（悟りの境地）があらわれること」といった意味だが、ここでは貶意。「財物を論じ、盛んに（うまい）言葉を使って、罪を贖おうとする」。
○何嫌何疑＝「嫌」も「疑」も同義、うたがう。
○正与麼時＝因果が歴然とあらわれているとき。
○傍人可笑＝江月が仮に設けて語らせる。傍人の言葉は「欲界に欲を去らば、須らく必ず生天すべし」までとして解した。
○為養吾拙也＝「養拙」は、生来の素朴さをやしない保つこと。『漢語大詞典』、「才能低下にして閑居して日を度ることを謂う。常に用いて〈退隠して仕えざる〉の自謙の称となす」。通常は「守愚」などと同じように自譲の語。
○只為衆生生死死（之）際如環上尋始末矣＝『林間録』巻下、「龍勝菩薩曰く、〈若し先に生有って後に老死有らしめば、老死せずして生有り、生に老死有らず。若し老死有らしめて、而して後に生有らば、是れ則ち無因と為す。生ぜずして老死有り〉と。此の偈を以て衆生生死の際を観ば、環の上に始末を尋ぬるが如く、是の処有ること無し。吾れ是を以て知んぬ、古の此の意を得て、去住の間に於いて了に留礙せざる者は、特に其れ物に不二なるのみ」。
○果然果然＝傍人の発言に対する江月の賛同。
○見現在果知過去未来＝『諸経要集』巻十四「経に云く、過去の因を知らんと知せば、当に現在の果を看るべし、未来の果を知らんと欲せば、但だ現在の因を観るべし」。
○波瀾泱泱幾浮沈＝「泱泱」、水の広く深いさま。

【一四二】

十王
修善二人相共宜、生同時又死同時。
手中經卷叫成佛、慚愧閻王還拜之。

十王(じゅうおう)

修善(しゅぜん)の二人、相共に宜(よろ)し、生まるるも同時、又た死ぬるも同時。
手中(しゅちゅう)の経巻(きょうかん)、成仏(じょうぶつ)と叫ぶ、慚愧(ざんき)せる閻王(えんおう)、還(かえ)って之を拝す。

〈訳〉
生前に善行をなしたこの二人の男女は互いに睦まじい。
生まれるのも同時、死ぬのも同時。
そして経巻を手に持って、（私たちは）成仏できたのだと語っている。
閻魔大王もこれには参っただろう、逆にこの夫婦に合掌しているではないか。

○十王＝四七七頁の図七。
○修善二人相共宜＝粉本にある夫婦とおぼしき人物。
○手中経巻叫成仏＝男が経巻を、女は冊子を手にしている。
○慚愧閻王還拜之＝この図においては、閻魔大王は忿怒の相では描かれていない。

【一四二】

十王

小厮兒云、稱揚大事直是開口不得。此十紙野僧非所作。雖然恁地、曲順人情、信筆書亂道。

薩訶世界苦衆生、地獄門頭陷火坑。

十大閻魔一心上、善因惡果鏡中明。

十王

小厮児云く、大事を称揚せば、直に是れ開口不得、と。此の十紙は野僧の所作に非ず。然も恁地なりと雖も、曲げて人情に順って、筆に信せて書し乱りに道う。

薩訶世界の苦衆生、地獄門頭、火坑に陥る。

十大閻魔は一心の上、善因悪果、鏡中に明らかなり。

〈訳〉

臨済は「大事を（ずばりと）称揚すれば、（誰もそれに対して）ああだこうだとも言えないであろう」と言われた。この十幅は小衲が作ったものではないが、曲げて人情に順って、筆にまかせて賛を書くものである。

娑婆世界の衆生は、この地獄に落ちて火坑に陥るのである。

（ここに出て来る）閻魔を始めとする十王は、みな一心の現われ。

善因善果、悪因悪果は、閻魔の業鏡の中にはっきりと映るのである。

○小厮児云＝粉本（四七七頁、図七）によれば、この部分は前項［一四二］の賛と一緒に書かれている。「小厮児」は臨済のこと。『臨済録』で普化が「河陽は新婦子。木塔は老婆禅。臨済は小厮児なるも、却って一隻眼を具す」と言ったのに拠る。『諸録俗語解』「厮児」に「小厮児、でっち（＝年少者。小僧）と訳す。厮は使なり、賤なり。那厮、這厮など」。
○称揚大事直是開口不得＝『臨済録』上堂に、「山僧、今日、事已むことを獲ず、曲げて人情に順って方に此の座に登る。若し祖宗門下に約して大事を称揚せば、直に是れ開口不得、你が足を措く処無けん」。
○此十紙野僧非所作＝粉本では十幅になっているが、『欠伸稿』に載るのは七幅。『欠伸稿』不載の賛は左のとおりである。

【補二】四七八頁、図八。

戒得免三塗、生人道中。修上品十善及施戒等、生六欲天。修四禪八定、生色界無色界天。故名人天教也矣。又教有化儀化法、乃二共方便教也。頓漸秘密不定也矣。臨濟曰、至於佛祖相承、更無別意。設有言教、落在化儀、三乘五性人天因果。如圓頓之教、又且不然矣。喏々。會得無嫌底、誰爭之誰論之。

（仏）戒めて、三途を免れ人道中に生ずることを得せしむ。上品十善及び施戒等を修せば、六欲天に生じ、四禅八定を修せば色界無色界天に生ず。故に人天の教えと名づく。又た教に化儀化法有り。乃ち二つ共に方便の教えなり。頓漸秘密、不定なり。臨済曰く、仏祖の相承に至っては更に別意無し。設い言教有るも、化儀の三乗五性、人天の因果に落在す。円頓の教えの如きは、又た且つ然らず、と。喏々。嫌う底無きを会得せば、誰か之を争わん、誰か之を論ぜん。

○得免三途……故名人天教也＝『原人論』の本文は「故に仏、且らく世の五常の教に類して、五戒を持（たも）たしめ、三途を免れ人道中に生ずることを得せしむ。上品十善及び施戒等を修せば、六欲天に生じ、四禅八定を修せば色界無色界天に生ず。故に人天の教と名づく（故仏且類世五常之教、令持五戒、得免三途生人道中。修上品十善及施戒等生六欲天。修四禅八定生色界無色界天。故名人天教也）」。

○臨済曰＝『臨済録』示衆。

【補二】四七九頁、図九。

煌々煒々又堂々、畫出黄冠□十王。説示明々因果處、邏蹤正賊隠彌彰。

煌々煒々、又た堂々、黄冠を画き出だして□十王。

説示明々、因果の処、邏蹤正賊、隠せば弥いよ彰わる。

○□十王＝一字判読できない。

【補三】四八〇頁、図十。

那牟地藏大菩薩、六道四生能化師。

一錫飄然挑慧日、罪如霜露照無私。

那牟地蔵大菩薩、六道の四生、能化の師。

一錫飄然、慧日を挑ぐ、罪は霜露の如し、照らして私無し。

【一四三】

神農

這一莖艸、換骨頤神。匪啻治病、醫國君臣。

神農
這の一茎草、換骨頤神。
啻に病を治すのみに匪ず、国を医すの君臣。

〈訳〉
手に一本の草を持ち、これを嘗めているが、
これこそが、骨を入れ換え、精神を頤す秘法である。
ただ病を治すだけではない、
「佐使君臣」という薬方によって、国家をも癒やすのがこの神農。

○神農＝中国古代の伝説の三皇のうちの一人。人身牛首。人間に耕作を教えた。また医業の祖ともされる。『史記』の三皇紀に、「神農氏、始めて百草を嘗め、始めて医薬あり」。
○換骨頤神＝骨を入れ換え、精神を頤す。『碧巌録』普照序に「換骨の霊方、頤神の妙術」。
○医国君臣＝次項［一四四］に「佐使君臣医国方」とあるものの略。「医国」は、国政の乱れを治めること。『国語』晋語に「上医は国を医す、其の次は人を救う（上医医国、其次救人）」。「佐使君臣」はまた、主薬と補助薬である。君・臣・佐・使をどのように使いこなすかが薬方。『夢渓筆談』薬議に、「薬有り、一君二臣三佐五使の説を用う」。主薬が君、補助薬が臣。副作用を除く薬が佐、諸薬を調和するのが使。

【一四四】

神農

獸有麒麟鳥鳳凰、人生亦是仰斯皇。

草莖匪啻頤神術、佐使君臣醫國方。

神農(しんのう)

獣(けもの)に麒麟(きりん)有り、鳥に鳳凰(ほうおう)、人生も亦た是れ斯(こ)の皇(おう)を仰ぐ。

草茎(そうきょう)、啻(ただ)に神を頤(い)する術のみに匪(あら)ず、佐使君臣(さしくんしん)、国を医(いや)すの方(ほう)。

〈訳〉

獣類には麒麟、鳥類には鳳凰と、それぞれ霊なるものがあるが、人類もまたこの神農を霊なる存在として仰ぐのである。

手にした一本の草はただ精神を癒やすだけではない、「佐使君臣」の薬方は国家をも医すものである。

○獣有麒麟鳥鳳凰＝麒麟と鳳凰。亀・龍とともに四つのすぐれた動物（四霊）。『礼記』礼運篇、「麟鳳亀龍、之を四霊と謂う」。めでたいしるし。『孔叢子』記問「天子徳を布して、将(まさ)に太平を欲す。則ち麟鳳亀龍、先ず之が為に祥を呈す」。

○佐使君臣医国方＝前項［一四三］の注。

【一四五】 坤の巻［五六六］

東坡

詩思元令人骨清、九州四海得佳名。

笠檐疑是雪耶雨、滴々聲々畫不成。

東坡（とうば）

詩思（しし）、元より人骨（じんこつ）をして清からしむ、九州四海（きゅうしゅうしかい）、佳名（かめい）を得たり。

笠檐（りゅうえん）、疑うらくは是れ雪か雨か、滴々声々（てきてきせいせい）、画けども成らず。


〈訳〉


（韋応物の詩にいうように）高潔なる詩情は、見る人の骨の髄までも清くする。

（最果ての島で、酒に酔い蓑笠をつけて風雨の中を歩き、土地の者たちに笑われるとは、いかにも不風流なさまではあるが）

蘇東坡に高潔なる詩情があったればこそ、この「笠屐図（りゅうげきず）」が天下に広まったのだ。

笠に降りかかるのは雪か雨か。
その一滴一滴の音は画くことはできぬ（だから、雨なのか雪なのか判然とせぬ）。

○東坡＝南海に左遷されていたときの蘇東坡を描いたもので、「東坡蓑笠図」「東坡笠屐図（りゅうげきず）」ともいい、酒に酔った蘇東坡が蓑笠をつけて風雨の中を歩く姿で描かれる。『中華若木抄』江西の「東坡戴笠図」の抄に、「東坡ガ南方へ流サレテアル時ニ、不思儀ナ（＝粗末な）笠ヲ衣（き）テ、蛮村ニ伶俜（サマヨ）ウ処を画図ニ写シタル也。哀レナル体（てい）也」。

○詩思元令人骨清＝韋応物の「休日訪人不遇」（『三体詩』に収める）に「九日駆馳して一日閑なり、君を尋ねて遇わず、又た空しく還る。怪しみ来たる、詩思の人骨を清くすることを、門は寒流に対し雪は山に満つ（九日駆馳一日閑、尋君不遇又空還。怪来詩思清人骨、門対寒流雪満山）」をふまえる。『三体詩由的抄』に、「朝廷ニ仕フル身ナレバ、常ニ急ガハシク、此間九日、世務官事ノタメニ奔走セシガ、今日一日官暇ヲ得テ閑ナレバ、遥々思ヒ立チテ君ヲ尋ヌルニ、折フシ他出セラレシ故ニ、又空シク立チ還ルトナリ。我平生、君ガ詩ヲ見ル毎（ごと）ニ、詩中ノ情思清潔ニシテ、見ル人ノ骨髄マデモ一洗シテ、キヨフスルヲ、怪シク思ヒシガ、今、其ノ道理ヲ知リ得タリ。如何トナレバ、此ノ隠居ノ境致、塵俗ヲ離レタル処ニテ、門前ニハ寒冽ノ清流アリ、屋後ノ山ニハ白雪満チテ高潔ナリ。此ノ景ニ向ツテ胸中ノ詩思ヲ吐出スル故ニ、人ノ骨髄マデモ清ウスルハ尤モナリト、会得シタルナリ」。「怪来」は、どうして～なのかと思っていたが、なるほど道理で……ということか、という義。

○滴々声々画不成＝「夜半鐘声画不成」「遠寺鐘声画不成」などというところ。音ばかりは描くことができぬ。

―【一四六】―

東坡
臨水登山十縣村、吟行日日欲黄昏。
蹇驢背上重多少、載得詩囊五百言。

東坡(とうば)
臨水登山(りんすいとうざん)、十県村、吟行(ぎんこう)、日日、黄昏(こうこん)ならんと欲す。
蹇驢背上(けんろはいじょう)、重きこと多少ぞ、載せ得たり、詩囊(しのう)五百言。

〈訳〉
各地の山水の名勝を経巡ること、十幾県ばかりであったろう。
毎日、詩を吟じつつ歩き、すでに黄昏になろうとしている。
ロバに跨っておるが、さぞ重いことであろう。
五百言もの詩が入った詩囊を載せておるのだから。

○臨水登山＝山水の名勝を経巡ること。
○蹇驢＝本書前出［八三］。
○載得詩囊五百言＝「詩囊」は「吟囊」とも。李商隠の『李長吉小伝』に「恒(つね)に小奚奴(しょうけいど)（従者）を従え、疲驢(ひろ)に騎る。一つの古き破錦囊(はきんのう)を背い、遇(たま)たま得る所有れば、即ち書して囊中に投ず」。今はたくさんの作品ができたことを詩的に表現するのみ。「五百言」は、たくさんの詩のこと。蘇東坡「壬寅二月、詔有り、郡吏をして分かって属県に往いて囚禁を減決せしむ。十三日、命を受けて府を出でしより、宝鶏、虢、郿、愔、筠の四県に至る。既に事畢って、因みに太平宮に朝謁し、南渓渓堂に宿し、遂に南山に竝んで西のかた楼観・大秦寺・延生観・仙游潭に至り、十九日乃ち帰る。詩を作ること五百言。以て凡そ経歴せし所の者を記して子由に寄す」という詩がある。

【一四七】

東坡

渓聲許汝廣長舌、山色説何清淨身。
未出匡廬無事甲、破笠瘦筇求友人。

東坡

渓声、汝に許す広長舌なることを、山色、何の清浄身をか説く。
未だ匡廬の無事甲を出でざるに、破笠瘦筇、友人を求む。

〈訳〉

渓声がいくらでも広長舌なることはよいとして、

山色がどうして清浄身を説き八万四千の偈を作ろうか。
〈渓声山色のこの詩を作ったのは、昭覚の常総禅師のところだったが、その昭覚寺の〉
無事安閑のところをまだ出てもいないのに、
また友人を求めて、破れ笠をかぶり杖をついている。

○渓声許汝広長舌、山色説何清浄身＝蘇東坡の投機の偈とされる「東林の総長老に贈る」の「渓声便是広長舌、山色豈非清浄身」をふまえる。『普灯録』二一賢臣門に「内翰蘇軾居士、字は子瞻、東坡と号す。東林（廬山）に宿する日、昭覚の常総禅師と無情の話を論じて省有り。黎明に偈を献じて曰く〈渓声便ち是れ広長舌、山色豈に清浄身に非ざらんや。夜来八万四千の偈、他日如何が人に挙似せん〉」。「滔滔と流れる谷川の音、それがそのまま、如来の説法に他ならぬ。緑深い山の景色、これが、み仏のお姿。夜どおし説かれた、この八万四千偈の教えを、どのように人に示すことができようか」。

○未出匡廬無事甲、破笠痩筇求友人＝「匡廬」は廬山。「無事甲」は無事閤、無事夾とも。『諸録俗語解』に「閤ハ奥ノ小ザシキ、或イハ物オキ也。無事甲ハ、無用ノ処ト訳スベシ」。また「無事処、無用処」の意もある。『燕南記譚』「無事甲裏」に「僧者問う〈無事甲中に颺在すること多年と、何の義ぞ〉。答う〈必竟、空閑の処に閣くの義なり。無事甲とは、唐土の風に、書架を構うる者一重二重にす、所以に甲乙丙丁をもて次第と為す。常に用うること無き物は、最上の甲字の棚に颺置す。仍って無事甲と曰う。伝抄に異説あるも、今、明僧の話、恰好なり」。今、ここでは昭覚寺の常総禅師のところを指して「無事甲」という。

【一四八】

遠法師

淵明修靜共同行、橋上過來奈社盟。
醉裏乾坤廣長舌、笑談忽作虎溪聲。

遠法師

淵明、修静と、共に同じく行いて、橋上を過ぎ来たる、社盟を奈せん。
酔裏、乾坤広長舌、笑談、忽ち虎渓の声を作す。

〈訳〉

陶淵明、陸修静と三人一緒に話しながら歩み、つい橋を渡ってしまったのだが、（遠法師は）橋を渡らぬことにしていたのに、これはまたどうしたことか。（ひとり例外として酒を許されていた陶淵明は）酔うて乾坤の広長舌を聞いていたが、三人して笑い談じているうちに、（乾坤の広長舌が）たちまち虎渓の声となった。

○遠法師＝いわゆる「虎渓三笑」。陸修静、かつて陶淵明、僧慧遠と廬山に結社をつくる。『仏祖統紀』巻二十六、浄土立教志、第十二之一、百二十三人伝に、「陸修静は呉興の人なり。蚤に道士と為り、館を廬山に置く。時に遠法師、東林に居す。其の処に流泉、寺を匝り下って渓に入る。客を送るごとに此に過ぎれば、輙ち虎有って号鳴す。因って虎渓と名づく。後、客を送って未だ嘗て過ぎず。独り陶淵明と修静と至る。道を語って契合せり、覚えず渓を過ぐ。因って相い与に大笑す。世に伝えて三笑図と為す」。『蓮社高賢伝』、『事文類聚』前集、巻三十五にも。

『輟耕録』巻三十、「三笑図」に、「楊鉄厓が云く〈坡翁、石恪が画く所に跋す、以為えらく、三人皆な大笑。衣服冠履に至って、皆な笑態有り、其の後の童子も亦た知ること罔くして大笑す〉と。永叔が書室に三笑を壁に図す。石恪が作る所を想見するに、此と異なること無しと。然れども坡翁の跋する所、三笑は誰と為すとは言わず。山谷のみ特り実に遠公、陶、陸が事を以てす。陳賢良舜兪の廬山記にも亦た謂う。世を挙げて之を信とす。趙彦通という者有り、廬岳独笑の一篇を作って謂わく〈遠公、脩静と同時ならず〉と。楼攻媿も亦た言わく〈脩静は元嘉の末に始めて廬山に来たる、時に遠公亡くなって已に三十余年、淵明亡くなっても亦た二十余年、其の時を同じうせざること信なるかな〉。世、訛を伝えて往往に此の如し。坡翁をして之を見せしめば、亦た当に絶倒すべし」。

○橋上過来奈社盟＝「社盟」は「客を送って未だ嘗て過ぎず」ということ。

○酔裏乾坤広長舌、笑談忽作虎渓声＝ここのところ、主格をとらえにくい。「酔裏」は陶淵明。「笑談」は三人。「広長舌」にして「虎渓の声を作す」のは乾坤。

『祖庭事苑』攢眉に「遠法師、白蓮社を結ぶ。嘗て書を以て陶淵明を召す。陶曰く〈弟子性酒を嗜む。法師若し飲むことを許さば即ち往かん〉。遠、之を許す。遂に造る。遠、因って勉めて社に入らしむ。陶、眉を攢めて去る。盧阜雑記に見ゆ」。『堯山堂外紀』十二、「陶潜紀に曰く、廬山の釈慧遠、社を東林に結び、祕書丞の謝霊雲、山後に二池を鑿り、白蓮を植え、呼んで蓮社と曰う。潜、慧遠と素より方外の交わりを為す。而して蓮社の列に与らず。一日、慧遠に過り、甫く寺に及ぶ。鐘声を聞いて覚えず顰容し、遽に命じて駕を返す。法眼禅師、晩参示衆に云く〈今夜鐘声を聞いて復た来たる、何の事か有る。若し是れ陶淵明ならば、眉を攢めて回り去らん〉と。此れ法眼、特に陶公の為に揶揄するなり」。

【一四九】

老子

獨愁澆季到關門、高跨青牛勞脚痕。
本是虚無自然底、遺經那渉五千言。

老子(ろうし)

独(ひと)り澆季(ぎょうき)を愁えて関門(かんもん)に到る、高く青牛(せいぎゅう)に跨(また)って脚痕(きゃっこん)を労す。
本(も)と是れ虚無自然底(きょぶじねんてい)なるに、遺経(ゆいきょう)、那(なん)ぞ五千言に渉る。

〈訳〉

徳の衰えた末の世をひとり愁えて、函谷関にやって来た。
黒毛牛に跨って（函谷関を越えてさらに）西に向かうとは、さぞお疲れさん。
もともと虚無自然(きょぶじねん)を教えて来たのに、
どうしてまた五千言にもわたる道徳経を残したのか。

○老子＝「老子出関図」「老子度関図」。老子は晩年、青牛車に乗って函谷関を過ぎ、西域に入ったといわれる。しばしば騎牛の姿でも描かれる。『高士伝』上に「老子、姓は李、名は耳、字は伯陽、陳人なり。殷の時に生まれて、周の柱下の史と為る。後に周の徳衰う。乃ち青牛車に乗り、去って大秦に入る。西関を過ぐるに関令の尹喜、気を望んで先に知る。乃ち物色して（＝人相をみて）之を遮り候って、強いて書を著わさしむ。道徳経五千余言を作る」。
○高跨青牛労脚痕＝青牛は黒毛牛。
○本是虚無自然底＝『老子』虚無第二十三、「希言は自然なり。飄風は朝を終えず、驟雨は日を終えず。孰か此を為す者ぞ。天地なり。天地すら尚お久しきこと能わず、而るを況んや人に於いてをや」。

【一五〇】
尹喜
曾在散關爲令時、行仁隱德莫人知。
眼中紫氣易其色、白髮老翁開白眉。

尹喜

曾て散関に在って令たりし時、仁を行じ徳を隠す、人の知る莫し。
眼中の紫気、其の色を易う、白髪の老翁、白眉を開く。

〈訳〉
散関で函谷関を取り締まっていたときに、

仁もて治め、その徳を隠していたので、それを知る者はなかった。
しかし尹喜の眼は聖人の徴である紫気を察知し、
老子を迎え、（道徳経五千余言を作らしめ、自らは弟子となったので）
白髪の老翁である老子も、ここに（知己を得て）愁眉を開いたのだった。

○尹喜＝戦国、秦の人。函谷関の尹となる。老子の西遊にあたり、道徳経五千言を授けられ、老子とともに西去して処を知らず。『関令伝』「老子、関を度る。関令尹喜、先に門吏に敕して曰く〈若し老翁の東より来たって青牛薄板車に乗る者有らば、関を過ぐることを聴すこと勿かれ〉と。其の日、果たして老翁の青牛車に乗って関を度ることを求むるを見る。関吏入って白す。喜曰く〈諾、道、今来たれり、我れ聖人を見る〉と。即ち印綬を帯びて、出でて迎え、弟子の礼を設く」。
○曾在散関為令時＝「散関」は地名、大散関とも。秦蜀往来の要衝。
○眼中紫気易其色＝「眼中」は尹喜に係る。「紫気」は「紫気東来」、老子の故事。これより聖人の来る予感、予兆。
○白髪老翁開白眉＝ここの主格は老子。「開眉」は、愁いをとく、安心する。

【一五二】

龐居士

吸盡西江行水窮、豁開胸次叫心空。
心空及第有何益、製笊籬勞幾手工。

龐居士

西江を吸尽して、水の窮まるに行き、胸次を豁開して、心空と叫ぶ。

心空及第、何の益か有る、笊籬を製して、幾くか手工をか労す。


〈訳〉


〈馬大師に「汝が一口に西江の水を吸尽するを待って、即ち汝に向かって道わん」といわれ〉

その西江の水を一口に吸尽して、その水の窮まるところに至り、
カラリと胸中が開けて、心空及第せりと叫んだ。

しかし、心空及第したところで、いったい何の益があろうか。

笊籬を作るのを生業にして、どれほどか苦労しているというのに。

○龐居士＝『聯灯会要』巻六、龐蘊居士章「士、石頭に問う〈万法と侶たらざる者、是れ什麼人ぞ〉。頭、手を以て士の口を掩う。士、此に於て省有り。後に馬大師に問う。大師云く〈汝が一口に西江の水を吸尽するを待って、即ち汝に向かって道わん〉。士、言下に大悟す。乃ち偈を述べて云く〈十方同聚会、箇箇無為無為を学ぶ。此は是れ選仏場、心空及第して帰る〉」。

○行水窮＝「行いては到る、水の窮まる処」。『句双葛藤鈔』「行到水窮処、坐看雲起時」の注に「安閑無事無心底ノ作用也」。『虚堂録犂耕』に「是れ那一人の神通妙用なり。行到水窮処〈独り往く処〉坐看雲起時〈自知する処〉」。もとは『三体詩』、王維「終南別業」の第三聯。「中歳、頗る道を好む、晩に南山の陲に家す。興来た

れば毎に独り往く、勝事空しく自ら知る。行到水窮処、坐看雲起時。偶然、林叟に値い、談笑して還期を滞らしむ」。『三体詩由的抄』に、「我、歳半百ヨリ仏道ヲ信ジテ、頗ル之ヲ好メリ。然ル故ニ、晩年ニ至テハ、終南山ノホトリニ家居シテ、禅味ヲアヂワウナリ。……別業ニ在ツテ世事ニカカハラズ、常ニ安眠高臥ノ体ナルガ、眠サメテ興ノ来ル時ハ、常ニ独リ往イテ、ココカシコ、徜徉徘徊シテ楽シムナリ。勝事アリトイヘドモ、他ニ知人ナケレバ、空シク自知（スル）バカリナリ。或ル時ハ水窮処ノ水源ニ至リ、或ル時ハ坐シテ雲ノ起ルヲ看テ、其ノ無心ニシテ以テ岫ヲ出ル意思ヲ了ズルナリ」。

○製笊籬労幾手工＝『五灯会元』巻三、襄州居士龐蘊章、「元和中、北のかた襄漢に遊び、処に随って居す。女有り霊照と名づく。常に竹漉籬を鬻いで以て朝夕に供す」。

【一五二】

龐居士

心空及第所何成、製笊籬來勞幾精。
露宿風飡飽休去、西江吸盡腹膨脝。

龐居士

心空及第、何の成す所ぞ、笊籬を製し来たって、幾くか精をか労す。
露宿風飡、飽いて休し去る、西江吸尽して、腹膨脝たり。

〈訳〉
心空及第したところで、いったい何になるか。
笊籬作りで、どれほど苦労して来たことか。
風飡露宿して、もはや飽いて休竭したことであろう。
西江の水を一口に吸い尽くして、腹いっぱいなのだから。

○露宿風餐＝風餐露宿。風吹きすさぶ野外で食事をし、露水したたる下に野営する。旅途の艱難辛苦をいう。宋、蘇東坡の「将に筠に至らんとして、先に遅・適・遠の三猶子に寄す」詩に「露宿風餐、六百里、明朝は馬に飲まさん、南江の水」。また范成大の「元日」詩に「饑えれば飯、困すれば眠る、全体懶し、風餐露宿、半生の癡」。禅門では、行脚、聖胎長養などをいう。

【一五三】 坤の巻［五六九］

潘閬跨驢　驢現半體
一驢露半身、頭正尾不正。仰望愛三峯、此老幾吟詠。

潘閬、驢に跨る　驢、半体を現ず
一驢、半身を露わす、頭正しけれども尾正しからず。

仰ぎ望んで三峰を愛す、此の老、幾吟詠ぞ。

〈訳〉
体半分だけ出した驢馬。
これでは「頭正しうして尾正しからず」じゃ、終始一貫せぬではないか。
華山三峰の佳景を仰ぎ見ながら、
この老人、どれほど名吟ができたことか。

○潘閬跨驢　驢現半体＝華山の風光をあくまで愛し、驢馬の顔を見るより、青山をよく見て詩を吟ずるために、後ろ向きに驢馬に乗ったという潘閬。詩に「頭正尾不正」とあるから、驢馬の後ろ半身が画面にはない。潘閬は、宋大名の人。逍遥子と号し、詩を能くした。華山の潘処士と云われ、その不羈奔放の人柄が、『夢渓筆談』二十五、『湘山野録』下、「尚友録」などに載る。「潘閬倒騎驢」の語あり、禅録に頻出し、『禅林方語』には「這の畜生の面を見るを要さず」「畜生の面を見ることを免る」「熟境は忘れ難し」などの解を載せる。また、「梵志翻著襪、潘閬倒騎驢」の語もあり、この場合は順逆自在といった意。潘郎、潘老などとも書かれる。『大覚禅師語録』に「嗟するに堪えたり、院主鬢眉を堕すことを、華岳、貪り観んと却って倒まに騎る」、また「眸を抬げて貪り看る、華山の秀、覚えず驢を将て却って倒まに騎る」と。これは、詩趣をもよおす美しい華山の風光を貪り観て後ろ向きに驢馬に騎るところ。
○頭正尾不正＝「頭正尾正」は始めも終りもよし。『碧巌録』五十六則、本則の下語。坤の巻［五七四］潘閬倒騎驢図に「忽せに三峰の風景の奇なるを愛す、頭を回らして幾度か詩を題せんと欲す」。
○仰望愛三峰、此老幾吟詠＝「三峰」は、華山の蓮華峰、毛女峰、松檜峰。潘閬の詩に「高く愛す、三峰の太虚に挿すを、頭を回らして仰ぎ望み、倒まに驢に騎る。傍人大笑するも、他の笑うに従す、終に家を此の居に向かって移さんと擬す」。「挿」は、天にささるように聳えること。

【一五四】 坤の巻［六二〇］

潘閬跨驢
坐愛風光聳痩肩、倒乗驢背擧吟鞭。
吟鞭日日無多子、華山千尋得一聯。

潘閬、驢に跨る

坐ろに風光を愛し、痩肩を聳やかす、倒まに驢背に乗って吟鞭を挙す。
吟鞭、日日、多子無し、華岳、千尋、一聯を得たり。

〈訳〉
この華山の風光を愛でんがため、驢馬に後ろ向きに乗って、
（一句、吟ずるために）肩を聳やかして鞭を手にする。
毎日、鞭を手にして華山を尋ねているが、なになに、何の造作もない。
この奥深い山を経めぐれば、たちまち一聯の詩ができるのだから。

○坐愛風光＝「坐」は、「そぞろに」。確たる心構えも目的もなく、ごく自然に。気付いたらそうなっていた。
○聳痩肩＝詩人が苦吟するさま。蘇東坡「写真の何充秀才に贈る」詩に「又た見ずや、雪中、驢に騎る孟浩然、眉を皺めて詩を吟じ、肩、山のごとくに聳かす。……」。『四河入海』に「一云、世間ニ画ニ孟浩然ヲカクガ、其カ（ク）ナリハ、皺眉吟肩聳山ゾ。……聳山ト云ハ、山字ノナリナゾ。両肩ガ高テ中ニ頭ガ有程ニ、山字ニ似タゾ。……」。
○吟鞭日日無多子＝「吟鞭」、詩人が持つ鞭。「無多子」は、『臨済録』「元来（がんらい）、黄檗の仏法、多子無し」。「無多子」は、あれこれ複雑でこみいったことはない、といった意。白隠『碧巌録秘抄』「無多子」に、「黄檗ノ仏法ナコトト思ツテ居タラ、明ケテミタレバ猫ノ糞哉」。
○華岳千尋得一聯＝「千尋」は、ちひろ、八千尺。ここでは山の奥深く高いこと。『貞和集』子元祖元の「潘閬」詩に、「国に知音（ちいん）少なし、長年、馬上に吟ず。一聯、天外に得たり、華嶽の幾千尋」。

【二五五】

潘閬跨驢

眼中本知音少、路行獨吟興催。
一心在山頭景、不覺驢馬困來。

潘閬（はんろう）、驢に跨（また）る

眼中（がんちゅう）、本より知音（ちいん）少（まれ）なり、路行（ろこう）、独（ひと）り吟興（ぎんきょう）催す。

一心、山頭の景に在り、驢馬の困じ来たるを覚えず。

〈訳〉

（逆さまに驢馬に乗って日がな一日）路すがら、ひとりで作詩に熱中しておる。
（この男が何を見て何を思っておるのか）その眼中をみてとる知音は稀であろう。
彼の関心はただただ、山々の風景にある。
だから驢馬がくたびれ果てることにもおかまいなし。

○眼中本知音少＝難解。「眼中」が誰に係るか。「知音少」と二句の「独」とが対応しているとして、日がな一日、後ろ向きに驢馬に乗っている風変わりな潘閬が、何を見て何を考えているのか、その眼中の色を真に見てとる「知音」は、まずはまれである、と解した。

【一五六】

杜子美

相跨吟驢背上時、莫言野客鬢如絲。
毎因風景忘形去、高聳痩肩將賦詩。

杜子美（とし び）

相跨って驢背上に吟ずる時、言うこと莫かれ、野客、鬢は糸の如しと。
毎に風景に因って形を忘じ去り、高く瘦肩を聳やかして将に詩を賦さんとす。

〈訳〉

（大いなる宮廷詩人の杜甫が）驢馬にまたがって吟ずる時は、
鬢が白くなった在野の老人みたいだ、などと言うなかれ。
こうしていつも風景に没頭し物我の境を超脱して（無為自然の道と一体になって）
瘦肩を高く聳やかして、名吟を作ろうとしているのだから。

○杜子美＝杜甫騎驢図。杜甫の「奉贈韋左丞丈二十二韻」詩に「騎驢三十載」、「示従孫済」詩に「平明、驢に跨って出づ、未だ知らず誰が門に適くかを（平明跨驢出、未知適誰門）」などとあるのをふまえた詩壇の佳話。また、多く絵にも描かれる。坤の巻［六七七］「杜子美、驢に跨って回顧する図」に、「詩中の風景、那辺にか在る、高く吟肩を聳かして自ずから忘然。驢脚、疾走を為す心無し、這の翁、後を顧みて前を瞻ず」。

○相跨吟驢背上時、莫言野客鬢如糸＝「野客」は仕官していない人。杜甫は宮廷に使えた詩人であったが、いまは謫せられた身。

○毎因風景忘形去＝風景にみとれておのが存在を忘れる。「忘形」は、わが肉体あるを忘れる。さらに高次には、物我の境を超脱して無為自然の道と一体になる。

○高聳瘦肩将賦詩＝「高聳瘦肩」は、詩人が苦吟するさま。本書前出［一五四］に引いた、蘇東坡「写真の何充秀才に贈る」詩。

【一五七】

杜子美

拾遺子美、破笠生涯。騫驢可重、載幾詩思。

杜子美

拾遺子美、破笠の生涯。騫驢、重かる可し、幾詩思をか載す。

〈訳〉

拾遺の官名をいただく子美さんよ、
（仕官したこともあったが）破れ笠をかぶって驢馬にまたがって詩作したのがその生涯。
不格好に歩くこの驢馬、さぞかし重たいことであろう。
いったい、どれほど多くの詩興をば載せていることか。

○拾遺＝唐宋代の諌官のひとつ。君側にあって朝政の欠けたるを補い、遺を拾って、天子の過失を諌める官。
○破笠生涯＝「生涯」には複義がある。①生命、人生、②生活、③生計、④財産、⑤生意（活気）、⑥生機（活機）。ここでは「破れ笠をかぶって（驢馬に乗った）境遇、日暮らし」。

【一五八】 坤の巻［六〇四］

太公望
寂寞濱邊舟自横、老翁八十寄斯生。
一竿輕釣周天下、天下從是得大平。

太公望(たいこうぼう)
寂寞(じゃくばく)たる浜辺(はまべ)、舟自ら横たう、老翁八十、斯(こ)の生(せい)を寄す。
一竿(いっかん)、軽(かろ)く周の天下を釣る、天下、是より太平を得たり。

〈訳〉

人気のないひっそりとした水辺に舟をつなぎ、隠棲している八十の老翁。

（のんびりと釣る気もなさそうに糸を垂れている、これぞ太公望。やがて周の文王に迎えられて、その師となって、王を助けて殷を亡ぼしたのだが）

（直鉤をつけた無欲の）釣竿一本で周の天下を釣り上げ、太平の世界をもたらしたのだ。

○太公望＝周の政治家、呂尚のこと。渭水のほとりで釣をしていて、周の文王に見出され、その師となり、文王・武王を助けて殷を亡ぼした。周祖太公がまち望んでいた人物という意で「太公望」と称される。『史記』斉太公世家、「西伯猟し、果たして太公に渭陽に於いて遇う」。『尚書中候』「太公、磻渓の水に即(つ)いて其の涯に釣す。……周の文王、出でて猟して之に遇見す。問うて曰く〈鉤を水に沈む、何ぞ鉤を直にせしむる、如何ぞ魚を得ん〉。子牙曰く〈命を負うの魚を取らん〉。〈老人、此に在って釣り来たること幾時ぞ〉。曰く〈今一年を経る〉。又た問うて曰く〈何の児息か有る〉。〈妻息無し、妻息の無きことを憂えず、只だ国に王無きことを憂う〉」。『武王伐紂』平話に「姜尚、命に因って守たりし時、直鉤もて渭水の魚を釣る。好餌の食を用いず、水面を離るること三尺、尚、自ら言いて曰く〈命を負う者、鉤に上り来たれ〉」。

○寄斯生＝隠棲すること。杜甫の「村夜」詩に、「樵漁に此の生を寄す（樵漁寄此生）」。宋の王安石が拝相の日に窓に題したという詩に「霜筠雪竹、鍾山寺、老を投じて帰らんか、此の生を寄せん（霜筠雪竹鍾山寺、投老帰歟寄此生）」。

【一五九】

巣父許由

兩箇胸襟如死灰、人間得喪果塵埃。
千尋漲落穎川水、一洗唐堯天下來。

巣父許由

両箇の胸襟、死灰の如し、人間の得喪、果たして塵埃。
千尋漲り落つ、穎川の水、唐尭の天下を一洗し来たる。

〈訳〉

この二人の胸のうちは、無欲で名利には何の興味もない、
俗世間の儲けたの損したのという念などは、塵屑も同然。
百尺の高さから漲り落ちる潁川の流れが、
（徳化が行われた）唐堯の天下を一洗する。

○巣父許由＝「巣父飲牛、許由洗耳」。『高士伝』、「許由、潁水の陽に耕す。堯、召して九州の長に為さんとす。由、之れを聞くを欲せず、耳を潁水の浜に洗う。時に巣父、犢を牽いて之れを飲ましめんと欲す。由の耳を洗うを見て、〈我が犢の口を汚さん〉と曰って、犢を上流に牽いて之れに飲ましむ」。

○如死灰＝無欲で名利に心を動かさぬこと。『荘子』斉物、「心固うして死灰の如からしむ可し」。

○唐堯天下＝古代の聖天子である唐堯。理想的な徳化が行われ、民はなべて善良であったという。

【一六〇】

巣父許由

非唯洗耳濁清流、況又教人渇老牛。
回首潁川千尺瀑、認來巣許如名浮。

巣父許由

唯だ耳を洗って清流を濁すのみに非ず、況んや又た人をして老牛を渇(かわ)かしむるをや。

首(こうべ)を回(めぐ)らせば、穎川千尺(えいせんせんじゃく)の瀑(ばく)、巣許(そうきょ)、名の浮くが如きを認め来たる。


〈訳〉


（許由は）ただ耳を洗って清い流れを濁しただけではない。

また、巣父をして老牛に水を飲まさせず、（牛を）渇かせることにもなった。

振り返り見れば、穎川の千尺の滝に、二人の高士の名が浮かんでいるようだ。

（『礼記』には「名、行に浮(す)ぐ」とあるが、行ないに過ぎる名声を得たというものだ）。

○認来巣許如名浮＝底本では「姓名浮」とするが、横岳文庫本、正宗寺本によって「如名浮」にあらためた。『礼記』表記に、「恥名浮於行」とあり、これは「名、行に浮(す)ぐ」と訓んで、「名声が実際の行い以上である」という意味。「浮」は「過（すぎる）」の意。「名の浮く」はまた、「瀑布の水に浮く」意味をもあわせ表わす。

【一六一】

陶淵明　對菊花

隱逸心深元亮家、獨嫌比屋事豪奢。

解言富貴非吾願、塵視姚紅（黄）愛此花。

陶淵明　菊花に対す

隠逸の心は深し、元亮の家、独り嫌う、比屋、豪奢を事とすることを。

言うことを解す、富貴は吾が願いに非ずと、姚黄を塵視して此の花を愛す。


〈訳〉


（濂渓先生は「愛蓮説」で「菊の花の魅力は隠逸にある」といわれたが）

陶元亮こそは、その隠逸の精神がわかっていた男。

（羅鄴の「牡丹」詩に「この花の咲く時期になると、「家々、軒並みにこの花を植えて豪奢を誇る」とあるが）

元亮さんよ、あなただけは、そのような豪奢を誇ることを嫌っておられた。

だから、（「帰去来辞」の中で）「富貴は吾が願いに非ず」といわれ、

（濂渓先生が富貴の花とする）牡丹には目もくれずこの（隠逸の）花を愛したのだろう。

○陶淵明対菊花＝陶淵明「飲酒」詩五の「採菊東籬下、悠然見南山」を描いたもの。この「見」字については古くから説がある。『詩林広記』巻一、陶淵明の条に「蔡寛夫が詩話に云く、〈采菊東籬下、悠然見南山〉。此れ其の閑遠自得の意、直ちに超然として宇宙の外に邈出するが若し。俗本に多く〈見〉を以て〈望〉字に為す。若し爾るときは則便ち裳を褰げて足を濡らすの態有り。乃ち知る、一字の誤り、理を害すること此の如き者の有ることを」。また『詩人玉屑』巻十三に「東坡以えらく……無識の者、〈見〉を以て〈望〉と為す。啻に碔砆と美玉とのみにあらず」。蘇東坡の「書諸集改字」に「陶潜が詩〈採菊東籬下、悠然見南山〉。菊を採るの次い

で偶然として山を見るなり。初めより意を用いずして境と意と会する、故に喜ぶ可きなり。今皆な〈望南山〉に作る」。

○隠逸心＝宋、周敦頤（茂叔、濂渓先生、一〇一七〜七三）の「愛蓮説」（『古文真宝後集』収）。「水陸草木の花、愛す可き者、甚だ蕃し。晋の陶淵明、独り菊を愛す。李唐より来、世人、甚だ牡丹を愛す。予のみ独り蓮を愛す。之が淤泥より出でて染まず、清漣に濯われて妖ならず、中は通り外は直く、蔓せず枝せず、香遠くして益ます清く、亭々として浄く植ち、遠く観る可くして、褻翫すべからざず。予謂うに、菊は花の隠逸なる者なり、牡丹は花の富貴なる者なり、蓮は花の君子なる者なり。噫、菊を之れ愛するは、陶の後、聞く有る鮮し。蓮を之れ愛する、予と同じき者は何人ぞ。牡丹を之れ愛する、宜しく衆かるべきかな」。

○独嫌比屋事豪奢＝「比屋事豪奢」は、『三体詩』羅鄴の「牡丹」詩に「落尽春紅始見花、花時比屋事豪奢」。第二句は「家々、軒並みにこの花を植えて豪奢を誇る」ということ。羅鄴の「牡丹」詩、『素隠抄』に一二句を「春三月ノ花ドモガ皆落尽シテ後、四月ノ初メ時分ニ、此ノ花ヲ見タゾ。サテ此ノ花ノ時節ニハ、京都ノ人ハ貴ト無ク賤ト無ク、ソレゾレノ家ニテ花見ノ会ヲナシテ、豪放奢侈ナル体ヲナスゾ。比屋トハ、五家ヲ比ト為ス、ヂヤホドニ、家五ホドアレバ、ハヤ花見ノ会ヲシテヲゴルゾ」と解す。この二句、都の奢った風を意味する。『由的抄』では、「……此ノ華ノ時ハ、洛陽ハ言ニ及バズ、其ノ余ノ国郡マデモ、門々戸々、皆、華ノタメニ其処ヲカザリ、或ハ華見ニアリクトテ、豪気奢意ヲ事トスルナリ」。

○解言富貴非吾願＝「解言」は「言うことを解す」と訓ずる。「解道」ともいい、誰かの言を引用するときに用いる語。すなわち、陶淵明「帰去来辞」に「富貴非我願、帝郷不可期」とあるのを引いたもの。また「富貴」は、右に引いた「愛蓮説」に「牡丹花之富貴者也」とあるように、牡丹の花言葉。

○塵視姚紅愛此花＝「塵視」は、もののかずともせぬ。「姚紅」は「姚黄」であろう、牡丹のこと。牡丹の名花の異名。「姚黄魏紅」ともいう。姚家の黄牡丹、魏家の紅牡丹ということ。欧陽脩「洛陽牡丹記」に「姚黄花は、千葉の黄花、民姚氏の家に出づ。……魏紫花は千葉の肉紅花、魏相、仁溥の家に出づ」。

【一六二】

山谷

花遜翁耶翁遜花、徳香吹起九衢涯。

善人自在芝蘭室、萬古風流屬一家。

山谷(さんこく)

花、翁に遜(ゆず)るか、翁、花に遜(ゆず)るか、徳香(とくこう)吹き起こす、九衢(きゅうく)の涯(はて)。

善人、自ずから芝蘭(しらん)の室に在り、万古(ばんこ)の風流(ふうりゅう)、一家に属す。


〈訳〉

(この香気あふれる蘭の)花は、
翁に(徳を)ゆずるとしたものか、それとも翁が花に(徳を)ゆずるとしたものか。

(いずれ劣らぬ)徳の香が俗世の果てまでも吹き起こる。

孔子は「善人とともに居ることは芝蘭の室に入るようなもの(いつしかそのよい香りに感化される)」といわれたが、まことにそのとおり。

古より(花の香の徳風を愛でる)風流は、ともに同じ仲間である。

○山谷＝黄山谷といえば、木犀の香を聞いて悟道したことで知られるが、『欠伸稿』のここの編成は、前に「陶淵明対菊花」があり、さらにこのつぎには「林逋」がある。これらの編成順および賛詩の内容から考えるに、ここでは「山谷木犀」の故事ではなく、俗に「山谷愛蘭」といわれたことをふまえた作。（元の）虞集の「四愛題詠序」に「陶潜は菊を愛し、周茂叔は蓮を愛し、林逋は梅を愛し、黄魯直は蘭を愛す」とある。これを「四愛」という。ただし、陶淵明、周茂叔、林逋の場合のように、その花そのものを愛好するという直接の作品は黄山谷には見当たらない。黄山谷に関して蘭といえば、「幽蘭賦」という書がある（拓本で残る）が、「幽蘭賦」は唐の韓伯庸の作である。

しかし、「四愛題詠序」にもとづいて、禅門には「四愛図」というものがある。大徳寺聚光院には「四愛図屛風」がある。ほかにも「四愛図」は多くある。

『翰林五鳳集』策彦の「山谷愛蘭図」に「涪叟皤然、暮景斜めなり、蘭を養って、好し老生涯を寄するに。西川東洛、党を分かつと雖も、塵裡、閑を偸んで此の花を愛す」。同じく策彦の「四愛堂」に「蓮は濂渓に属す、君子の愛、蘭は山谷に関わる、弟兄の情。風流遠からず、晋と宋と、梅に清香有り、菊に英有り」。

○花遜翁耶翁遜花＝この句からしても「山谷木犀」の故事にはつながりにくい。

○徳香吹起九衢涯＝「九衢」は都。ただし「出九衢」「九衢外」「莫混九衢塵裏塵」などと用いられるように、俗世のことをもいう。黄山谷「子瞻継いで和す、復た答う」二首の二に「一炷烟中の意を得、九衢塵裏に閑を偸む」とある。ただし、これは花の香ではなく香烟のことをいう。

○善人自在芝蘭室＝『孔子家語』に「善人と居るは芝蘭の室に入るが如し、久しうして其の香を聞かず、即ち之と化す。不善の人と居るは鮑魚の肆に入るが如し、久しうして其の臭を聞かず、亦た之と化す」。

○万古風流属一家＝右に引いた策彦の「四愛堂」に「風流遠からず、晋と宋と」という趣旨。

【二六三】

林和靖

吟來香影一聯詩、處士才名今古奇。
鶴也白兮梅也白、孤山山下雪生涯。

林和靖(りんわせい)

香影(こうえい)を吟じ来たる一聯(いちれん)の詩、処士(しょし)の才名(さいめい)、今古(こんこ)奇なり。
鶴も也(ま)た白、梅も也(ま)た白、孤山山下(こざんさんか)、雪の生涯(しょうがい)。

〈訳〉

「疎影横斜(そえいおうしゃ)、水清浅(せいせん)、暗香浮動(あんこうふどう)、月黄昏(こうこん)」という一聯で、梅花の影と香りを謳った。それによって処士の素晴らしい才名が今に至るまで称えられている。

(彼が)子のよう愛した鶴も、妻のように愛した梅もともに白。孤山で雪のような生涯をつらぬいたのが、この処士である。

○林和靖＝九六七～一〇二八。宋代の詩人、林逋。諡を和靖先生という。西湖の孤山に廬を結び、二十年市に出ず、妻子をもたず、庭に梅を植え鶴を飼っていたので、時人は「梅が妻、鶴が子(梅妻鶴子)」と称した。『宋史』四五七の隠逸伝。

○吟来香影一聯詩＝梅を謳った絶唱とされる、林逋「山園小梅」詩の中のもっとも有名な「疎影横斜水清浅、暗香浮動月黄昏」をいう。上の句が「影」を、下の句が「香」を謳ったもの。

なお「月黄昏」について、無著道忠『虚堂録犂耕』では、「林逋、梅を詠ずる詩に〈疎影横斜水清浅、暗香浮動月黄昏〉と。『葦航紀談』に云く、黄と昏とは、清と浅とに対す。乃ち両字にして一字に非ず。月黄昏と謂うは夜深うして香動く、月之が為めに黄にして昏し。汎ねく人定の時を言うに非ず」という。つまり、「黄昏」はたそがれどきのことではなく、黄色くかつ暗いと言う意。

「山園小梅」詩の全体は、「衆芳揺落して　独り暄妍、風情を小園に占め尽くす。疎影横斜、水清浅、暗香浮動、月黄昏。霜禽下りんと欲して　先ず眼を偸む、粉蝶如し知らば、合に魂を断つべし。幸いに微吟の相狎るるべきあり、須いず、壇板と金尊とを」。

句意は左のとおり、

「百花が凋零した冬でも、梅花だけは美しく艶やかに綻び、この小さな庭の風情を独り占めている。かすかな（梅花の）影が、横に斜めに、清らかで浅い水面に映る。清らかで微かな香気が、おぼろな月色に照らされたあたりにただよう。やって来た鳥が枝に止まるより前に、思わずこの寒梅の麗姿をチラリと見やる。（今はいないが）もし蝶が冬にこんな花があると知ったならば、（その高趣を理解して）きっと魂を断つことであろう。幸いなことに（私はいま）詩を吟じつつ、この花と相い親しむことができるのだ。楽器を鳴らして歌を唱うことも、樽から酒を斟みつつ花を賞することなど必要はない」。

冒頭の句にある「暄妍」という語は従来誤解されることが多い。『諸橋大漢和辞典』にこの山園小梅詩を引いて「あたたかで景色がうつくしい」とある解釈があてはめられて来たからである。また、吉川幸次郎訳（岩波書店、『中国詩人選』）では、「衆くの芳がちりおちたのちの冬の日に、ただひとり暄かく妍かである梅の花。彼女は「風情」もののあわれを占領しつくして、小さな庭園にいる」とある。この訳の影響も大きい。「梅が暖か」ということではいかにも異様であろう。近年の中国における解釈では、「暄妍」は嬋妍（うつくしい）の意に解されている。

○処士才名今古奇＝林逋（九六七～一〇二八）のこの詩は欧陽修（一〇〇七～一〇七二）によって大いに称讃されることになった。

○雪生涯＝丁直卿の「雪後開窓看梅」詩に「梅花の門戸、雪の生涯、皎潔たる窓櫺、自ずから一家。怪しみ得たり、香魂の長えに夢に入るかと、三生の骨肉、是れ梅華」（『錦繡段』収）。『錦繡段由的抄』に、「一二句、雪ノ生涯ニ二説アリ。一説ニハ梅ヲ指スゾ。梅ハ雪中ニ開クモノナレバ、梅ノ生涯ハ雪トナリ。一説ニハ、丁直卿、我身ヲサシテ云フ。雪中ノ梅ヲ愛スル故ニ雪ノ生涯ト云リ。此説可ナリ。言ハ、梅華ヲ門戸トシテ雪中ニ居ル故ニ、我身ハ雪ノ生涯ゾトナリ。雪ト云ヒ梅ト云ヒ、其ノ皎潔相同ジフシテ、窓櫺ヲノヅカラ一家ヲナスゾ。……」。

【一六四】

林和靖

湖山幽栖地、冷杖探風光。爲愛梅花樹、儒林名亦香。

林和靖

湖山幽栖の地に、冷杖もて風光を探る。

梅花樹を愛するが為に、儒林に名も亦た香る。

〈訳〉

西湖の孤山に幽栖して、ひとり杖をついて風光を探る。

こよなく梅花を愛したので、（学者が林立する）文人世界にその名もまた（梅花のように）香った。

○冷杖＝不審。杖の詩語とも思えるが、ほかに用例未見。「冷」「吟」は字形近し。「吟杖」の写誤ではないか。

○儒林＝儒学者の世界。ここでは、学界、文人仲間。「梅花樹」とあるので「林」という。

【一六五】

林和靖

梅花一朶領春風、傑出千英萬卉叢。

坐了孤山佳境地、暗香浮動水瓶中。

林和靖

梅花一朶、春風を領して、千英万卉の叢に傑出す。

孤山佳境の地を坐了す、暗香浮動、水瓶の中。

〈訳〉

一枝の梅花が春風をひとり占めにして、
あらゆる花の中に傑出している。
西湖の孤山という佳境をひとり占めにして（いる林和靖）。
（その風光はさながら）、水瓶の中にただよう清らかで微かな梅の香気そのもの。

○梅花一朶領春風＝「領」は、占有する、おのれのものとする。
○傑出千英万卉叢＝「万卉叢中に独り芳を擅にす」ということ。「山園小梅」詩に「衆芳揺落して　独り暄妍、風情を小園に占め尽くす（百花が凋零した冬でも、梅花だけは美しく艶やかに綻び、この小さな庭の風情を独り占めている）」というのと同じ趣旨（前出［一六三］注参照）。
○坐了孤山佳境地、暗香浮動水瓶中＝「坐了」の主語は何か。林逋（和靖）として右のように解してみた。一二句では、梅花が千英万卉の中で傑出していることを言っているので、三四句は、林逋の人格を謳いあげたものであろう。
「坐了」は、ただ「すわる」だけの意味ではない。「坐断」という禅語がある。『禅学大辞典』で「坐しつくす。坐しきる。徹底して坐ること」とするのは謬解で、『漢語大詞典』に「占拠（ひとり占める）、把住（とらえ、おさえる）」という義である。この「坐了」もそれと同じニュアンスをあわせ持つ。「坐了」は第一句の「領」と対になり同義である。

坤の巻［六六八］の「梅」詩に、次のようにあった。「疎影横斜、点も埃せず、墨痕、写し出だす、景、奇なる哉。四時坐了す、春風の裏、枝北枝南、一様に開く（疎影横斜点不埃、墨痕写出景奇哉。四時坐了春風裏、枝北枝南一様開）」。

『欠伸稿訳注』坤では、右のように訓じたが、不十分であったので、いま二句を改めて「墨痕、写し出だして、景、奇なる哉」とし、三句も改めて「四時に坐了す、春風の裏」とする。そして三句は「四季のいずれでも、梅花の咲く春風に吹かれて坐っているようなものだ」と訳したが、これはよろしくないので、「（墨で描かれた梅だから、季節の変遷に関わらず）四季のいずれでも、春風をひとり占めにしている」と改める。瑞渓周鳳『臥雲藁』の「花有和気、禅仏寺季瓊席」詩に「香風坐了す、春三月（香風坐了春三月）」とある。これは「香風が春をひとり占め」ということである。

「暗香」「浮動」は、梅の香りと姿。いずれも「山園小梅」詩の語。

【一六六】

陸務觀

一夜檐前雨滴聲、聲如琴筑枕頭傾。

老生何不休尋覓、猶是幽齋憶錦城。

陸務観

一夜、檐前の雨滴声、声、琴筑の如し、枕頭を傾く。

老生、何ぞ尋覓することを休めざる、猶お是れ幽斎に錦城を憶う。

〈訳〉

陸游はある夜、軒から滴り落ちる雨音が琴の音のように響くのを、「まことに素晴ら

しいと枕をそばだてて聴き入った」とうたったが、

（「鏡清雨滴声」の公案には、「衆生は顚倒して己を迷って物を逐う」とあるではないか）

陸游よ、外に向かって覓めるのをやめよ。

昔七年もおった蜀の都の繁華のさまを、まだ忘れられずに憶い出しているのだ。

○陸務観＝陸游「聴雨戯作」詩に、「檐を遶る点滴、琴筑の如し、枕を幽斎に支えて聴いて始めて奇なり。憶う、錦城の歌吹海に在って、七年の夜雨、曾て知らざることを（遶檐点滴如琴筑、支枕幽斎聴始奇。憶在錦城歌吹海、七年夜雨不曾知）」。『錦繡段由的鈔』に、「一二ノ句ハ、幽居シテ閑ニ雨ヲ聴タル体也。簷ヲ遶ツテ落ツルシタタリガ、琴ヤ筑ヲ弾ク如ク、ボチボチト響テ、奇特ニ面白ゾ。枕ヲ欹テテ高シテ聴タゾ。三四ノ句、放翁ハ、蜀ノ成都ノ守護ニ成テ、七年居タゾ。成都ハ繁花ノ地ト云テ、花麗繁昌シタル処ナリ。故ニ錦官城ト云タゾ。昼夜歌舞バカリニテ、ドメイタ（＝騒いだ）ホドニ、夜雨ノ是程マデ面白キコトヲ、七年ノ間ツイニキカナンダゾ。今夜始テ聞イタ。早ク隠居シテ聞ンズル物ヲト也」。
○雨滴声＝『碧巌録』四十六則に「鏡清雨滴声」がある。第三句はそのことをふまえる。「鏡清、僧に問う〈門外、是れ什麼の声ぞ〉。僧云く〈雨滴声〉。清云く〈衆生顚倒して己を迷って物を逐う〉。僧云く〈和尚作麼生〉。清云く〈洎ど己を迷わんとす〉。僧云く〈洎ど己を迷わざらんとす、意旨如何〉。清云く〈出身は猶お易かる可くも、脱体に道うことは応に難かるべし〉」。
○声如琴筑枕頭傾＝「琴筑」は、琴と筑。筑は琴に似た楽器で五弦または十二弦。
○老生何不休尋覓＝『碧巌録』「鏡清雨滴声」には「衆生は顚倒して（内なる）己を迷って（外に向かって）物を逐う」とあるではないか、というふくみ。
○猶是幽斎憶錦城＝陸游「聴雨戯作」詩。

【一六七】

賈嶋

痩驢背上聳肩來、一手敲兮一手推。
月下門頭苦吟切、安知韓氏作詩媒。

賈島（かとう）

痩驢背上（そうろはいじょう）に肩を聳（そび）やかし来たって、一手（いっしゅ）は敲（たた）き、一手は推（お）す。
月下門頭（げっかもんとう）、苦吟切（くぎんせつ）なり、安（なん）ぞ知らん、韓氏（かんし）の詩媒（しばい）と作（な）ることを。

〈訳〉
痩せ驢馬にまたがって肩を聳やかし、
一方の手は敲くふりをし、もう片方の手は推すかっこうをしておる。
「月下の門」を「敲く」にするか「推す」にするかと、しきりに苦吟しているが、
（ついには）知事さんの行列に突き当たって、
韓愈の興味を惹くことになるとは露知らず。

○賈島＝七七九〜八四三。苦吟をもって名高い唐代の詩人。「李欵の幽居に題す」中の一句で〈僧は敲く〉がい

いか、〈僧は推す〉がよいかと悩みながら歩いているうちに（一説には驢馬に乗っていた）、韓愈の行列に突き当たった。賈島が悩みを打ち明けて相談したところ、韓愈は「それはもちろん、〈僧は敲く〉が良い」と言下に答え、それから賈島は韓愈の門下に入ったという話がある。これが「推敲」の故事。

『詩林広記』前集七に、「劉公佳話に云う、島（賈島）初め挙に京師に赴く。一日、驢上に於いて句を得て云く〈鳥は宿す池辺の樹、僧は敲く月下の門〉と。始め推の字を著けんと欲し、又た敲の字を著けんと欲す。之を煉って未だ定まらず。遂に驢上に於いて吟哦し、時時に手を引べて推敲の勢いを作す。観る者之を訝る。時に韓愈吏部、京兆に権たり。島、覚えず衝いて、第三節（三節人従の略。上節、中節、各おの五、下節二十四という。随行員の第三グループ）に至る。尚お手勢を為して未だ已まず。左右の為に擁せられて尹の前に至る。島、具さに得る所の詩句を対う。〈推の字と敲の字と未だ定まらず、象外に神遊して回避することを知らず〉と。韓、馬を立てて（駐馬）良久して曰く〈敲の字と作さば佳なり〉と。遂に与に轡を並べて帰り、留連して詩を論ず。与に布衣の交を為す。詩有り之を贈る。此より名著わる」。また『群談採余』巻六にも。

「李欵の幽居に題す」詩は以下の通り。なお『三体詩』では李欵を李凝に作る。「閑居隣並少なく、草径荒園に入る。鳥は宿る、池中の樹、僧は敲く、月下の門。橋を過ぎて野色を分かち、石を移して雲根を動かす。暫く去って還た此に来たる、幽期、言に負かず」。

○痩驢背上聳肩来＝「聳肩」は、詩人が苦吟するさま。本書前出［一五四］に引いた、蘇東坡「贈写真何充秀才に贈る」詩。

○一手敲兮一手推、月下門頭苦吟切＝『詩林広記』の伝に「驢上に於いて吟哦し、時時に手を引べて推敲の勢いを作す」というところ。

○安知韓氏作詩媒＝「韓氏」は韓愈のこと。「詩媒」は、詩興を引き起こす人物や物。

【一六八】

賈嶋

敲推兩手、費馬上吟。退之言語、一字千金。

賈島

敲推の両手、馬上の吟を費す。退之の言語、一字千金。

〈訳〉

「敲」かそれとも「推」かと、両手で手まね、そのうえ、馬上で声を出して吟じてみたが、韓退之に出くわして「敲」にするがよいといわれた。この一字の指摘は、まさに値千金。

○敲推両手、費馬上吟。退之言語＝いずれも本書前出［一六七］を参照。

○一字千金＝詩文の中の肝心の一句を直してくれる人を「一字師」という。鄭谷と斎己との故事をふまえた表現。『文海披沙』巻八、「一字師」に「鄭谷、早梅の詩の〈数枝〉を改め〈一枝〉と為す。斎己、拝して一字の師と為す。後、斎己、張迥が詩〈鬢虬白也無〉の〈也〉を改めて〈在〉と為す。迥、又た拝して一字の師と為す。

……」。『五代史補』「鄭谷、袁州に在り。斎己、詩を携えて之に詣す。早梅詩有り、云く〈前村深雪の裏、昨夜数枝開く〉と。谷曰く〈数枝は早きに非ず、如かじ一枝には〉と。斎己、下って拝す。是より士林、谷を以て一字の師と為す」。

【一六九】

邊孝先

腹是五經笥、周公與夢通。都來閑伎倆、不惹聽松風。

辺孝先

腹は是れ五経の笥、周公と夢に通ぜんとす。

都来、閑伎倆、惹らずして、松風を聴け。

〈訳〉

この大きな腹は五経をおさめる箪笥であり、(孔子は老いてもなお、周公を夢に見たいと言われたが、その)孔子のように、古の賢人を夢に見ようと、ひたすら眠っておる(そうな)。

いやいや、すべていらざる手管というもの、そんなことに（五経なんぞに）煩わされなさるな。
（黄山谷は「晨鶏催せども起きず、被を擁して松風を聞く」とうたったではないか。そのように、布団の中で）

松に吹く風の音を聴かれるがよろしい。

○辺孝先＝『蒙求』二二四「辺詔経笥」に、「後漢の辺詔、字は孝先、陳留浚儀の人なり。文学を以て名を知られ、数百人を教授す。詔、口弁あり。曽て昼日に仮臥す。弟子、私かに之を嘲って曰く〈辺孝先、腹便便たり、読書に懶く但だ眠らんと欲す〉と。詔、潜かに之を聞いて、時に応じて対えて曰く〈辺を姓と為し、孝を字と為す。腹の便便たるは、五経の笥、但だ眠らんと欲するは、経事を思うなり。寐ねて周公と夢を通じ、静かにして孔子と意を同じうせんとす。師にして嘲る可きは、何れの典記にか出づるか〉と。嘲けりし者大いに慚ず。詔の才捷きこと皆な此の類なり。桓帝の時、太中大夫に拝し、東観に著作す」。本拠は『後漢書』列伝七十、文苑伝。「辺を姓と為し、孝を字と為す」は、「辺は近いという意味があるから、孝道に近いということだ」という含み。

○腹是五経笥＝「五経」は、易、書、詩、礼、春秋をいうが、ここでは一切の経、というほどの意。

○周公与夢通＝『論語』述而に「子曰く〈甚だしいかな、吾が衰えたるや。久しいかな、吾れ復た夢に周公を見ず〉」。周公は、周の文王の子。制度礼楽を定め、冠婚葬祭の儀を制した賢人。孔子の言葉は表向きは「自分が老いて衰え、久しく古の賢人周公を夢に見なくなった」ということだが、老いてなお「夢にも見たい」ということ。

○都来＝すべて。

○閑伎倆＝いらざるテクニック。

○不惹聴松風＝「不惹」、難解。「惹」は「心乱れる。ひく。まねく」。『字鏡抄』の古訓に「サソフ。ミダル」。

あるいは「不若」か。ならば「若かず、松風を聴かんには」となる。「聴松風」は、『句草葛藤鈔』に「晨鶏催せども起きず、被を擁して松風を聞く」の語あり、注に「十二時ヲモ知ラヌ行履ナリ。イソガワシイ耳裏デハ松風ハキカヌゾ」。もとは黄山谷の「題宛陵張待挙曲肱亭」詩に「……勲業の外に偃蹇して、山水の重なるに嘯歌す。晨鶏催不起、擁被聞松風」とあるに拠る。

【一七〇】

韓愈

經藍關雪、馬蹄不前。回顧何處、望故郷天。

韓愈

藍関の雪を経て、馬蹄、前まず。何れの処をか回顧す、故郷の天を望む。

〈訳〉

（左遷されて南方に向かう韓愈が）藍田の関にさしかかると、雪のために馬が進めなくなった。いまふりかえって、どこを眺めているのだろう。

そう、わが故郷の天を見やっているのだ。

○韓愈＝「仏骨を論ずるの表」を書いて憲宗を諫めたところ、皇帝の逆鱗に触れて左遷された韓愈が、潮州に向かう途中、藍関で作って甥の韓湘に送った詩、「一封、朝に奏す、九重の天、夕べには潮陽に貶せらる、路八千。本と聖朝の為に弊事を除かんとす、豈に衰朽を将って残年を惜しまんや。雲、秦嶺に横わって、家何くにか在る、雪、藍関を擁して馬前まず。知んぬ、汝が遠く来たる、応に意有るべし、好し、吾が骨を収めよ、瘴江の辺」。「藍関」は長安の東南三十キロほどにある関所。右の中で「雪擁藍関馬不前」の句が特に有名。
○回顧何処、望故郷天＝三句が疑問、四句がその答え。

【一七一】
孟浩然
獨跨蹇驢經路程、瘦肩高聳幾吟行。
詩鞭留跡一堆雪、直至如今字字清。

孟浩然

独り蹇驢に跨って路程を経る、瘦肩高く聳やかして幾吟行ぞ。
詩鞭、跡を留む、一堆の雪、直に如今に至るも、字字清し。

〈訳〉

ひとりロバにまたがって（佳景を求めて）路をゆく。

瘦せた肩を山の字のように聳やかせて、どれほど名吟ができたことか。

手にした鞭がひとかたまりの雪に迹を残すようにしてできた詩。

（この清らかな雪中でできたのだから）

一字一字が雪のように清らかの詩となって、今につたわっている。

○孟浩然＝「雪中騎驢孟浩然」の故事は、本書前出［一五四］に引いた、蘇東坡「写真の何充秀才に贈る」詩に、「又た見ずや、雪中、驢に騎る孟浩然、眉を皺めて詩を吟じ、肩、山のごとくに聳かす。……」。

○蹇驢＝本書前出［八三］。

○瘦肩高聳幾吟行＝右の蘇東坡詩。本書前出［一五四］。

○詩鞭留跡一堆雪、直至如今字字清＝「詩鞭」は、詩人が手にする鞭。「驢馬を打つべき鞭が、雪中に迹をとどめて、その結果、今に雪のように清らかな詩がのこっている」ということ。

【一七二】

戴逵

愛雪子猷、月下棹舟。乘興興盡、共是風流。

戴逵

雪を愛する子猷、月下に舟に棹さす。
興に乗ずるも興尽くるも、共に是れ風流。

〈訳〉
雪の詩情を愛した王子猷は、
月の照る中、舟を出した。
（この雪後の景を、友の戴逵とともに愛でようと、月の照らす夜景を愛でながら）
興に乗じて出かけ、興が尽きたら、友に会うのはやめて引き返したが、
興に乗ずるも、興が尽きて帰るも、ともに風流。

○戴逵＝この詩は戴逵という題であるが、むしろ王子猷がテーマ。『蒙求』に「子猷尋戴」の題で収める話。室町禅林以降の詩にうたわれるテーマ。晋の王子猷が、雪の夜に興に乗じて、戴逵を訪うたが、興尽きて会わずに船をかえしたこと。『晋書』王徽之伝、「王徽之、字は子猷。嘗て山陰に居す。夜、雪ふり、初めて霽れ、月色晴朗、四望浩然たり。独り酒を酌んで、左思が招隠の詩を詠じ、忽ち戴逵を懐う。逵、時に剡渓に在り。便ち、夜、小船に乗じて之れに詣す。宿を経て方に至らんとす。門に造って前まずして返る。人、其の故を問うに、曰く〈本と興に乗じて来たる、興尽きて帰る。何ぞ必ずしも安道に見えんや〉」。
戴逵、字は安道。性、高潔にして、詩文書画を善くし、鼓事に巧み。武帝にしきりに召されたが、使者の前で

琴を破り、王門の伶人とならず、といったという。『蒙求』「戴逵破琴」。
乾の巻［一〇七］に「大仙和尚、正伝寺白桜下の遊興、予、同伴せず。……」に、「桜雪、知んぬ、興尽きて回ること無くんば、剡渓も還た二三に落ち来たらんことを」。「王子猷は雪見の興に乗じて友人の戴逵を訪ねたが、興尽きて途中で帰ったからこそ風流というもの。戴逵を訪ねて、そこで一献交わしていたら、やはりに無風流に堕していたことでしょう。わたくしごときが、花見の宴にお相伴していたら、酔後に更に杯を勧めるようなもの、余分というものだったでしょう」。

【一七三】
戴逵
戴逵栖老、兩火一刀。雪後興盡、皈舟棹涛。

戴逵

戴逵、栖み老ゆ、両火一刀。
雪後に興尽きて、帰舟、涛に棹さす。

〈訳〉
剡渓のほとりで（仕官などいっさいせずに）隠棲している戴逵。

（その戴逵とともに雪後の景を愛でようと）興に乗じて出かけ、
興が尽きたら、友に会うのはやめて引き返した王子猷。

○戴逵栖老＝「栖老」は必ずしも老いることをいうわけではない。隠居、隠退を象徴する語。江月の「竹隠号」頌に「栖み老ゆ、渭川千畝の地、世間の塵事、相干わらず」。「舩子賛」に「栖み老ゆ、華亭の江水辺」。
○両火一刀＝「剡」の字謎。羅隠の「往年進士趙能卿嘗話金庭勝事見示敍」に「両火一刀、罹乱の後、会須（すべか）らく興に乗じて雪中に行くべし」。

【一七四】

綺里季

橘中合永樂閑身、何作留侯門下人。
白髮重來小兒戲、淮陽一老笑誾誾。

綺里季（きりき）

橘中（きっちゅう）、合（まさ）に永かるべし、閑身（かんしん）を楽しまん、何ぞ留侯門下（りゅうこうもんか）の人と作（な）らん。
白髪（はくはつ）重ね来たって、小児の戯、淮陽（わいよう）の一老、笑い誾誾（ぎんぎん）。

〈訳〉

山中で（他の三人とともに）時の過ぎるのも忘れて碁を楽しんでおればよかったに、
どうしてまた（策士の）張良のもとに来たのか。
まるで八十歳の白髪の老人が（科挙の）試験に再挑戦するようなもの、
これは子供のお遊びではない、失敗はできぬ。
（四皓の四人はみなお召しに応じて出かけたが）
たったひとり、山を出なかった淮陽老人の応曜は、宇宙と一体になって笑ってござる。
（だから世間でもいわれるのだ、商山の四皓も淮陽の一老には如かずと）。

○綺里季＝秦代の末期、乱世を避けて陝西省の商山に入った四人の隠士「商山四皓」のひとり。四皓は、東園公、綺里季、夏黄公、甪里先生。みな鬚眉が皓白の老人。綺里は地名。季は字。秦の始皇帝の時、国難を避けて商山に入った。漢の世となっても臣とならず、高祖がしばしば招いたが応じなかった。高祖の寵姫戚夫人が趙王如意を生み、先に生まれた上盈太子を廃し、如意を立てようとした。太子の生母の呂后はこれを憂い、張良に相談した。すると、張良は商山の四皓を招いて太子に侍せしめた。高祖はこれを見て驚いて、「いくら招いても来なかったのに、いまどうして太子に侍しているのか」と問うと、四人は「陛下は士を軽んじ罵るが、太子は仁孝恭敬にして士を愛すると聞いたので来た」と答えた。高祖は遂に太子を廃することがなかったという。四皓図には、山中に囲碁するもの、張良に導かれて上盈太子に謁する図がある。

○橘中合永楽閑身＝囲碁のことを「橘中之楽」という。巴邛の人某が庭の橘の大きな実を割って見たら、その中で二人の老人が囲碁をしていたという。『幽怪録』に「巴邛の人、家に橘園有り。霜後、橘尽く収斂す。大橘有り、三斗盒の如し。巴人、之を巽として剖開すれば、毎橘、二叟有り。鬚眉皤然、肌体紅明。皆な相対して象戯し、談笑して自若たり。一叟曰く〈橘中の楽、商山に減ぜず。但だ根を深うし蔕を固うせざれば、愚人の為に摘下せらるるのみ〉と」。「合永」は碁に興じて時を忘れること。

○何作留侯門下人＝「留侯」は漢の張良、字は子房。漢の高祖が兵を挙げるや、幕下に参じ、高祖の天下平定に貢献した。韓信、蕭何とともに三傑といわれる。この句は、四皓が張良の画計によって招きに応じたことをいう。

○白髪重来小児戯＝「白髪重来」は、『錦繍段』張継の「再到楓橋」詩に「白髪重来一夢中、青山不改旧時容」。「小児戯」は、『伝灯録』巻十七、雲居道膺禅師章、「八十の老人、場屋に出づ、是れ小児に戯にあらず。一言参差すれば、千里万里、収摂を為し難し」。八十歳の老人が（科挙の）試験を受けに来たようなもの、子供の遊び事ではない、ちょっとでもしくじったら大変。

○淮陽一老＝「淮陽老」は、漢の応曜のこと。淮陽山中に隠れて、徴されても応じなかった節操ある高士。『広事類賦』隠逸賦に「漢書に曰く、応曜、淮陽山中に隠れて、四皓と与に徴さるるも、曜のみ独り至らず。時人語って曰く、商山の四皓も淮陽の一老に如かずと」。『琅邪代酔編』巻十七、応曜。

○笑誾誾＝「誾誾」は、『論語』先進に「閔子、側に侍す、誾誾如たり。子路、行行如たり。冉有・子貢、侃侃如たり。子楽しむ」。また『論語』郷党に「朝するに、下大夫と言うときは、侃侃如たり。上大夫と言うときは、誾誾如たり」。「誾誾如」は、中正を得て和らぎ悦ぶさま。「行行如」は剛強なさま。「侃侃如」は、やわらぎ楽しむさま。特に「誾誾」は、古来、諸説があり、「中正」に重きを置いたり、朱子の「和悦而諍」の「諍」に力点を置いて解釈するものもある。しかし、禅録での用例では、「和悦」の義で用いられる。「笑誾誾」は、通常の笑いではなく、悲喜を超えた宇宙と和悦した笑い、法身そのものの笑いをあらわす。

乘劒仙人
萬里海涯曾不航、誰知別有好思量。
此人具截流機否、脚下光明三尺霜。

乗剣仙人
万里の海涯、曾て航せず、誰か知る、別に好思量有ることを。
此の人、截流の機を具するや否や、脚下の光明、三尺の霜。

〈訳〉
船に乗らずして（剣に乗って）万里の海涯に渡ろうとする。
そこ（万里の海涯）によくよく思量すべきものがある。
脚下には冷たい光を放つ剣。
この男、さて煩悩を一刀のもとに截断するはたらきがあるかどうか。

○乗剣仙人＝「八仙渡海」のうちの呂洞賓。「八仙渡海（過海とも）」は、李鉄拐、漢鐘離、藍采和、張果老、何仙姑、呂洞賓、韓湘子、曹国舅の八仙人が、それぞれ持ち前の法宝である、拍板、葫芦、葵扇、花籃、漁鼓、荷花、宝剣、洞簫によって神通をあらわし、船に乗らずに海を渡るというもの。

○誰知別有好思量＝『碧巌録』二十四則、本則の下語に出る語「誰知遠烟浪、別有好思量」をふまえる。江月が頻りに用いる語。
○此人具截流機否、脚下光明三尺霜＝「截流機」は、衆流（煩悩）を截断する根機。『碧巌録』三十八則、本則評唱ほかに「一句截流、万機寝削」。「三尺霜」は、剣のこと。研ぎ澄ました剣を「秋霜三尺」という。「三尺剣」ともいう。

【一七六】 坤の巻［五七三］

人擔杖渡危橋
伴黒粼皴趐足行、此人飲氣又吞聲。
危橋世路有何隔、利走名奔幾弄精。

人、杖を担って危橋を渡る
黒粼皴を伴い、足を趐てて行く、此の人、気を飲み又た声を吞む。
危橋と世路と、何の隔てか有らん。利走名奔、幾くか精を弄す。

〈訳〉
杖を手につま先立ちして、息をこらして橋を渡る男世渡りもまた、この危なっかしい橋を渡るのようなもの。
みな名利のために精魂を使い果たしているのだ〈危ない危ない〉。

○黒鱗皴＝杖。「鱗皴」は、魚のウロコのように皺のある木肌のこと。

○危橋世路有何隔。利走名奔幾弄精＝木の上に住んでいた鳥窠和尚と白居易の問答。『景徳伝灯録』巻四、杭州鳥窠道林禅師章「元和中、白居易出でて茲の郡に守たり。因みに山に入り礼謁す。乃ち師に問うて曰く〈禅師の住処、甚だ危険なり〉。師曰く〈太守の危険、尤も甚し〉。曰く〈弟子の位、江山を鎮す、何の険か之れ有らん〉。師曰く〈薪火、相交わり、識性、停まらず。険に非ざることを得んや〉」。

【一七七】 坤の巻〔五八六〕

老人肩童持琴

來來去去醉陶然、此老何人霜滿顚。
若以肩輿稱元亮、囊中琴是可無絃。

老人、童(わらべ)を肩にし琴を持つ

来来去去(らいらいきょきょ)、酔うて陶然(とうぜん)、此の老、何人(なんぴと)ぞ、霜、顚(いただき)に満つ。
若(も)し肩輿(けんよ)せるを以て元亮(げんりょう)と称さば、囊中(のうちゅう)の琴、是れ絃無かる可し。

〈訳〉

老人が童子を肩車し、（童子が）琴を持っている図
陶然と酔って、あっちこっち行ったり来たりする、
白髪のこの老人は誰か。
子供を肩車して連れているから（子煩悩のあの）陶淵明だというならば、
袋に入った琴は、さだめし無絃琴であろう。

○老人肩童持琴＝坤の巻［五八六］では「翁肩輿童童持琴図」とあり、より詳しい図様が示されている。翁が童子を肩車し、童子は袋に納めた琴を持っている図である。
○若以肩輿称元亮＝「肩輿」は、漢語では「二人担ぎの駕籠」のことだが、ここでは、和俗の肩車のこと。陶淵明の「帰去来辞」に、「帰去来兮。田園将に蕪れなんとす。胡ぞ帰らざる。既に自ら心を以て形の役と為す。奚ぞ惆悵として独り悲しまん。已往の諫められざるを悟り、来者の追うべきを知る。実に塗に迷うこと其れ未だ遠からず。今の是にして昨の非なりしを覚る。……乃ち衡宇を瞻て、載ち欣び載ち奔る。童僕歓迎し、稚子、門に候つ。三径、荒に就くも、松菊猶お存す。幼を携えて室に入れば、酒あり樽に盈つ。壺觴を引いて以て自ら酌み、庭柯を眄めて以て顔を怡ばす。……」。幼子の手をひいて部屋に入れば、樽には酒が満ちている。
○嚢中琴是可無絃＝陶淵明が持っていた無絃琴（没絃琴）。蕭統の『陶靖節伝』に「淵明、音律を解くせず、而して無絃琴一張を蓄う。酒適（酔うて気持ちよくなる）毎に、輒ち撫弄して以て其の意を寄す」。

―【一七八】坤の巻［六六〇］―

馬上人睡眠

人困馬困、不打一鞭、行向何處。夢裡偶然。

馬上、人睡眠す
人困し、馬も困す、一鞭を打さず。
行いて何れの処にか向かう、夢裡偶然。

〈訳〉
馬も疲れたが、人も疲れた。
馬上で、一鞭あてるのも忘れて居眠り。
さて、どこに行かれるのかな。
夢の中で、どこへなと行きあたりばったり。

○人困馬困、不打一鞭＝現存する松花堂画江月賛の「布袋騎驢」図に「人困し馬も困す、那辺を経過す。一棒若し打たば、兜率天に上らん」とある。これは「もし打ったら、この驢馬走り出して、兜率まで上るだろう」という意。

○行向何処、夢裏偶然＝「夢裏偶然」は、坤の巻［五三一］「布袋睡図」に「在閻浮界、何過年年。偶然夢裏、昇兜率天」。「おまえさん、どうしてまた、この娑婆で毎年暮らしておるのか。（なるほどそうか）そうして居眠りしているときに、はからずも夢の中で故郷の兜率天に昇っておるのじゃな。（夢でときどき故郷帰りをしておるから、また来る年も娑婆においてもよいわけですな）」。

【一七九】

漁翁

竿頭絲綸、不僞不眞。一心無別、要釣金鱗。

漁翁

竿頭の糸綸、偽にあらず真にあらず。

一心、別に無し、金鱗を釣らんと要す。

〈訳〉

竿から垂れた糸（の先につけられた鉤）は、

本物でも偽物でもない。

糸を垂れているその心は、

他でもない、ただ大物を釣ることにある。

○竿頭糸綸、不偽不真＝竿から垂れた先にあるのは本物の鉤でも偽物の鉤でもない。先が曲がっていない「直鉤」をつけて魚釣りをしていたという、呂尚こと太公望の故事をふまえる。『尚書中候』「太公、磻渓の水に即いて其の涯に釣す。……周の文王、出でて猟して之に遇見す。問うて曰く〈鉤を水に沈む、何ぞ鉤を直にせしむる、如何ぞ魚を得ん〉。子牙曰く〈命を負うの魚を取らん〉。〈老人、此に在って釣り来たること幾時ぞ〉。曰く〈今一年を経る〉。又た問うて曰く〈何の児息か有る〉。〈妻息無し、妻息の無きことを憂えず、只だ国に王無きことを憂う〉」。あるいはまた『武王伐紂』平話に「姜尚、命に因って守たりし時、直鉤もて渭水の魚を釣る。好餌の食を用いず、水面を離るること三尺、尚、自ら言いて曰く〈命を負う者、鉤に上り来たれ〉」。また『列仙全伝』一に「……下渓に釣りするも、三年魚を獲ず。或る人曰く〈以て止む可し〉。尚曰く〈爾の及ぶ所に非ず〉と。果たして大鯉を得る、兵鈐の腹中に在り、……」。

○一心無別、要釣金鱗＝「金鱗」は、大物。禹門三級の瀧を登って龍（禅傑）となるような傑物。『句双葛藤鈔』「三生抛釣糸、今日逢金鱗（三生、釣糸を抛って、今日、金鱗に逢う）」の注に、「我ト斉シキ者ヲ待タガ、今日待チ得タト也」。

【一八〇】

牧童臥牛背

萬木森森一徑微、村家遙隔到斜輝。
牧童不識臥牛背、載得山山風景歸。

牧童、牛背に臥す

万木森森(ばんぼくしんしん)、一径微(いっけいかす)かなり、村家遥かに隔てて斜輝(しゃき)に到る。
牧童は識(し)らず、牛背(ぎゅうはい)に臥(ふ)して、山山の風景を載せ得て帰ることを。

〈訳〉
すっくと伸びた木々の間を、細い小道がかすかに通じている。
その彼方向こうには村人の家、そして夕陽。
牛の背に寝ころんでいる牧童は気づいていないだろうが、
この素晴らしい山々の風景を、さながら一緒に載せて帰っているのだ。

○万木森森一径微＝「森森」は、木が高くそびえるさま。
○載得山山風景帰＝『五灯会元』巻五、華亭船子の頌に『夜静かに水寒くして、魚食らわず、満船空しく月明を載せて帰る（夜静水寒魚不食、滿船空載月明歸）』。

【一八二】
瓢簞出駒仙人
俊馬跳出、來著一鞭。手中瓢界、易地于闐。

瓢簞（ひょうたん）より駒（こま）を出だす仙人
俊馬跳出（しゅんめちょうしゅつ）す、来たれば一鞭（いちべん）を著く。
手中（しゅちゅう）の瓢界（ひょうかい）、地を于闐（うてん）に易（か）う。

〈訳〉

瓢簞より駒を出す仙人
跳ね回る駿馬。こっちに来たら、一鞭（ひとむち）あてて、
手にした瓢簞の中の別世界を、名馬の産地である于闐（うてん）に変えるであろう。

○瓢簞出駒仙人＝もとは張果の故事。「張果」は、八仙の一人。いつも白驢に乗り、休む時には、これを紙に変えて畳んでしまい、また乗る時は紙に水を吹きかけるとまた驢馬になったという。『明皇雑録』『続神仙伝』など。『太平広記』巻三十、張果に「……果、常に一白驢に乗る。日に行くこと数万里。休むときは則ち之を重ね畳む。其の厚さ紙の如し。巾箱の中に置く。乗るときは則ち水も以て之に炒く。還（ま）た驢と成る。……」。
○易地于闐＝于闐は西域の国の名。名馬の産地。

【一八二】漁樵問答

岸上舟中互所争、齟齬問答却同行。
兩人相對不相識、自是山雲海月情。

漁樵問答

岸上と舟中と、互いに争う所、問答に齟齬するも却って同行。
両人相対して相識らず、自ずから是れ山雲海月の情。

〈訳〉
樵夫は岸上にあって山の楽を語り、漁夫は舟中にあって江湖の楽を語る。
問答は大いに食い違うけれども、隠者であるから同じ仲間。
この二人、相対して互いの違いも意識せぬ。
それこそまさに、語り尽くす山雲海月の情。

○漁樵問答＝漁と樵とは四隠（漁樵耕牧）のうち。樵夫と漁夫とが、互いに天分とするところを語る。依るところは山と水との別はあれども、共に俗塵を避け自然と同化した境地にあることを示すもの。邵雍（一〇一一〜一〇七七）が撰述した「漁樵問対」、また張載（一〇二〇〜一〇七七）に「漁樵対問」、さらに蘇軾の著とされる「漁樵閑話」などがあり、以降、画題となって描かれた。
『中華若木集』村庵の「漁樵問答」に「釣を罷め薪を息め、相対して閑なり、白雲谷口、碧渓の湾。終に一語の人世に及ぶ無し、渠は江湖を問い、我は山を答う」。惟忠通恕の「漁樵図」に「一生、贏ち得たり、江山の楽、世上の功名、爾を奈何せん」。
○山雲海月情＝『碧巌録』五十三則の頌に「話尽山雲海月情」。『句双葛藤鈔』の「話尽山雲海月情」に「山雲海月トハ、ヨモ山ノコトヲ、知音ニ逢テカタリツクス也」。

【一八三】

騎驢翁

畫工妙在一閑人、驢背如吟驅景頻。
楮國分明餘白處、若非月夕雪之晨。

騎驢翁

画工の妙は一閑人に在り、驢背、吟ずるが如く、景を駆うこと頻り。
楮国、分明なり余白の処、若し月の夕に非ずんば雪の晨。

〈訳〉
この画の妙処は驢上の一閑人にある。
驢馬の背で詩を吟ずるために、頻りに好景を追っている。

広い余白の部分はじつに分明である（が、さてそれは何を描いたものか）。
月の夕でなければ、雪の朝を描いたところだ。

○楮国分明余白処＝「楮国」は紙の異名。唐の薛稷が紙を造って、楮国公を拝したので「楮国公」が紙の名となった。また、楮先生、楮夫子、楮公などとも言う。楮は紙の原料のコウゾ。

【一八四】

漁父

勦絶世間塵、烟蓑雨笠人。暮江無一景、十倍百花春。

漁父

世間の塵を勦絶す、烟蓑雨笠の人。
暮江、一景も無けれども、百花の春に十倍す。

〈訳〉
世の俗塵をすっかりはらい、烟雨にけむる中、蓑笠をつけた人物。
この夕暮の江に、見るべき景色は何ひとつとてないが、そこにかえって、百花が咲きみだれる春に十倍する趣きがある。

○烟蓑雨笠人＝煙雨の中で笠をかぶり蓑を着けた人物。『貞和集』巻二、一山一寧の「玄沙」に「雨笠烟蓑、一釣篷、蘆花深き処、従容を得たり」。転じて「烟蓑雨笠身」は、公の束縛なく優游自適する境地。陸游の「渓上小雨」詩に、「紫陌紅塵の夢を払空し、煙蓑雨笠の身を収得す」。

【一八五】

（山水）

縦然帯月荷鋤歸、莫慣淵明覺昨非。
這裡元無今是理、嫌佗名翼海涯飛。

（山水）

縦然い月を帯びて鋤を荷って帰るも、淵明が昨非を覚うるに慣うこと莫かれ。
這裡、元より今是の理無し、佗の名翼の海涯に飛ぶことを嫌う。

〈訳〉

（淵明のように、朝早くから畑ではたらき）

夜、月が出てから鋤をかついで家路につくとしても、（「帰去来辞」にいうように）今の（官を辞して郷に帰るという）考えは正しく、昨日までの考えはまちがっていたなどと、淵明にならうことはすまい。

もとより出家遁世の身には「今是」も「昨非」もないのだ。

淵明のようにその名声が海の涯にも馳せるのを好まないのだ。

○縦然帯月荷桑帰＝陶淵明の「帰園田居（園田の居に帰る）」詩に、「豆を種う南山の下、草盛んにして豆苗稀なり。晨を侵して荒穢を理め、月を帯びて鋤を荷うて帰る」。

○莫慣淵明覚昨非＝陶淵明「帰去来辞」に「帰去来兮。田園将に蕪れなんとす。胡ぞ帰らざる。既に自ら心を以て形に役せらる、奚ぞ惆悵して独り悲しまん。已往の諫められざるを悟り、来者の追う可きを知る、実に途に迷うも其れ未だ遠からず、今は是にして昨は非なることを覚る」。「さあ、官を辞して故郷に帰ろう。手入れせぬこと久しいので、田園は荒れ果てようとしている。どうして帰らないのか。すでに、自らの心を肉体の召使にしたのだから、どうして心憂いて、ひとり悲しむことがあろうか。すでに過ぎ去ったことは改めることはできないと悟り、これから来る将来のことは追いかけることができると分かっている。途に迷っていたとしても、まだそれほど遠くには行ってはいないのだ。今の（官を辞して故郷に帰るという）考えは正しく、昨日までの考えはまちがっていたと悟ったのである」。

○這裡元無今是理＝「這裡」は、隠遁者、あるいは江月自身の境界。陶淵明は役人の身だったのだ、はじめから出家遁世の身にとっては「今是」も「昨非」もあるはずはない。

○嫌佗名翼海涯飛＝「名翼」は、名望（評判、うわさ）を翼に譬えたもの。

【一八六】

山水　有月

江天萬里水悠悠、古寺鐘聲響一樓。
旅客吟心有詩否、見峯頭月暫留舟。

山水　月有り

江天万里、水悠悠、古寺の鐘声、一楼に響く。
旅客の吟心、詩有りや否や、峰頭の月を見て、暫く舟を留む。

〈訳〉
悠々と流れる水、江天一色となって万里に広がる景。
（はるか彼方にある）古寺の鐘の音が（こちらにある）楼閣に響いて来る。
旅人の心には、いい詩が浮かんだであろうか、
しばらく舟を留めて、峰に上にかかる月を見ているようだが。

○江天万里＝「江天一色」、河と空とが煙って一帯になって、万里につづくさま。張若虚「春江花月夜」詩に「江天一色、纖塵無し、皎皎たり、空中の孤月輪」。

【一八七】

山水

烟半消兮雲漸收、景中誰敢論春秋。
無花無月又無雨、雨後山山青轉青。

山水

烟半ば消えて、雲漸く収まる、景中、誰か敢えて春秋を論ぜん。
花無く月無く、又た雨も無し、雨後の山山、青転た青し。

〈訳一〉
霞も半ば消えて、雲も次第に収まった。
この景色、春なのか秋なのか、誰も言うことはできまい。
（なぜならば）花も無ければ月も無く、また雨が降っているのでもないのだから。
（おそらくは）雨があがった後、いよいよ青い山々（を描いたもの）であろう。

〈訳二〉
霞も半ば消えて、雲も次第に収まった。この景色、春であるのがいいか、それとも秋がいいのか、どうして敢えて論ずることがあろうか。
花も無ければ月も無く、また雨が降っているのでもない（のだが）、まさに「雨後の青山、青転た青し」という句のとおり。

○無花無月又無雨＝坤の巻［一一三］「……蘆浦に到る。湖中偶作」に、「……花無し月無し、佳境に入る、眼裏塊看す、春と秋と」とある。これの意は、「いま十一月、花もなく明月もないが、この素晴らしい景は、花の春、明月の秋にもまさる」ということ。
○雨後山山青転青＝『禅林句集』に「雨後青山青転青」の句を収め、拠を『事文類聚』とするも未確認。

【一八八】
山水
竹間茅屋二三間、誰在此中孤愛山。
堪羨雲林遠塵市、浮生辛苦不相關。

山水
竹間の茅屋、二三間、誰か此の中に在って、孤り山を愛す。
羨むに堪えたり、雲林、塵市を遠ざかることを、浮生の辛苦、相関わらず。

〈訳〉

竹に囲まれてある、小さな庵。ここに隠棲して、
たった孤り、この山の佳景を愛でるのは誰であろうか。
まことに羨ましい限りである、雲深い林は俗塵を遠ざかり、
（あの隠者龍山和尚がうたったように）
俗世のあれやこれやの苦労とはいっさい関わらないのだから。

○竹間茅屋二三間、浮世辛苦不相関＝「三間茅屋」というに同じ。わずかに膝を入れるに足るほどの庵。洞山と密師伯が山中に隠山（龍山和尚）を尋ねて来た時の和尚の偈に「三間の茅屋、従来住す、一道の神光、万境閑なり。是非を把り来たって我を弁ずる莫かれ、浮生の穿鑿、相い干せず」（『五灯会元』巻第三）。

【一八九】

山水

緑水深浅、青山高低。無邊佳境、望眼轉迷。

山水

緑水深浅、青山高低。

無辺の佳境、望めば、眼転た迷う。

〈訳〉
あるいは深く、あるいは浅く流れる河。
あるいは高く、あるいは低く聳える青山。
限りなくつづくこの佳境を、はるかに望めば、
（いずれが山かいずれが水か）いよいよ見分けかねる。

○望眼転迷＝「迷」は、弁別し得ないこと。『翰林五鳳集』仁如の「葦間双鷺」に、「清波は練の如く、水潺々、白鷺飛び来たる蘆葦の間。望めば眼転た迷う、秋浦の暮、一双の影は淡し、落星湾」。

【一九〇】
山水
渓山佳境下、茅屋二三間。栖老無心輩、白雲終日閑。

山水
渓山佳境の下、茅屋二三間。

栖み老ゆ、無心の輩、白雲、終日閑なり。

〈訳〉

素晴らしい山水に囲まれてある、
わずかに膝を入れるに足るほどの庵。
ここで隠棲する無心の隠者の友とするは、
ひねもすのんびりと浮かぶ無心の白雲。

○茅屋二三間＝わずかに膝を入れるに足るほどの庵。
○栖老無心輩＝「栖老」は、栖み老ゆと訓む。老いさびる。「輩」は、仲間、友。
○白雲終日閑＝『句双葛藤鈔』「白雲本無心、為風出岩谷」、「白雲無心ナレ共、風ニ吹レテ岩谷ヲ出デタデコソ。白雲ニ去来ノ心ハナイゾ」。

【一九二】

山水

老樹深深野水頭、扁舟載景泛中流。
翁翁相對幾催興、話盡山雲夕日幽。

山水

老樹深深、野水の頭、扁舟、景を載せて中流に泛ぶ。
翁翁、相対して幾くか興を催す、話り尽くす、山雲夕日の幽。

〈訳〉

老樹が深々と繁った野水のほとり、
中流に泛ぶ小さな舟。
周囲の素晴らしい景色を一舟に収めたように、ひとり占め。
二人の翁が向かい合っているが、いかほど興を催していることか。
山雲夕日の幽趣を話り尽くしていることであろう。

○扁舟載景＝「一葉舟中載大唐」。白雲守端が「僧、趙州に問う〈至道無難、唯嫌揀擇、是れ時人の窠窟なるや否や〉。州云く〈曾て人有り我に問う、直に得たり五年分疎不下なることを〉」の話頭を拈じた頌に「分疎不下、五年強、一葉舟中、大唐を載す。渺渺兀然、波浪の裏、誰か知らん、別に好思量有ることを」。趙州の「分疎不下」の一句は、さながら小舟に大唐六十四州を載せたようなもの、無辺際の至道を幷含してしまっておる。趙州は平常、あたりまえの言葉を用い、波も起こさぬ大海原のようであるが、なかなかどうして、その底には嶮峻たるものがあり、突如として大波を起こさんとも限らぬ。平常の言句、その中に嶮峻な大機が秘められておる、そこによくよく思いを致さねばなるまいぞ、と。

○話尽山雲夕日幽＝『碧巌録』五十三則「百丈野鴨子」の頌に「野鴨子、知んぬ何許ぞ。馬祖見来たって相い共に語る、話り尽くす山雲海月の情」。『碧巌秘抄』で「話尽山雲海月情」に注して「心肝五臓ヲ吐出シタ、此ハ禅月ノ詞句」とあり。知音同士が情をつくして語り合うことをいう語。

【一九二】
山水
一歩不移千里行、瀟湘佳景有誰争。
耳中消息眼中聴、畫出斜陽落鴈聲。

山水
一歩を移さず、千里に行く、瀟湘の佳景、誰有ってか争わん。
耳中の消息、眼中に聴く、画き出だす、斜陽、落鴈の声。

〈訳〉
一歩も動くことなく、いながら千里かなたの（瀟湘の）地に行ったようだ。（ここに描かれた山水は）瀟湘の佳景も何のその、比べ物にはならぬ。これぞまさしく（『法華経』観音品に説かれる）耳中の消息を眼で聴くところ。

（なぜならば、この画には）
斜陽の中、平沙に降りて来る鴈の声までも描かれているのだから。

○一歩不移千里行＝乾の巻［六五］に「万里の天涯、眼中の眼、寸歩を移さず、西湖に到る」。「万里はなれた天涯の地におりながら、まるで西湖の佳景に遊んだような心地」。
○瀟湘佳景有誰争＝唐の崔塗の「春夕旅懐」詩に「五湖の煙景、誰有ってか争わん（五湖煙景有誰争）」。『三体詩由的抄』にいう、「……何レノ地カ好ラント云ニ、……五湖ニ如クハナカルベシ。五湖へ帰隠シテ、湖上ノ煙景ヲ賞翫センニ、誰ニテモ、此煙景ハ我煙景ナレバ、汝ニハ愛賞サセマジト争フ事ハ有マジキナリ」。この句、禅録で頻りに用いる。「五湖煙浪有誰争」「五湖風月有誰争」「波心一月有誰争」などと。ただし、江月が意図するところは『由的抄』の解釈とは異なる意味。「有誰争」は、かなう者、敵手になる者がない、抜群ということ。乾の巻［一八三］の序に「或いは白鷗翔（かけ）り集い紫燕（しえん）睡り濃かなり、或いは野鴨飛び過ぎ江鴈来往す。又た、松間には茅屋、竹裏には柴扉。此の勝景、誰有ってか争わん」とあり、詩に「西湖も倒退三千里、此の境、十頭にノを添え来たる」とある。詩の意は「この伏見の景を西湖にくらべるなら、西湖は敗色濃く倒退三千里、伏見は千里押し寄せる勢い」ということ。あの西湖にくらべて、伏見の方がずっと素晴らしい、という意であり、「此勝景有誰争」というのはそのような含意。
○耳中消息眼中聴＝「耳中消息」「耳底消息」は、観音、観世音。世音を観ずるところ。『法華経』観音品に「観其音声、皆得解脱」。
○画出斜陽落鴈声＝「瀟湘八景」のうちの平沙落鴈。

【一九三】

山水

畫出江天萬里情、維舟岩下日將傾。
山頭古寺看耶聽、吹落暮風鐘一聲。

山水

画き出だす、江天万里の情、舟を岩下に維いで、日将に傾かんとす。
山頭の古寺、看るや聴くや、暮風を吹き落とす、鐘一声。

〈訳〉
江天一色となって万里に広がる景が描き出されている。
舟は岩のたもとに繋がれ、陽はまさに沈まんとしている。
山上の古寺を、眼で看るか、それとも耳で聴くか。
暮風を吹き落とすように響いて来る、一声の鐘。

○画出江天万里情＝「江天万里」＝「江天一色」、河と空とが煙って一帯になって、万里につづくさま。張若虚「春江花月夜」詩に「江天一色、纖塵無し、皎皎たり、空中の孤月輪」。
○山頭古寺看耶聴＝乾の巻［一七六］試毫に「新年の仏法、看るや聴くや、檐外、花を催すの雨滴声」。
○吹落暮風鐘一声＝鐘声とともに、日が暮れていくことを「鐘声が暮風を吹き落とす」と詩的に表現したもの。

彦龍周興『半陶文集』一、「扇面源氏画」に、「琵琶、天辺の月を弾じ落とし、影、草花香露の中に在り（琵琶弾落天辺月、影在草花香露中）」とあるのに同じ句法。奏でられた楽器の音とともに、夜更けて月が西に落ちてゆくのを、「音が月を落とす」と詩的に表現した修辞。また同じような表現が、『禅林句集』に「子規啼き落とす、西山の月（子規啼落西山月）」とある。

【一九四】

山水

渓畔村家臨緑水、山頭古寺隔青雲。
毫端寫出有奇事、風送鐘聲眼處聞。

山水

渓畔の村家、緑水に臨む、山頭の古寺、青雲を隔つ。
毫端、写し出して奇事有り、風、鐘声を送って、眼処に聞く。

〈訳〉
谷川のほとり、緑の水辺に臨んである田舎家。
雲を隔てて、山の上に古びた寺。

筆端からまことに素晴らしい景が描きあらわされている。
風に乗って（あの古寺の）鐘の音が聞こえて来るようだ。
これぞまことに「眼処に聞く」というところ。

○山頭古寺隔青雲＝「青雲」は、晴天の空。あるいは、あおぐも。青味を帯びた灰色の雲。
○風送鐘声眼処聞＝「風送鐘声」、『句双葛藤鈔』「不知何処寺、風送鐘声来」（出典不明）、注に「ホノカニ鐘声ガヲトヅレタデ、ドコゾニ寺ガアラント也」。「眼処聞」は、見聞を超えたところ。耳で看、眼で聴くという消息。『華厳経』巻四十六に「一切の諸仏、能く眼処を以て耳処の仏事を作し、能く耳処を以て鼻処の仏事を作し、能く鼻処を以て舌処の仏事を作し、能く舌処を以て身処の仏事を作し、能く身処を以て意処の仏事を作す。能く意処を以て、一切世界の中の住世出世間、種種の境界、一一の境界中に於いて能く無量広大の仏事を作す」。

【一九五】

山水

得助江山詩意濃、舟中吟盡夕陽春。
某村某水休尋覓、風送聲聲遠寺鐘。

山水

助けを江山に得て、詩意濃やかなり、舟中、吟じ尽くして、夕陽春く。

某村某水、尋覓することを休めよ、風は送る、声声、遠寺の鐘。

〈訳〉
すばらしい江山の景のおかげで、詩情がひときわ深い。
舟の中であくまで吟じているうちに、陽も傾いて来た。
あちこちと名山水を求めるまい。
いま聞こえて来る遠寺の声、
（それを心眼で見るならば、この景がまさに一心のあらわれそのもの）。

○得助江山詩意濃＝坤の巻［六七〇］「山水」にも「得助江山詩意濃」。
○舟中吟尽夕陽春＝「夕陽春」は「夕日春」とも。夕陽のまさに没せんとするさま。昔は夕陽の没する頃に米を舂いたという。

【一九六】 坤の巻［五五九］
山水
林下結茅三四間、幽居寂寂隔塵寰。
釣翁如此豈仁者、樂水從來不樂山。

山水

林下に茅を結ぶ、三四間、幽居寂寂として、塵寰を隔つ。
釣翁、此の如くならば、豈に仁者ならん、水を楽しむは、従来、山を楽しまず。

〈訳〉

林下に小庵を営んで幽居する。
俗塵を遠く離れた寂寞なるところ。
こういう所で釣を楽しむ人が、どうして仁者であることがあろうか。
（『論語』に「知者は水を楽しみ、仁者は山を楽しむ」とあるように）
仁者は元来、山を楽しむのであって、水を楽しむのではないのだから。

○山水＝詩の内容からすれば、山すそに庵があり、前には水辺が開けているもの。
○三四間＝三間とも。小さな庵を表現する語。
○釣翁如此豈仁者、楽水従来不楽山＝『論語』雍也、「知者は水を楽しみ、仁者は山を楽しむ。知者は動き、仁者は静かなり。知者は楽しみ、仁者は寿し（知者楽水、仁者楽山。知者動、仁者静。知者楽、仁者寿）」。知者と仁者を山水にたとえるならば。知者は水を楽しみ、仁者は山を楽しむ。知者は動いてとどまらざること水のごとく、仁者は安んじて静かなること山のごとし。知者はつねに変化の中にいるから楽しみがつきぬ、仁者は一切に安んじているから長寿を保つ。

【一九七】

雪月

雪後千山月一輪、相幷二美畫圖新。
呼舟若是尋斯景、彷彿剡溪乘興辰。

雪月

雪後、千山、月一輪、二美を相幷せて、画図新たなり。
舟を呼んで、若し是れ斯の景を尋ぬるならば、剡渓に興に乗ずる辰に彷彿たり。

〈訳〉
雪が降り重なる山々は白く、その上に月一輪が掛かる。
雪の山々と、白い月と、二つの素晴らしさが合わさって、斬新な画図となった。
舟をやとってこの景色を楽しみに出かけたならば、
晋の王子猷が、雪の夜に興に乗じて友を訪ねた故事になるであろう。

○相幷二美画図新＝「二美」は、二つの素晴らしいもの。ここでは雪と月。
○呼舟若是尋斯景、彷彿剡渓乘興辰＝晋の王子猷が、雪の夜に興に乗じて、戴逵を訪うたが、興尽きて会わずに船をかえしたこと。本書前出［一七二］。『晋書』王徽之伝。

【一九八】

月
今夜秋天雲正晴、一輪高掛甚分明。
洞庭景與難波景、寫出毫端萬里情。

月
今夜、秋天、雲正に晴れ、一輪、高く掛けて甚だ分明。
洞庭の景と難波の景と、毫端に写し出だす、万里の情。

〈訳〉
雲がきれ、よく晴れた今夜の秋空に、
冴えわたる一輪の月。
難波にいながら、万里離れた洞庭湖の月を見るかのように描き出されている。

○今夜秋天雲正晴、一輪高掛甚分明＝『句双葛藤鈔』「今夜一輪満、清光何処無（今夜一輪満てり、清光、何れの処にか無からん）」の注に、「一輪満タホドニ、清光何処無。ドツコモ一輪ノ清光デサ、ヘタ」。一輪の月は心月そのものである。この心月は、時空を超えて照徹しているのだから、目前の難波の景が、そのまま万里離れた洞庭湖の景に他ならない。

○洞庭景与難波景＝「洞庭景」は、「瀟湘八景」のうちの「洞庭秋月」。「難波景」は、景徐周麟『翰林葫蘆集』第五巻「詩」の「題淵明図」に「月は天辺に在って双つなることを得ず、難波浦口、水淙淙」。坤の巻［五九八］。「梅」図賛に「孤山の佳景、難波の浦、千里同風、一様の春」。

【一九九】

月

無雨又無雲、繪月光皓皓。寸歩曾不移、西湖耶松嶋。

月

雨無く又た雲も無し、月光の皓皓（こうこう）たるを絵（えが）く。
寸歩（すんぽ）曾て移さず、西湖（せいこ）か松嶋（まつしま）か。

〈訳〉
雨はもちろん、ひときれの雲もない。
皓皓と輝く月光が描かれている。
一歩も移さずして、遥か離れた月の名所に赴いた心地だ。
さて、ここは西湖だろうか、それとも松島か。

【二〇〇】

月

洞庭七百里境、意足在一毫端。
吟中幾望天際、波頭沈影團團。

月

洞庭七百里の境、意は足りて一毫端に在り。
吟中、幾たびか天際を望む、波頭に沈む、影団団。

〈訳〉

洞庭湖七百里の境致が、
じつに見事に意を尽くして描かれている。
吟じつつ幾たびか望み見たことか、
天際の波間に沈もうとする団団たる月を。

○洞庭七百里境＝洞庭湖の大きさをいう。韓退之「岳陽楼別竇司直」に「洞庭九州の間、厥の大いさ、誰か与に譲らん。南に群崖の水を匯し、北に注ぐこと何ぞ奔放なる。瀦めて七百里と為し、呑納して各おの殊状」。

【二〇二】

朝山夕陽

江天萬里水悠悠、欲出舟兮欲入舟。
并見朝山夕陽景、畫工妙處一毫頭

朝山夕陽

江天万里(ごうてんばんり)、水悠悠(ゆうゆう)、舟を出ださんと欲するか、舟を入れんと欲するか。
并(あわ)せ見る、朝山と夕陽の景、画工(がこう)の妙処(みょうしょ)、一毫頭(いちごうとう)。

〈訳〉

はるか万里につづく江天一色(ごうてんいっしき)の世界、悠々たる水。
(岸辺に繋がれた)舟はいま出るところか、それとも戻って来たところか。
さながら朝の山と夕陽の景をあわせ見るようだ。
まことに見事な妙処が筆で描かれている。

○朝山夕陽＝この詩題、他に見えず。
○欲出舟兮欲入舟＝坤の巻［六一八］「竹と雀図」に「知らず、図裏、朝暮を分かつかを、宿を出で来たるか、宿を尋ね来たるか」とある。「この絵は、明け方を描いたものか、それとも夕暮れなのか。雀よ、ねぐらから出て来たところか、それともねぐらに戻って来たところか」。また［六七五］「鴈」に「此の一行の鴈、来たるか、帰るか。春秋、識り難し、月も無く花も無し」。「この一隊の雁は、こちらに向かっているのか、それとも向こうに去って行くところか。それに、季節は春なのか秋なのか。月もなければ花も描かれてはおらぬゆえ知りようがない」。

【二〇二】

盆山

天涯萬里、在方寸間。貯浙江水、移華嶽山。

盆山

天涯万里(てんがいばんり)、方寸(ほうすん)の間(かん)に在り。

浙江(せっこう)の水を貯え、華嶽山(かがくさん)を移す。

〈訳〉

万里離れた天涯の佳景が、この胸三寸にある。

浙江の水と、華嶽山とが、この盆中にあるのだから。

○貯浙江水、移華嶽山＝「浙江」は浙江省を流れる銭塘江。「華嶽」は陝西省にある華山と嶽山。地理的にかけ離れた二つが、今この盆の中で一緒になっている。

【二〇三】 坤の巻〔五六二〕

遠浦歸帆

景入畫圖舟不前、江天萬里隔雲烟。

片帆何事歸來晚、疑是海涯無杜鵑。

遠浦帰帆

景、画図に入って、舟前まず、江天万里、雲烟を隔つ。

片帆、何事ぞ帰り来たること晩き、疑うらくは是れ、海涯に杜鵑無けん。

〈訳〉

江天一色となってかすむ万里のかなた。実景がすっぽりと画の中に入ったようだ。けれども舟は動かぬ。

それにしても（もう夕暮れなのに）、この舟、どうして帰りが遅いのか。

海の彼方には「（不如帰去、如かじ、帰り去らんには）」と啼くホトトギスがいないと見える。

○遠浦帰帆＝瀟湘八景のひとつ。夕暮れ、遠くから帰り来る帆影。北宋の宋迪、山水をよくし、その得意のものに「平沙落雁」「遠浦帰帆」「山市晴嵐」「江天暮雪」「洞庭秋月」「瀟湘夜雨」「烟寺晩鐘」「漁村夕照」があり、これを「瀟湘八景」といった。『夢渓筆談』巻十七、書画。
○景入画図舟不前＝「入画図」は李白「上皇西巡南京歌」に「万戸千門、画図に入る」。

【二〇四】 坤の巻［五六二］

烟寺晩鐘
招提一宇在山巓、寂寞幽居欲暮天。
想是前村有禽宿、鐘聲緩打奈驚眠。

烟寺晩鐘（えんじばんしょう）
招提一宇（しょうだいいちう）、山巓（さんてん）に在り、寂寞（じゃくばく）たる幽居（ゆうきょ）、暮天（ぼてん）ならんと欲す。
想（おも）うに是れ、前村（ぜんそん）に禽宿（きんしゅく）有らん、鐘声緩（しょうせいゆる）く打つも、眠（ねむり）を驚（さ）ますを奈（いかん）せん。

〈訳〉
ひっそりと山の頂にある山寺が、
とっぷりと暮れようとしている。

（そこから聞こえる、かすかな鐘の声）
あの寺の隣の里には鳥たちのねぐらがあろう。
いくらゆっくりと撞いても、
その鐘声で、あそこでは鳥たちの眠りを覚ましてしまいはせぬだろうか。

○烟寺晩鐘＝瀟湘八景のひとつ。坤の巻［五六三］では「遠寺晩鐘」となっている。
○招提＝寺。梵語の音訳。「寺」という漢字はもともと「やくしょ、つかさ」の義で、寺院という意味はなかった。『僧史略』に「寺とは、釈名に曰く、寺は嗣なり。事を治むる者、其の内に相い嗣続す。本と是れ司の名。西僧、乍ち来たって権に公司に止まる。移って別居に入れども其の本を忘れず、還って寺の号を標わす。僧寺の名、此に始まる」。『釈氏要覧』に「後漢明帝の永平十年丁卯、仏法初めて至る。印度の二僧、摩騰・法蘭有り。白馬を以て経像を馱し洛陽に届る。敕して鴻臚寺に安置せしむ［鴻臚は即ち宝を司る寺なり］。十一年戊辰に至って、敕して雍門の外に別に寺を建て、白馬を以て名と為す。即ち漢土の仏寺の始めなり。呉の孫権、建初寺を立つるを始めと為す」。
○鐘声緩打奈驚眠＝あるいは「鐘声緩く打て、眠を驚ますを奈せん」と訓じてもよいか。

【二〇五】 坤の巻［五六四］

江天暮雪

江上黄昏雪晒沙、吹來整整又斜斜。
寒風徹骨釣舟底、料識漁翁思酒家。

江天暮雪

江上、黄昏、雪、沙を晒す、吹き来たって、整整又た斜斜。
寒風、骨に徹す、釣舟底、料り識る、漁翁、酒家を思うことを。

〈訳〉

暮れなずむたそがれの江辺に、まるで沙をさらして白くするかのようにふる雪。
あるいは縦に、あるいは斜めに降りそそぐ。
あの釣舟に居たら、さぞかし寒風が骨にしみるであろう。
漁翁は（葉唐卿の詩に出る漁夫のように）、
きっと酒家で一杯やりたいと思っているに違いあるまい。

○江天暮雪＝瀟湘八景のひとつ。暮れなんとする江辺に雪ふる景。

○江上黄昏雪晒沙＝「雪晒沙」、「晒」は「日にかわかす」「照りつける」の義。いま、その義では通ぜず。和語の「サラス」は、布などの色を白くするために、灰汁などで煮たのちに水洗いし、最終的に日に乾かすこと、すなわち漂白することをいう。今はその義。乾の巻［七一］「和大仙和尚和歌天神金偈之韻」に「吹上白沙如晒霜（吹上の白沙、霜に晒せるが如し）」。

○吹来整整又斜斜＝黄山谷「雪を詠じて広平公に呈し奉る」に「夜聴けば疏々還た密々、暁に看れば整々復た斜々」。両足院本『山谷抄』に「夜ネナガラ聞イテハ、ソ、トフリ、又サツサツトフルゾ。暁ニナツテ見レバ、横ナリ、スグニフルゾ」。

○料識漁翁思酒家＝『錦繍段』におさめる葉唐卿「漁父」詩に、「網裏、魚無うして酒銭無し、酒家門外、口、涎を流す。幾回か簑衣を解当にせんと欲するも、又た恐る、明朝是れ雨天ならんことを（網裏無魚無酒銭、酒家門外口流涎。幾回欲解簑衣当、又恐明朝是雨天）」。第三句、旧解では「簑衣を解いて当てん」とよむが、それでも意味は通じる。しかし「解当」は質入すること。「解」「当」「典」「解典」も同じ義。『錦繍段由的抄』に「此間ハ何トシタヤラン、網ヲ引ケドモ魚モカカラズ、魚ガナケレバ銭マウケモナラヌ程ニ、酒ヲ買フベキアタエ（価［アタイ］＝代償、かた）モナキゾ。酒ハホシシ、買フコトハナラネバ、酒家ノ門ヲトヲルトキハ、ヨダレヲナガスバカリゾ。……酒ハノミタシ銭ハナシ、セメテ簑衣ヲナリトモ質ニ置イテ酒ヲ飲マント思ヘドモ、若シ明朝雨ガフラバ、簑笠ナクテ何トモナルマイト思フテ、ソレヲソレ愁フル故ニ、簑ヲヌグコトモナラヌゾ」。無著道忠は六歳のときに、立庵という医師から漢詩の手ほどきを受け、この詩を習ったという。それほど、よく知られたもので、漁夫と酒家といえば、この詩である。

【二〇六】 坤の巻［五六五］

山市晴嵐

市中行客混風塵、不愛山花似背春。

世路賣來還自買、占居隱士是何人。

山市晴嵐

市中の行客、風塵に混ず、山花を愛さず、春に背くに似たり。

世路、売り来たり還た自ら買う、居を占むる隠士は是れ何人ぞ。

〈訳〉

風埃の中、山あいの市を行き交う人々。
山に咲く花は目に入らぬようだが、これではせっかくの春景色に背くというもの。
売り買いの生業をするのが世間というものだが、
この（無価の）山中に隠棲しようと思う者はいったい誰であろうか。

○山市晴嵐＝「山市」は、山あいの市、交易の場。「晴嵐」は、晴れた日に山に湧き起こる山気。あるいは、晴れた日に吹きわたる山風。さらには、晴れ渡った光景をいう。山あいの商い、村での交易の市、酒家、そこに往来する人馬のありさまが描かれる。「瀟湘八景」の中で唯一、賑やかな音の聞こえる風景である。

○不愛山花似背春＝「背春」は、春の花を愛でる花遊の機を逸すること。「負春」「背花」ともいう。『翰林五鳳集』英甫の「天正歳舎戊寅鶏旦試觚」詩に「万戸、春を祝して緑醅（上等な酒）を斟む、残僧、独り醒めて茶盃を挙ぐ。愧ず、吾が門巷、春に背いて寂たるを、去歳の来人、今は来たらず」。

【二〇七】

富士

富士元來佳景多、歌人今古幾吟歌。

山形若比雪中笠、六十扶桑作一簑。

富士

富士、元来佳景多し、歌人、今古、幾吟歌ぞ。
山形、若し雪中の笠に比さば、六十扶桑、一簑と作す。

〈訳〉
もとより素晴らしい景色が多くある富士だ、
歌人は昔からどれほど歌って来たことだろう。
この山の形を雪中の笠になぞらえるならば、
扶桑六十州は、さながら一枚の簑。

○六十扶桑＝「扶桑」は、日出づる東海にあるとされた神木、転じて日本の称。「六十」は六十州。日本全国を概数でいったもの。『采覧異言』三に「日本は乃ち海内の一大島、…今六十六州有り、各おの国主有り」。

【二〇八】

三保

—三保松原景、二帆風有聲。不知無數樹、何掛羽衣輕。—

三保

三保の松原の景、二帆、風に声有り。
知らず、無数の樹、何くにか羽衣の軽きを掛けん。

〈訳〉

三保の松原の景色、
二艘の帆掛け舟に吹く風の音が聞こえるようだ。
浜には無数の松の木があるが、
天女の羽衣はどの木に掛けるのだろう。

○羽衣＝三保の松原の羽衣伝説は謡曲『羽衣』、「これは三保の松原に、白龍と申す漁夫にて候。われ三保の松原にあがり、浦の景色を眺むる所に、虚空に花降り音楽聞え、霊香四方に薫ず。これただごとと思はぬ所に、これなる松に美しき衣かかれり。寄りて見れば、色香妙にして常の衣にあらず。いかさま取りて帰り、古き人にも見せ、家の宝となさばやと存じ候。云々」。

【二〇九】

田子

入圖田子浦、如鴈落瀟湘。佛法何求處、水中月有光。

田子

図に入る、田子の浦、鴈の瀟湘に落つるが如し。
仏法、何の求むる処ぞ、水中の月に光有り。

〈訳〉
絵に描かれた田子の浦。
（点々と連なる松の並木は）まるで瀟湘八景の平沙落鴈図のようだ。
さて（この絵の）どこに仏法を真理を求めたものか。
（絵の手前に描かれた）海に照る月の光があるではないか。
（仏法は水中の月の如し、というとおり）。

○田子＝どのような絵柄であるのか、イメージし難い。
○如鴈落瀟湘＝「瀟湘八景」のうちの「平沙落鴈図」のことだが、具体的に何を指すのか。遠景にある松並木か。
「如」とあるから、実際の鳥ではないだろう。

○仏法何求処、水中月有光＝『雲門録』上に、「官有り問う〈仏法は水中の月の如しと、是なりや否や〉。師云く〈清波に透路無し〉」。『金光明経』〔文句〕六、四天王品に、「仏の真法身は猶お虚空の如し、物に応じて形を現ずること水中の月の如し」。『碧巌録』三十九、本則評唱に「僧、雲門に問う〈仏法は水中の月の如しと、是なるや不(いな)や〉。門云く〈清波に透路無し〉」。『碧巌録秘抄』「仏法如水中月」に「カゲロウ稲妻水ノ月、目ニハ見ヘテモ、手ニハ取ラレズ」。『句双葛藤鈔』「応物現形、如水中月の注に、「自己心ハ、方ヲ見レバ方、円ヲ見レバ円ニナツタゾ」。

【二一〇】

吉野

闢花世界、三芳野山。無邊佳境、在方寸間。

吉野(よしの)

花世界を闢(ひら)く、三芳野(みよしの)の山。

無辺(むへん)の佳境(かきょう)、方寸(ほうすん)の間(かん)に在り。

〈訳〉

一面の花世界となった、三芳野の山。

（「無辺の刹境、自他、毫端を隔てず」の語があるように）

この無限の花世界が、そのまま我が一心の中にある。

○花世界＝吉野山が桜で知られるようになったのは平安時代後期という。『古今和歌集』紀友則、「み吉野の山べにさける桜花、雪かとのみぞあやまたれける」。『新古今和歌集』西行、「吉野山こぞのしをりの道かへて、まだ見ぬかたの花をたづねむ」。

○三芳野＝「三芳野」は、御吉野。吉野の美称。『古今和歌集』よみ人しらず、「春霞たてるやいづこ、みよしのの吉野の山に、雪はふりつつ」。

○無辺佳境、在方寸間＝李通玄の『華厳合論』巻第一の語に「無辺の刹境、自他、毫端を隔てず、十世古今、始終、当念を離れず」。限りなく広い国土も我と他との間に毛筋程も隔たりはない、一切の過去現在未来も、いまこの一念を出ない。

【二一二】

龍田

風翻紅葉、泛龍田川。濯錦江上、易地皆然。

龍田（たった）

風、紅葉（こうよう）を翻（ひるがえ）して、龍田川（たつたがわ）に泛（うか）ぶ。

濯錦江上、地を易うるも皆な然り。

〈訳〉
風にひるがえる紅葉が、龍田川に浮かんで流れる。
まるで蜀錦を洗う成都の錦江が、所を替えてここに現れたようだ。

○龍田川＝『古今和歌集』在原業平朝臣、「千早ぶる神代もきかず龍田川、からくれなゐに水くくるとは」。
○濯錦江＝蜀の成都を流れる錦江。ことに錦江の浣花渓（杜甫の草堂があった）のあたりは佳境として有名。「濯錦」は、錦を濯うの意。蜀はまた錦の産地で、その錦は蜀錦といわれ、錦江で浣う。『文選』蜀都賦の注に「益州志に云う、成都には錦を織って、既に成れば江水に於いて濯う。其の文、分明にして初成より勝る」。乾の巻［六七］「東山に楓に遊興せる時、雨に遇うて作る、宗旦老人に寄す」に「浪浪と今雨ふり、楓、色を添う、山上還って濯錦の江と為る」。
○易地皆然＝龍田川がまるで（錦を洗う）蜀の錦江のようだ。所が変っても同じこと。『孟子』離婁「禹、稷、顔子、易地則皆然」。

【二一二】

松

本是淩雪氣、今還垂地來。歳寒盟已約、雪裡竹兼梅。

松

本と是れ雪を凌ぐ気なるに、今、還って地に垂れ来たる。
歳寒の盟、已に約す、雪裡の竹と梅と。

〈訳〉

もとより、雪などものともせぬ気概をもつ松であるが、
今は（枝に積もった雪の重みで）かえって地に垂れそうになっている。
（それもそのはず）松と竹と梅とは歳寒三友なのだから。
雪の中の竹と梅と（あらためて）盟を共にしているのだろう。

○凌雪気＝「凌」、『漢語大詞典』に「圧倒、勝過」。
○今還垂地来＝雪の重みで垂れている。
○歳寒盟已約、雪裡竹兼梅＝松竹梅は歳寒三友。寒気に堪え、節を守る良賢に譬える。『月令広義』に「松竹梅、歳寒三友と為す」。「三友」は、『論語』季氏に「益者三友、損者三友（益者三友あり、損者三友あり）」。

【二一三】

梅

一樹風吹起、天香落地濃。歳寒盟已約、雪裡竹兼松。

梅

一樹、風吹き起こし、天香、地に落ちて濃やかなり。
歳寒の盟、已に約す、雪裡、竹と松と。

〈訳〉

梅樹に風が吹き来たって、天上の香りとも思える梅花が落ちて濃やかに香る。
雪の中、竹と松と、歳寒のちぎりを結ぶ梅。

○天香落地濃＝「天香」は、天から来るかと思うほどすぐれてよい香り。
○歳寒盟已約、雪裡竹兼松＝前項〔二一二〕。

【二一四】

梅花水仙

兩花相約、曾爲弟昆。父母何在、稱以乾坤。

梅花水仙

両花相約して、曾て弟昆たり。
父母、何くにか在る、称するに乾坤を以てす。

〈訳〉

梅と水仙とは、兄弟のちぎりをかわした間柄。
ではその父母はいずこか。乾が父、母は坤。

○両花相約、曾為弟昆＝梅花と山礬とは兄弟のあいだ柄とされる。黄山谷の「王充道、水仙花五十枝を送らる、欣然として心に会し、之れが為に作り咏ず」詩に「香を含み体は素、城を傾けんと欲す、山礬は是れ弟、梅は是れ兄」とあるに拠る。「山礬」は、沈丁花に似た常緑樹で、春には清香を放つ白花をつける。八気二十四候のそれぞれに配した花だより「二十四番花信風」によれば、「小寒」の花は、梅花、山茶、水仙、つづいて「大寒」の花は、瑞香、蘭花、山礬という順序。黄山谷のいうところは、「水仙から見れば、梅花が先に咲くので兄、山礬は水仙より遅く咲くので弟」ということ。「梅花山礬」は、室町禅林では「男道（友道）」の友盟を表わす言葉でもあったが、黄山谷のこの詩によって「梅花水仙」もまた同じ意味で使われた。『翰林五鳳集』瑞渓の「水仙花」に、「凌波仙子、花仙の英。肌骨、依然として冰玉清し。礬弟は知らず、何れの処にか去る、歳寒、唯だ老梅兄のみ有り」。

○父母何在、称以乾坤＝張子厚の「西銘」に「乾称父、坤称母」（『古文真宝後集』収）。

【二一五】

梅

移大庾嶺嶺頭景、不論南枝北枝。
繪出天下尤物、春風無開落時。

梅

大庾嶺頭の景を移し、南枝北枝を論ぜず。
天下の尤物を絵き出だす、春風に開落の時無し。

〈訳〉
梅の名所である大庾嶺の景色がここに移って来たようだ。
（「南枝は暖に向かい、北枝は寒」という言葉があるが）
ここには南枝も北枝もすべて、天下の尤物が描き出されている。
（墨絵に描かれているのだから）
春風に（遅速もなく）開くの落ちるのということもない。

○大庾嶺＝梅の名所。梅嶺ともいう。伯顔（白顔）の「梅関を度る」に「担頭、帯びず江南の物、只だ插す梅花のみを、一両枝」。また、左の『白孔六帖』。
○不論南枝北枝＝『白孔六帖』梅部に、「大庾嶺上の梅、南枝は落ち、北枝は開く。寒暖の候異れり」。南の枝の花が落ちてから、北枝に花が開く。同じ一本の樹でも南北の枝によって春の遅速がある。また『詩人玉屑』巻二十「三英詩」の中に劉元載の妻が「子の立つこと無きを哀れんで」作った「早梅」詩に、「南枝は暖に向かい、北枝は寒、一種の春風、両般有り。高楼に憑仗って笛を吹くこと莫かれ、大家留取して欄干に倚らん（南枝向暖北枝寒、一種春風有両般。憑仗高楼莫吹笛、大家留取倚欄干）」。『禅林句集』に「一樹春風有両般、南枝向暖北枝寒」。
○天下尤物＝梅のこと。『梅譜』に「梅天下尤物」。
○春風無開落時＝墨梅は不変というテーマ。

【二二六】

岩　有竹

歳寒自約寒岩上、緑竹叢叢宜隠淪。
閑却渭川千畝地、恣吹風掃世間塵。

岩　竹有り

歳寒、寒岩の上に約してより、緑竹叢々として、隠淪に宜し。
渭川千畝の地を閑却して、恣に吹いて、風は世間の塵を掃う。

〈訳〉

歳寒三友のひとつ、竹がこの寒岩と誓いを結んだように生えてより、その緑は叢々と生い茂って、まことに隠棲の地にふさわしい。（竹の名産地である彼の）渭川千畝（いせんせんぽ）の地も何のその。風は思う存分に（この竹に）吹いて、俗世の塵を掃ってくれる。

○歳寒自約寒岩上＝歳寒三友のうち竹のみが主題。本書前出〔二一二〕。「自」は「〜してより」。「約」は「ちかう」。

○緑竹叢叢宜隠淪＝「隠淪」は、世を逃れて隠れ住むこと。「淪」は没に同じ、「（かくれ）いなくなる」。

○閑却＝「〜を大したこともないとする」こと。等閑視する。「閑」は「さほどのこともない」「無用」の義。乾の巻〔三六〕に「閑却桃紅李白春」、（その詩の美しさには）桃李の春もおよばぬ。

○渭川千畝地＝『史記』貨殖伝に「渭川千畝の竹。其の人は皆な千戸侯と等し」。

【二一七】

梅

風看紅白開花日、雨濺青黄結子時、

色色回頭作空去、墨痕好是不凋枝。

梅

風は看(み)る、紅白花を開くの日、雨は濺(そそ)ぐ、青黄(せいおう)、子(み)を結ぶの時。
色々(しきしき)、頭(こうべ)を回らせば、空と作(な)り去る、墨痕(ぼっこん)、好(よ)し是れ不凋(ふちょう)の枝。

〈訳〉

春風が吹けば、紅白の花を開くのを見ることができる。
また、梅雨が降るころには青い実を結び、やがて黄色く熟する。（そのように、紅白青黄と）さまざまに色を変えるのだが、それもたちまち空となる。（けれども、この梅は）素晴らしいことに、墨絵に描かれているのだから、決してしおれることはない。

○色色回頭作空去＝「回頭」に「須臾」の義がある。「頭を回らす間に」。
○墨痕好是不凋枝＝墨梅に関して常に言われるテーマ。

【二一八】

竹

斜斜葉葉風聲急、曲曲枝枝月色□。

―此兩竿揚眞正處、還知多福老婆心。―

竹

斜々たる葉々、風声急に、曲々たる枝々、月色（深し）。

此の両竿、真正を揚ぐる処、還た知る、多福の老婆心を。

〈訳〉

（多福和尚は「多福一叢の竹とは如何」と問われて、「一茎両茎は斜めなり」、「三茎四茎は曲れり」と答えられたが、そのように）

あるときは斜々たる竹の葉に風声が騒がしく、

あるときは曲った枝々を月が照らして深く沈んだ色を示す。

この両三本の竹、そこに（多福和尚は宗旨の端的を）真に挙揚されたのだが、

その禅師の親切を見てとらねばなるまい。

○斜斜葉葉風声急＝『伝灯録』巻十一、多福章「僧問う〈如何なるか是れ多福一叢の竹〉。師曰く〈一茎両茎は斜め〉。曰く〈学人会せず〉。師曰く〈三茎四茎は曲れり〉」。

○曲曲枝枝月色□＝諸本ともに一字を欠くが、脚韻、「心」と同じ韻なるべし。陰、深、沈。『三体詩』厳維の「普選の二上人に酬う」に「夜静渓声近、庭寒月色深」とあり、この句は『禅林句集』に収める。また、『翰林

五鳳集』絶海の画鶴に「只尺蓬莱月色深」。西胤の「墨竹」に「清陰月色深」などある。これによって「月色深」とした。

○此両竿揚真正処、還知多福老婆心＝『江湖風月集』「竹堂」に『曲々斜々、垂示の処、也た知る多福の老婆心。若し還た真正に挙揚し去らば、荒草、堦前に一丈深からん」。「多福和尚は〈多福一叢の竹〉に、〈一茎両茎は斜めなり〉〈三茎四茎は曲れり〉と答えられたが、この二つの答えに禅師の親切を見てとらねばなるまい。宗旨の本分によって直示するならば、何の言葉も用いぬから、寄りつくこともできぬ。法堂前、草深きこと一丈ならん」。『伝灯録』巻十、長沙岑禅師章、「我れ若し一向に宗教を挙揚し去らば、法堂裏須らく草深きこと一丈なるべし」。

【二一九】

梅

深淩三尺雪、孤先百花春。尋伯夷芳躅、古今一朶新。

〈訳〉

梅

深く三尺の雪を凌いで、孤り百花の春に先んず。伯夷の芳躅を尋ぬ、古今、一朶新たなり。

深く積もった雪をものともせずに、
春の百花にさきがけて、ひとり咲く。
（周の食を拒否して、首陽山にこもり蕨(わらび)を食べて餓死した殷の高士である、痩せた）
伯夷の精神を思わせるこの花を尋ねれば、
古より伝わる（高士のごとき）廉潔が、今新たに一枝開いている。

○深凌三尺雪＝深雪を「三尺雪」と表わして梅に配する例は、『錦繡段』貫酸斎の「陳此山の扇に題す」に、「清暁、山中三尺の雪、道人の神気、梅花に似たり」。
○孤先百花春＝梅は二十四番花信風の第一であるので「百花魁」という。
○尋伯夷芳躅＝伯夷は殷の高士、廉潔の代表。弟の叔斉と共に周を諌めたが聞きいれられず、名に殉じて、首陽山に隠れて餓死した。『史記』伯夷伝一。
伯夷叔斉に梅を配する作を五山文学で見れば、左のとおり。

正宗龍統『禿尾長柄帚』の「豨庵賛和靖詩の後に跋す」に「夷斉の名節、典刑存す、……梅花世界、雀の乾坤」。万里集九『梅花無尽蔵』「梅花軸」に「黄昏、枝は痩せて伯夷に肖(に)たり」。

また、梅を「痩」と表現することは、蘇東坡「紅梅三首」の一に「尚お余す、孤痩雪霜の姿」。其の二に「軽寒痩損す、一分の肌」。義堂周信『空華集』「雪後の梅花、痩せて更に奇なり」。横川景三『補庵京華新集』「雪軸」に「雪の時、得々として君が家に到り、問う、竹は安らかなるか、梅は痩せたるか（問竹安耶梅痩耶）と」。
○芳躅＝古人の（よい）事跡。ホウチョク、ホウショクとも。

【三二〇】

梅

畫出梅香霞不遮、孤山春色滿人家。
縱然日日風吹去、只有開花無落花。

梅

梅香(ばいこう)を画(えが)き出だして、霞(かすみ)も遮らず、孤山(こざん)の春色(しゅんしょく)、人家に満つ。
縦然(たと)い日々風吹き去るとも、只だ開花のみ有って落花(らっか)無し。

〈訳〉

霞も遮ることができぬ梅の香までが画き出だされて（ここまで匂って来るよう）、（梅をこよなく愛した林逋が住んだ）孤山の春景色が家いっぱいに広がる。（この墨梅は）毎日いくら風が吹こうとも、決して散ることはない、いつも開いている。

○画出梅香霞不遮＝『禅林句集』に「烟霞不遮梅香」とある。初出は不明。『句双葛藤鈔』「烟霞不遮梅香」の注に「心ノ通処ニ、サハリナキヲ云ナリ」。春屋の「言外忌偈」に「道香郁郁、遮掩せず、蕊を吐く、小春の梅一枝」。

○孤山春色満人家＝林逋（和靖）は杭州西湖の孤山に隠れ、梅を植えて愛した。生涯、官につかず、妻をめとらず、寿蔵を築き、鶴を飼って楽しんだ。『宋史』四五七の隠逸伝。前出［一六三］参照。

【二二一】

芙蓉

寫出畫圖妙、不凋逐四時。風流今在目、謝氏五言詩。

芙蓉

写し出だす、画図（がと）の妙（みょう）、四時（しじ）を逐（お）うて凋（しぼ）まず。
風流（ふうりゅう）、今、目に在り、謝氏（しゃし）五言（ごごん）の詩。

〈訳〉

絶妙に描き出された蓮の花。
（蓮の花は凋みやすいのだが、この画中の蓮は）
四季の移ろいにしたがって凋むことはない。
（謝霊運（しゃれいうん）の詩の清新さは、咲き始めの蓮のようだと評されたが）
その謝霊運の五言詩のごとき風流が、今まさに目の前にある。

○芙蓉＝蓮のこともフヨウ（キハチス）のことも芙蓉というので、その都度、弁別する必要がある。またフヨウ（キハチス）は木芙蓉ともいう。

○謝氏五言詩＝謝霊運の詩の清新さを「咲き始めの蓮のよう」と形容した言葉を、「初日芙蓉」とも「初発芙蓉」ともいう。『南史』顔延史伝に「延史嘗て鮑照に己と霊運との優劣を問う。照曰く〈謝が五言は初発の芙蓉の如し、自然愛す可し。君が詩は錦を舗き繍を列ぬるが若(ごと)し、亦た彫繢、眼に満つ〉と」。『翰林五鳳集』巻一九に『初日芙蓉』題の詩がある。いずれも開き始めた芙蓉の美を詠うもの。春荘の「初日芙蓉」に、「水を出づる芙蓉、香落つること繁し、樹頭の初日、是れ温存」。春沢の「初日芙蓉」に、「初日の芙蓉、秋水の涯、嬋娟たる巻美、露淋漓」。英甫の「初日芙蓉」に、「芙蓉露を滴(した)でて始めて開く時、赫々たる陽烏、海を出で来たる」。

【二三二】

菊

東籬花一朵、千古節操高。誰識元嘉後、依然獨姓陶。

菊

東籬(とうり)、花一朵(いちだ)、千古、節操(せっそう)高し。

誰か識(し)る、元嘉(げんか)の後、依然(いぜん)として独(ひと)り姓陶(せいとう)のみなるを。

〈訳〉

東籬に咲く一もとの菊。
千古の昔より（霜をものともせぬ）節操のある花。
（その花のような節操を保ったのは）
元嘉よりのち、ただひとり陶淵明のみであると誰が知ろうか。

○菊＝陶淵明、飲酒二十首の第五に「廬を結んで人境に在り、而も車馬の喧しき無し。君に問う、何ぞ能く爾るや。心遠なれば地自ずから偏なり。菊を採る東籬の下、悠然として南山を見る。山気、日夕佳なり、飛鳥相い与に還る。此の中、真意有り、弁ぜんと欲して已に言を忘る」。

○東籬花一朶、千古節操高＝蘇軾の「劉景文を送る」詩に「荷尽きて已に雨を擎ぐる蓋無く、菊残って猶お霜に傲る枝有り（荷尽已無擎雨蓋、菊残猶有傲霜枝）」。「傲」は伝統的に「おごる」と訓ずるが「（霜）をものともせぬ」の意。

「節操高」はまた、陶淵明の人柄をもいう。『蒙求』「陶潜帰去」に「晋の陶潜、字は元亮、潯陽の人にして、大司馬侃の曾孫なり。少にして高尚を懐き、博学にして善く文を属る。……彭沢の令と為る。……郡、督郵（郡守の属官）を遣わして県に至らしむ。吏白す〈応に束帯して之に見ゆべし〉。潜、歎じて曰く〈吾れ五斗米の為に腰を折ること能わず、拳々として郷里の小人に事えんや〉。即ち印綬を解いて県を去り、乃ち帰去来を賦す。後、著作郎に徴さるれども就かず。又た生業を営まず。酒に遇えば則ち飲む。嘗て言う〈夏月虚閑、北窓の下に高臥して、清風颯として至らば、自ら謂えり、羲皇上の人なりと〉。……」。職を辞して帰郷し、隠遁の生活を続け二度と出仕しなかった。廬山の慧遠に師事した周続之、匡山に隠棲した劉遺民と「潯陽の三隠」と称された。

○誰識元嘉後、依然独姓陶＝陶淵明の生没年は興寧三年～元嘉三年（三六五～四二七）。

【二二三】

牡丹

國色天香冠洛涯、料知比屋事豪奢。

郎中子厚邵康節、一朶争論高下花。

牡丹

国色天香(こくしょくてんこう)、洛涯(らくがい)に冠(かん)たり、料(はか)り知る、比屋(ひおく)、豪奢(ごうしゃ)を事(こと)とすることを。

郎中(ろうちゅう)、子厚邵康節(しこうしょうこうせつ)、一朶(いちだ)、争って高下(こうげ)を論ぜし花。


〈訳〉


国中でもっとも美しく、この世のものとも思われぬ香り、洛中随一の花。

(羅鄴(らぎょう)が)「都の家々は軒並みにこの花を植えて豪奢(ごうしゃ)を誇る」とうたった往時を想う。

かつて子厚(しこう)こと邵康節(しょうこうせつ)が趙郎中(ちょうろうちゅう)に向かって、

「根でわかるのが上、枝葉でわかるのが次、蕾でわかるのが下」と示したというこの花。

○国色天香＝牡丹の異名。国中でもっとも美しく、この世のものとも思われぬ香りの花。『故事成語考』花木、「国色天香、乃牡丹之富貴」。

○料知比屋事豪奢＝「事豪奢」、典拠は『三体詩』羅鄴の「牡丹」詩に「春紅を落尽して、始めて花を見る、花の時、比屋、豪奢を事とす（落尽春紅始見花、花時比屋事豪奢）」。春の花がすべて散ったころに、牡丹は咲き始める。その時期になれば、都の家々は軒並みにこの花を植えて豪奢を誇る、と。解釈は本書前出［一六一］。

○郎中子厚邵康節、一朶争論高下花＝『苕溪漁隠叢話』後集、二十二「邵康節」にいう。邵雍が洛陽にいたとき、商州太守の趙郎中という者がいて、邵雍とは旧知の中で往来があった。章惇子厚が商州にある県の県令になり、彼を趙郎中は厚遇していた。ある日、趙郎中は邵雍に頼んで章惇と会わせた。章惇は豪俊で議論は縦横、邵雍に敬意をはらわなかった。話が洛陽の牡丹の見事さに及ぶと、趙郎中は章惇に言った。「先生は洛陽の人で、牡丹花についてとてもお詳しいとか」。邵雍が言った、「洛陽の人は根の出具合で花の出来が分かるのが上、枝葉を見て分かるのが次で、蕾を見て分かるのが下。貴君（章惇）の言われるところは下ですな」。章惇は恥じ入り黙った。趙郎中が章惇に言った。「先生の学問は深淵で、世の師表です。貴方が先生に従って学ぶことを惜しまなければ、毎日進歩があることでしょう」。章惇は弟子入りを願ったが、邵雍は、「貴方が十年官職につかなければ学ぶことができるでしょう」と言って許さなかった。邵雍は宋の人、康節は諡号。字は堯夫、安楽先生と号す。章惇は宋の人、字は子厚。

【二二四】

菊

菊花帯雨披、紙上現東籬。胡蝶莫期節、四時不朽枝。

菊

菊花、雨を帯びて披き、紙上に東籬を現ず。

胡蝶、節を期する莫かれ、四時に朽ちざる枝なり。

〈訳〉
雨に濡れて開いた菊花。
紙の上に陶淵明の「菊を採る東籬の下」の光景が現れたようだ。
胡蝶よ、勘違いしてはならぬぞ。
なぜなら、これは四季に移ろわぬ、描かれた菊なのだから。

○紙上現東籬＝絵には菊花しか描かれてはいないかも知れない。「東籬」、ここでは籬ではなく菊花のことを表わすと同時に、陶淵明の「採菊東籬下」の光景をも指す。
○胡蝶莫期節＝「期節」は、通常は季節、時節の意だが、ここでは右のように訓じた。菊花に蝶を配することは、『翰林五鳳集』に頻出する。蘭坡の「菊花開く時乃ち重陽」詩に「佳節過ぐると雖も、蝶未だ知らず、菊残って猶お秋枝を駐むる有り（佳節雖過蝶未知、菊残猶有駐秋枝）」。春沢の「霜遅うして菊未だ花かず」に「重陽待つこと久し、菊花新たなり、紛々たる蜂蝶、来たって飛び去る（重陽待久菊花新。紛々蜂蝶来飛去）」。村庵「籬菊」に「霜菊半ば荒れ、籬は半ば摧く、翩々たる寒蝶、去って還た来たる（霜菊半荒籬半摧、翩々寒蝶去還来）」。
○四時不朽枝＝絵ゆえ枯れることがない。

【三二五】

梅
不管壽陽宮裡粧、氷肌玉骨是尋常。
寫來天上梅花樹、始信人間筆有香。

梅
寿陽宮裡(じゅようきゅうり)の粧(よそおい)に管(かん)せず、氷肌玉骨(ひょうきぎょっこつ)、是れ尋常(じんじょう)。
写し来たる、天上梅花(てんじょうばいか)の樹(じゅ)、始めて信ず、人間(じんかん)の筆に香有りと。

〈訳〉

(宋の武帝の娘、寿陽公主が含章殿の軒下でうたた寝をしていると、梅の花が額に落ちてきて五弁の花びらを開いた。母の皇后はこれを奇なることとしてそのままにさせていた。これを見ていた宮女たちの間で、額に梅の花びらを描く化粧が流行るようになったという)

そんな寿陽公主の化粧も何のその。

この花の氷肌玉骨(ひょうきぎょっこつ)の美しさは平常のもの。

この世ならぬ天上世界に咲く花を描いたのだから、
きっと、この世の筆にもその天香がうつったことであろう。

○不管～＝～も何のその。
○寿陽宮裡粧＝梅花の妝いをした寿陽公主。『太平御覧』巻九七〇に、『宋書』を引いて、「宋の武帝の女、寿陽公主、人日に含章簷下に臥す。梅花、額の上に落ちて五出の華と成る。之を払えども去らず、皇后之を留む。自後、梅花の妝ということ有り、後人多く之に效う」。
○氷肌玉骨＝寒中に白い花を開く梅の異名。氷姿玉骨とも。
○天上梅花樹＝梅を天上界の花とするのは五山文学の発想。景徐周麟「梅飄香雪次韻」に「風吹白雪下丹墀、天上梅花諸彦詩」。横川景三「文叔住西禅江湖」に「文学某、風前玉樹、天上梅花」など。

【二二六】

竹

亭亭獨立碧琅玕、逐幾四時愛歳寒。
昔日普賢清隱友、等閑莫作畫圖看。

竹

亭亭と独立す、碧琅玕、幾たびか四時を逐って、歳寒を愛す。
昔日、普賢と清隠とを友とす、等閑に画図の看を作すこと莫かれ。

〈訳〉


すっくと立った緑の竹。

いくたびか四季の変遷を見て、（松や梅とともに）歳寒を好んできたことか。

昔から、雪と竹は好伴侶であったが、
白銀世界は「普賢境界」だから普賢とも友である。

（王羲之が若い時に筆を洗った墨池の傍らの竹には、その墨が飛んで斑模様ができたというが）雲門の僧清隠はこれを詩にして、「枝枝葉葉、洒いで紋を成せるなり、湘川の涙痕有るに比せず」（この竹に斑模様があるのは、娥皇と女英の二人の妃の涙の跡ではない、王羲之が筆を洗ったときに飛び散った墨の跡だ）とうたった。

なおざりに見てはなりませんぞ。

○亭亭独立碧琅玕＝「亭亭」は、すっくと立つさま。「琅玕」「碧琅玕」は竹。
○逐幾四時愛歳寒＝「歳寒」、松竹梅を歳寒の三友という。『月令広義』に「松竹梅、歳寒三友と為す」。
○昔日普賢清隠友＝「普賢」は「普賢境界」は白銀世界、あるいは雪のこと。『碧巌録』四十二則、頌の評唱に「眼裏も也た是れ雪、耳裏も也た是れ雪、正住、一色辺に在り。亦た之を普賢境界と謂う」。『虚堂録』巻九に「六華、瑞を現じ、普賢の境界、全く彰わる」。「六華」は雪のこと。絵には雪が描かれているのかも知れない。「清隠」は、『祖庭事苑』「墨池」に、「墨池は蘭亭の側に在り。乃ち逸少（王羲之）が硯を滌ぎし池なり。池の旁に細竹有り。竹の葉に皆な斑斑として墨点有り。世に伝う、当年逸少が筆を洒ぎたるの及ぶ所、今に至るも尚お爾り。或いは移して它処に植えれば、則ち復た見えず、と。蓋し亦た異事の伝う可きなり。昔、雲門の僧清隠、常に詩を賦して云く、〈枝枝葉葉、洒いで紋を成せるなり、湘川の涙痕有るに比せず。手裏の鼠鬚、池裏の墨、今に至るも、蹤跡、龍孫を記す（枝枝葉葉洒成紋、不比湘川有涙痕。手裏鼠鬚池裏墨、至今蹤跡記龍孫）〉と」。「湘川有涙痕」は、舜帝が崩御した時、舜の二人の妃、娥皇と女英が舜を慕って湘水のほとりに身を投げ、二人の涙が注がれて湘竹（斑竹）ができたという話。『楚辞』湘君、『琅琊代酔編』巻三。

【三二七】

竹

一竿翻葉緑蒼蒼、吹迎渭川千畝涼。
若入呂望漁隠手、輕抛江上釣文王。

竹

一竿（いっかん）、葉を翻（ひるがえ）して、緑蒼蒼（りょくそうそう）、吹いて迎う、渭川千畝（いせんせんぼ）の涼（りょう）。
若（も）し呂望漁隠（りょうもうぎょいん）の手に入らば、軽（かろ）く江上（こうじょう）に抛（なげう）って、文王（ぶんおう）を釣らん。

〈訳〉

一本の竹が青々として緑の葉を風にそよがせている。
（たった一本の竹だけれども）
まるで、あの千畝（せんぼ）の竹で有名な渭川の地に吹く涼風を迎え入れているようだ。

もし、この一本の竹が（渭川で釣りをしていた）隠者の呂尚（りょしょう）の手に入ったなら、（きっと釣竿にして）ひょいと河に投げうって、周の文王を釣り上げることだろう。

○一竿翻葉緑蒼蒼＝絵には一本の竹。
○渭川千畝＝『史記』の貨殖伝に、「渭川千畝の竹。其の人は皆な千戸侯と等し」。渭水は竹で有名。また、左のように太公望こと呂望が釣りをしていたところ。
○若入呂望漁隠手、軽抛江上釣文王＝太公望の故事。呂望は呂尚とも。周の軍師。氏は呂、名は尚または望。渭水で釣りをしていたところ、文王に見出され、「これぞわが太公（祖父）が待ち望んでいた人物」と言って召し抱えられた。周祖太公がまち望んでいた人物という意で「太公望」と称される。
『史記』斉太公世家、「西伯猟し、果たして太公に渭陽に於いて遇う」。『尚書中候』「太公、磻渓の水に即いて其の涯に釣す。……周の文王、出でて猟して之に遇見す。問うて曰く〈鉤を水に沈む、何ぞ鉤を直（ちょく）にせしむる、如何ぞ魚を得ん〉。子牙曰く〈命を負うの魚を取らん〉。〈老人、此に在って釣り来たること幾時ぞ〉。曰く〈今一年を経る〉。又た問うて曰く〈何の児息か有る〉。〈妻息無し、妻息の無きことを憂えず、只だ国に王無きことを憂う〉」。『武王伐紂』平話に「姜尚、命に因って守たりし時、直鉤もて渭水の魚を釣る。好餌の食を用いず、水面を離るること三尺、尚、自ら言いて曰く〈命を負う者、鉤に上り来たれ〉」。

坤の巻［六〇四］太公望に、「一竿、軽く周の天下を釣る」。のんびりと釣る気もなさそうに糸を垂れているが、直鉤をつけた無欲の釣竿一本で周の天下を釣り上げた。

【二二八】

（菊花）

開圖採菊東籬下、會得淵明一日間。
無邊廣野武陵地、向何處可見南山。
寓東武之客舍日、有韻人、寄此一㡧來需讃詞。披而看之、則隱逸花也。陶後　有何人識得其節操。夫草木之有花、浮冶而易壊、輕脆難久之物者、非正人達　士堅操篤行之所好也。菊亦雖以花爲名、固與浮冶易壊之物不同。獨茂風霜搖　落之時。況入畫圖永不凋。豈不是正人達士之所爲乎。戲書卑語而巻以返之矣。

（菊花）

図を開けば、菊を東籬の下に採る、淵明が一日の間を会得す。
無辺の広野、武陵の地、何れの処に向かってか南山を見る可けんや。

東武の客舎に寓する日、韻人有り、此の一㡧を寄せ来たって讃詞を需む。披いて之を看れば、則ち隠逸の花なり。陶の後、何人か有って其の節操を識得す。夫れ草木の花有るは、浮冶にして壊し易し。軽脆難久の物は、正人達士、堅操篤行の好む所に非ざるなり。菊も亦た花を以て名を為すと雖も、固より浮冶易壊の物と同じからず。独り風霜揺落の時に茂る。況んや画図に入って永えに凋まざるをや。豈に是れ正人達士の所為ならずや。戯れに卑語を書して巻いて以て之を返す。


〈訳〉

軸を開けば（その中に入って行って）東籬の下に菊を採るような気分になり、陶淵明先生が過ごした、ゆったりとした一日を味わうことができる。

（しかし、現実の私はいま、江戸に客寓の身だ）

茫漠とした広野に武陵の地の、
いったいどこに、（淵明先生が閑居された、理想の）南山を見ることができるのだろうか。

江戸に客寓していた日、ある風流の士が、一軸を持って来て、賛詞を書けという。開いて見れば菊花の軸である。陶淵明先生以降、この花の節操を識って愛する者がいくたりあるだろうか。草木に咲く花は華やかで綺麗ではあるが、萎れやすく枯れやすい。もろくて長持ちせぬ物は、事理に通じ、節操があって着実に行なう人士の好む所ではない。菊もまた草木の花ではあるが、もろく枯れやすい他の草花とは同じではない。ただ菊だけは風霜揺落の時に花を咲かせるではないか。ましてや、今は画に描かれて永えに凋れないのである。これこそ正人達士の行為そのものではないか。戯れに拙語を書き加えるものである。

○開図採菊東籬下、会得淵明一日間＝陶淵明「飲酒」詩五に「採菊東籬下、悠然見南山」。間は閑に同じ。
○寓東武之客舎日＝年次ははっきりとしないが、詩の三四句には、江月の鬱屈した気分が現れている。流謫されている沢庵、玉室の二僧赦免願いのために江戸に滞在した頃の作品であろうか。
○隠逸花＝左の『愛蓮説』。
○陶後有何人識得其節操＝周茂叔『愛蓮説』「……予謂うに、菊は花の隠逸なる者なり、牡丹は花の富貴なる者なり、蓮は花の君子なる者なり。噫、菊を之れ愛するは、陶の後、聞く有る鮮し」。
○夫草木之有花……＝劉蒙「劉氏菊譜」の序に「草木之有花、浮冶而易壊、凡天下軽脆難久之物者、皆以花比之、宜非正人達士、堅操篤行之所好也。……是菊雖以花為名、固与浮冶易壊之物不可同年而語也。且菊有異於物者、凡花皆以春盛、而実者以秋成、其根抵枝葉無物不然。而菊独以秋花悦 茂於風霜揺落之時、此其得時者異也」。
○浮冶＝「浮」は、表ばかりで実のないこと。「冶」は、とける。鋳る、の他に「艶麗、妖媚、過分装飾」の意がある（『漢語大詞典』）。
○軽脆難久＝脆弱で久しく変わらず長持ちしない。「久」は、久しく変わらない、常がある。
○非正人達士堅操篤行之所好也＝「正人」は正徳のある人。「達士」は、見識がひろく事理に通じて、物事に拘束されぬ人物、達人。「堅操篤行」、節操があって、誠実に実行する。篤行の君子。
○独茂風霜搖落之時＝『古文真宝前集』巻之七、王維の「春桂問答」に、「春桂に問う〈桃李正に芳華、年光随処に満つ、何事か独り花無き〉。春桂答う〈春華詎ぞ幾くか久しき、風霜搖落の時、独り秀づるを、君知るや〉」。

【二二九】

菊

曾従鄭谷賦佳詩、十日黄花也一奇。

猶是秋香入圖裏、四時留得不凋枝。

菊

曾て鄭谷（ていこく）、佳詩（かし）を賦してより、十日（とうか）の黄花（こうか）も、也（ま）た一奇（いっき）。

猶お是れ秋香（しゅうこう）の図裏（とり）に入って、四時（しじ）に留め得たり、不凋（ふちょう）の枝。


〈訳〉

唐の鄭谷は（重陽を過ぎてのちの）菊の素晴らしさを詩にしているが、九月九日の重陽を過ぎた十日の菊も、また一段と素晴らしいものだ。それどころか、（鄭谷のいう一夜に衰えぬ）秋香がいま絵に描かれて、季節が変わっても、決して凋れることのない姿になっているのだ。

○曾従鄭谷賦佳詩＝鄭谷は唐の詩人。菊の詩はいくつかあるが、ここでは特に「十日菊」詩を想定したもの。「十日菊」、「節（せつ）去り、蜂愁うれども蝶知らず、暁庭（ぎょうてい）、還（かえ）って折り残す枝を繞（めぐ）る。自ずから今日、人心の別なるに縁（よ）る、未だ必ずしも秋香一夜に衰えず（節去蜂愁蝶不知、暁庭還繞折残枝。自縁今日人心別、未必秋香一夜衰）」。
『三体詩由的抄』に、「一二句。重陽ノ節過ギタルトテ、蜂ハ愁ウレドモ、蝶ハ知ラザルナリ。蜂ハ有知ノ虫ニシテ、蝶ハ無心ノ物ナレバナリ。然ル故ニ、蝶ハマダ暁ノ時分ヨリ庭中ニ来テ、昨日重陽ニ折残シタル菊ノ枝ヲメグツテ、花ヲ慕フト見エタリ。三四句、節過ギタレバ、今日ハ人ノ心別ナルニ因テ、菊ノ香色モ昨日ニ替リタルヤウニ覚ユルナリ。イカナリトモ、一夜ノ間ニ、菊ノ秋香ハ衰ヘハスマジキトナリ」。『聯珠詩格』では、第一句ヲ「節去り蜂愁えて蝶も也た知る」に作り、二句を「暁庭、露に和して残枝を折る」に作る。この場合は、作者の鄭谷が「残枝を折る」ことになる。

○十日黄花＝菊の節句（九月九日）を過ぎた菊。「六日の菖蒲」という言葉もある。「すでに遅すぎた」という意味でも用いられる。

○猶是秋香入図裏、四時留得不凋枝＝「秋香」は菊の香り。鄭谷の「十日菊」をふまえる。

【二三〇】

枇杷

盧橘花開行始因、舊年十月小春春。
見來今綴金風果、現在似知過去辰。

枇杷

盧橘花開いて、行始の因、旧年の十月、小春の春。
見来たれば今、金風の果を綴ぬ、現在、過去の辰を知るに似たり。

〈訳〉
この枇杷の花が開いて、物事の始まりの因をつくったのは、
去年の十月、まるで春の陽気のような小春のことだった。
今見れば、それは金風（秋風）が結実したような果を連ねている。
「過去の因を知らんと欲せば、まさに現在の果を看るべし」というが、
いま連なり実っている果によって、去年の秋風のときのことを知るのである。

○盧橘＝金柑また枇杷のこともいうので、用例に即して弁別せねばならない。金柑は夏から秋にかけて、白い五弁の花をつけ、晩秋から冬にかけて実が黄色く熟する。江西の「呉山残雪」詩に「白梅盧橘、凍って香無し」。惟高の「寒花待橘」詩に「一庭の盧橘、軽封に種え、霜後、朝々、菓の濃るを待つ」。枇杷は、花期は十一月から二月。初夏に卵形をした黄橙色の実をつける。成熟は五月から六月。雪嶺の「盧橘」詩に「葉大にして驢耳の長きと嘲ると雖も、実は佳にして、夏に熟す上林の傍」。『蔭凉軒日録』延徳三年五月八日の条に「料都聞、海蔵院より帰る。当軒に来たり、持するに一樽、盧橘一盆を以てす。打話して克を移す」とある。これも季節がら、枇杷のことをいう。
○行始因＝このような用例、未検。右の訳のように解した。
○旧年十月小春春＝陰暦十月を小春という。『荊楚歳時記』十月に「天気和暖、春に似たり、故に小春と曰う」。また『歳時事要』にいう「十月、天時和暖、春に似たり、花木重ねて花さく、故に小春と曰う」。
○金風果＝秋は五行説では金にあたるので、金風は秋風のことをいう。去年の秋風の中で咲いた花が、いま果実を結んだ。
○現在似知過去辰＝『諸経要集』十四、「過去の因を知らんと欲せば、当に現在の果を看るべし」。

【一三二】

木蓮

木是蓮兮蓮是木、淤泥陸地一同英。
清香若入濂溪愛、好被人呼君子名。

木蓮（もくれん）

木なるに是れ蓮（はす）、蓮（はす）なるに是れ木、淤泥陸地（おでいりくち）、一同（いちどう）の英（はな）。
清香（せいこう）若（も）し濂渓（れんけい）が愛に入らば、好（よ）し、人に君子（くんし）の名を呼ばれん。

〈訳〉

モクレンは木であるのに蓮という、蓮と書くのに木に咲く。経には「高原陸地には蓮華は生ぜず、卑湿淤泥（ひしつおでい）、乃ち此の華を生ず」とあるが、（蓮も木蓮も）泥沼と陸地と場所は異なれども、同じく素晴らしい花を咲かせる。この（モクレンの）清香が（蓮をこよなく愛した）濂渓（れんけい）先生のお気に召すならば、（モクレンもまた蓮と同じように）君子の名でもって呼ばれることであろう。

○木蓮＝モクレン。木蘭とも。落葉低木、春、葉に先立って大形で白色の花が開く。漢詩に於ける「木蓮」は必ずしもモクレンではないこともある。白居易の「木芙蓉の花の下、客を招いて飲む」には「水蓮花尽きて木蓮開く」とあるが、これは春ではなく夏の花であるから、題にあるように木芙蓉のことである。

○淤泥陸地一同英＝『維摩経』「譬えば、高原陸地には蓮華は生ぜず、卑湿淤泥、乃ち此の華を生ずるが如し。是の如く、無為の法を見て正位に入る者は、終に復た仏法を生ずること能わじ。煩悩泥中、乃ち衆生の仏法を起す有るのみ」。「英」は、花、また、千人万人にすぐれた存在。

○清香若入濂渓愛、好被人呼君子名＝「濂渓」は周茂叔のこと。その「愛蓮説」に「予謂うに、菊は花の隠逸なる者なり、牡丹は花の富貴なる者なり、蓮は花の君子なる者なり」。

【二三二】

松

松樹千齢幾深根、耳中消息有風翻。
淵明栗里故園地、三徑多年菊共存。

松

松樹千齢、幾くか根を深くす、耳中の消息、風の翻る有り。
淵明が栗里、故園の地、三径、多年、菊と共に存す。

〈訳〉

「松樹千年の翠」というが、その根はいかほどか深いことだろう。

（この絵を見れば、仏説の象徴といわれる）松に吹く風の音が聞こえるようだ。

陶淵明は故郷の栗里に帰って、荒れ果てた我が家の庭を見たが、

庭の三つの小径になお残っていた松と菊に、目を楽しませたではないか。

○松樹千齢幾深根＝松樹千年翠。『夢窓国師語録』再住南禅禅寺語録の上堂に「牡丹一日紅、松柏千年翠」。

○耳中消息有風翻＝「耳中消息」は観音の縁語。音を観る、世音を観ずるところ。『法華経』観音品に「観其音声、皆得解脱」。描かれた松樹を見るのではなく、そこに吹いている風の音を観得する。

○淵明栗里故園地＝栗里は陶淵明の故居。彭沢県、現在の江西省星子県にある。栗里原、栗里鋪ともいう。

○三径多年菊共存＝陶淵明「帰去来辞」に「三径(さんけい)、荒(こう)に就けども、松菊猶お存す（三径就荒、松菊猶存）」。故郷に帰った陶淵明は、庭の三つの小径が荒れ果てたのに驚きながらも、残っていた松と菊に目を楽しませた、という内容。

【一一三三】

瓢簞

顔淵陋巷、樂在此中。一瓢世界、容太虚空。

瓢簞（ひょうたん）

顔淵陋巷（がんえんろうこう）、楽（らく）、此の中に在り。一瓢（いっぴょう）の世界、太虚空（たいこくう）を容（い）る。


〈訳〉

顔淵（がんえん）は粗末な家に住んで、一瓢の水を飲み、粗末なものを食べていたが、そんな生活をしながら、つねに真理を学び、道を楽しんでいた。

（一壺を已が住処にした仙人壺公（ここう）の話もあるではないか）

この瓢簞の中には、大宇宙が入っておるのだ。

○瓢簞＝酒や水を入れるひさごと、飯を入れる竹器のかたみ。本来二つの器物であるのに、日本ではひさご、ヒョウタンを意味するようになった。『和漢三才図会』苦瓠に、「凡そ瓠、瓤（わた）を去って器と為し以て酒を齎（もたら）す者を、即ち瓢と名づけ、竹を編んで円器を作り以て飯を盛る者を簞と名づく。一簞之食、一瓢之飲は、此の二物なり。然るに俗、苦瓠を以て呼んで瓢簞と曰うは、誤れり」。漢語には「簞瓢」はあるが「瓢簞」はない。
○顔淵隔巷、楽在此中＝顔回（顔淵）は粗末な飲食で、むさくるしい路地（陋巷）に住まわっていたが、道を楽しんで学んでいた。『論語』雍也、「子曰く、賢なる哉、回や。一簞（いったん）の食、一瓢（いっぴょう）の飲、陋巷に在り。人は其の憂いに堪えず。回や其の楽しみを改めず。賢なる哉回や」。また『論語』述而に、「疏食（そしょく）を飯（くら）い水を飲み、肱を曲げて之を枕とす。楽しみ亦た其の中に在り」。
○一瓢世界、容太虚空＝漢の仙人壺公が一壺を已が住処にしたという「壺中天」の故事。『漢書』方術、費長房（ひちょうぼう）伝に、「費長房は汝南の人なり。曾て市の掾（いちまちのえん）（市場の監視役人）と為る。市中に老翁有って薬を売る。一壺を肆頭に懸け、市の罷むに及んで、輒ち壺中に跳り入る。市人之を見る無し。唯だ長房のみ楼上より之を観て焉を異とす。因って往いて再拝す。……翁乃ち与に倶に壺中に入らしむ。唯だ見る、玉堂厳麗にして、旨酒甘肴、其の中に盈衍することを。共に飲み畢って出づ」。また『雲笈七籤』には「壺中に日月あり、化して天地と為す」とある。

【二三四】

芙蓉

芙蓉一朶墨痕紅、繪出芳菲翻晩風。
天地逢秋雖肅殺、獨留艷色四時中。

芙蓉

芙蓉一朶、墨痕紅なり、芳菲を絵き出だして、晩風に翻る。
天地秋に逢うて肅殺すると雖も、独り艷色を四時の中に留む。

〈訳〉
墨で描かれた一本の芙蓉なのに、紅の色までが、
そして、その香までが描かれ、晩風にただよっているようだ。

秋になれば一切が枯れるけれども、

（ここに描かれた）この芙蓉だけは、四季を通じて妖艶さが変わることはない。

○墨痕紅＝墨なのに紅までが描かれているよう。

○絵出芳菲翻晩風＝「芳菲」は、花や草のよい匂い。また、よい香りの花や草。

○天地逢秋雖肅殺＝「肅殺」は、秋気が草木をすっかり枯らすこと。陳子昂「送別崔著作東征」詩に「金天方めて肅殺、白露始めて専征」。

【二三五】

梅竹

梅花春不常、永作畫圖粧。約歳寒盟處、清風竹有香。

〈訳〉

梅竹

梅花、春常ならず、永えに画図の粧を作す。

歳寒の盟を約する処、清風、竹に香有り。

この梅花はただの春を表わしているのではない、
絵の中にあって永遠に春のよそおいをしているのだ。
この梅は歳寒三友のひとり竹とともに描かれているが、
いま清風が吹けば、（杜甫がうたったように）この竹は香ることであろう。

○梅花春不常＝「春不常」は、梅が咲いているが、（画図の粧であるがゆえに）尋常の春ではない。
○約歳寒盟処＝松竹梅を歳寒の三友とよび、寒気に堪え節を守る良賢に譬える。歳寒三友。『月令広義』に「松竹梅、歳寒三友と為す」。「三友」は、『論語』季氏に「益者三友あり、損者三友あり（益者三友、損者三友）」。
○竹有香＝杜甫の「厳鄭公宅にて同じく竹を詠ず、香字を得たり」の詩に「雨に洗われて娟娟として浄く、風に吹かれて細細として香し（雨洗娟娟浄、風吹細細香）」とあるのをモティーフにしたもの。彦龍周興『半陶文集』の「竹渓字説」に、「少陵、竹を詠じて〈風吹細々香〉と曰う。宋人云く〈杜老は詩中の仏、能くぞ竹に香有りと言えり〉。千古の美談なり」。

葡萄

【二三六】

葡萄

苑中抽一莖、馬乳帯霜輕。秋兎毫締露、畫成黒水精。

苑中（えんちゅう）、一茎（いっきょう）を抽（ぬき）んで、馬乳（ばにゅう）、霜（しも）の軽きを帯（お）ぶ。
秋兎毫（しゅうとごう）に露（つゆ）を締（むす）んで、黒水精（くろすいしょう）を画（えが）き成す。

〈訳〉
庭に一本はえた幹に、（馬乳のような）果実が、うす霜を帯びて実っている。
たっぷりと露を含んだ秋兎の筆が、
黒水精のような（艶のある葡萄の）実を画き出している。

○馬乳＝葡萄の異名。『本草』蒲萄に、「時珍曰く、其の円き者を草龍珠と名づけ、長き者を馬乳と名づく」。
○帯霜軽＝なぜ「軽」なのか。うすい霜のことを「軽霜」という。李白の「送崔氏昆季之金陵」に「水客。帰棹を弄し、雲帆、輕霜を巻く」。よって、「霜の軽きを帯ぶ」と訓じた。
○秋兎毫＝筆のこと。秋の兔の毛を用いて作った筆。
○締露＝ふつうは「結露」という。和語の「むすぶ」は「露、霧、氷などが凝結する」こと。
○黒水精＝葡萄の異名。『事物異名録』葡萄、「葡萄、一名黒水精」。

【二三七】
柳
岸柳絲絲裊暮烟、波頭涵影碧於天。

―古今牽得幾人恨、徒結離愁向祖筵。―

柳

岸柳糸糸たり、裊たる暮烟、波頭の涵影、天よりも碧なり。
古今、幾人の恨みをか牽き得たる、徒らに離愁を結んで、祖筵に向かう。

〈訳〉

糸のようにしだれている岸の柳、ゆらゆらと揺れる暮烟。
この光影を波に映して、野水は天よりも碧。
（こんな情景が）昔からどれほど人の心を傷めしめて来たことか。
どうしようもない別離の思いを抱いて、送別の宴に向かう。

○岸柳糸糸＝糸のようにしだれている柳の枝を「柳糸」といい、柳の枝が垂れるさまを「柳糸糸」という。大休宗休「桃岳慈縁禅定尼引導法語」に、「［拋火把］楊柳糸糸収不尽、和煙染出玉欄前」。
○裊暮烟＝「裊」は、ゆらゆら揺れるさま。「裊煙」は、ゆらゆらと立ちのぼる煙。
○碧於天＝黄山谷の「演雅」詩の「江南の野水、天よりも碧し、中に白鷗有って閑なること我に似たり（江南野水碧於天、中有白鷗閑似我）」。
○古今牽得幾人恨＝劉廷之の「公子行」（三体詩収）に「憐れむ可し、楊柳傷心の樹、憐れむ可し、桃李断腸の花（可憐楊柳傷心樹、可憐桃李断腸花）」。愛らしい風姿の柳は人の感興をそそって心を傷ましめるものである、と。この詩により、柳のことを「傷心樹」という。また、柳は別離の情を象徴する。人に別れ送るときに柳枝を折って歌を贈った。古楽府に「折楊柳」あり、多くは別離の情をうたうもの。張喬の「寄維揚故人」に、「離別、河辺に柳条を綰ぬ（離別河辺綰柳条）」とあり、『三体詩由的抄』に、「唐土ニテハ、旅人ヲ送ルニ、必柳ヲ折テ、其枝ヲ綰ネテ送ル。是レニ二義アリ。一ハ、系条留繫ノ意。一説、綰ハ還ノ義アリ」。

○徒結離愁向祖筵＝「祖筵」は、送別の宴、祖宴、祖道とも。孟浩然「盧少府、使して秦に入るを送る」詩に「祖筵江上列」。「祖」は、送別の宴を開いて、行く者を送ること。死者に供え物をして送ることもいう。

【二三八】

梅

日暮高樓笛、聲聲一任吹。墨痕花妙處、四序不辭枝。

梅

日暮、高楼の笛、声声、吹くに一任す。
墨痕、花の妙処、四序、枝を辞さず。

〈訳〉

日の暮れ、高楼から聞こえてくる笛の音。

(名手が吹けば、その響きに応じて梅花を散らせてしまうという「梅花落」の調べであろうが)

さもあればあれ、いくらでも吹くがいい。

(なぜならば、ここに描き出された)

墨梅の妙処は、季節が移ろっても散ることはないのだから。

○日暮高楼笛＝笛の曲に「梅花落」がある。名手がこの曲を吹けば、その響きに応じて梅花が散り落ちるという。李白「史郎中欽と黄鶴楼上に笛を吹くを聴く」詩に「黄鶴楼中、玉笛を吹く、江城、五月、落梅花（黄鶴楼中吹玉笛、江城五月落梅花）」。『江湖風月集』柏堂森の室内一盞灯に、「一声の玉笛、高楼に起こる、狼藉たる梅花、地に満ちて休す（一声玉笛起高楼、狼藉梅花満地休）」。高楼で名人が奏でる（梅花落の）しらべが、あたりに咲いている梅花を、狼藉にもことごとく散らせたかのようである。
○声声一任吹＝「一任」は、さもあればあれ。いくらでも吹くがいい。
○墨痕花妙処、四序不辞枝＝常套の表現。墨絵ゆえに、四季通じて、散ることがない。

【二三九】

(葡萄)

貝丘南谷、移入畫圖。草龍一丈、吐出明珠。

曾天寶年中、沙門曇霄、至貝丘之南葡萄谷、得枯蔓還本寺。時人號爲草龍

珠矣。獨在異郷爲異客、人遠寄此圖、求贊語。將曇霄携蒲萄還故事、賦短
韻、仰望侘之皈策云。

（葡萄）

貝丘南谷、移って画図に入る。

草龍一丈、明珠を吐出す。

曾て天宝年中、沙門曇霄、貝丘の南、葡萄谷に至って、枯蔓を得て本寺に還る。時の人、号けて草龍珠と為す。独り異郷に在って異客と為る人、遠く此の図を寄せて贊語を求む。曇霄が蒲萄を携えて還りし故事を将って短韻を賦し、侘の帰策を仰望すると云う。

〈訳〉
（葡萄の産地である）貝丘の葡萄谷が移って来て、
そのまま絵の中に入ったようだ。
一丈もある草龍が、明珠を吐き出している。
その昔、天宝年中に曇霄という僧が貝丘の南にある葡萄谷に行き、そこで葡萄の蔓

を得て本寺に持ち帰った。人々はこれを草龍珠と名付けた。ひとり異郷に在る人が、はるばるこの軸を寄せて賛語を求めて来たので、曇霄の故事によって短詩を賦し、その方のお帰りを願う。

○貝丘＝山東省。左の『酉陽雑俎』広動植、木篇。
○移入画図＝はるか異郷の貝丘が、この絵の中に移って来た。
○草龍一丈、吐出明珠＝葡萄のことを、草龍珠という。『本草』にも。
○天宝年中＝唐玄宗の時代。七四二〜七五六。
○沙門曇霄、至貝丘之南葡萄谷、得枯蔓還本寺＝『太平広記』巻第四一一「王母葡萄」に、「具丘の南に葡萄谷有り。谷中の葡萄、其の所に就いて之を食らうに可なり。……天宝中、沙門曇霄、因みに諸岳に游び、此の谷に至る。葡萄を得て之を食らう。又た枯蔓の杖と為すに堪うるを見る。大いさ指の如く、五尺余りなり。持して本寺に還り、之を植うるに遂に活す。長高きこと数仞、地を蔭する幅員十丈。仰ぎ観れば帷蓋の若し。其の旁に実磊落として、紫瑩の墜つるが如し。時人号して草龍珠帳と為す。『酉陽雑俎』に出づ」。
○時人号為草龍珠＝右によれば、草龍珠帳。
○独在異郷為異客人＝誰か特定できないが、遠い異郷で異客となっている人物からの依頼。
○仰望佗之帰策＝一日も早く（京都へ）戻られることを願う。

【二四〇】
紅芙蓉

一朶芙蓉結畫縁、風吹不入四時然。
丹青須是駐顔藥、永保紅粧美少年。

紅芙蓉

一朶の芙蓉、画縁を結ぶ、風吹けども入らず、四時に然り。
丹青は須らく是れ駐顔の薬なるべし、永えに保つ、紅粧の美少年。

〈訳〉
一もとの紅芙蓉が、縁あってここに描かれた。
いくら風が吹こうとも絵の中には入らぬから散ることはない、四季を通じてそうだ。
（四季を通じて変わらないのだから、年を経ることもない。してみれば）
絵の具はさだめし不老の薬にちがいあるまい。
紅顔の美少年のごとき美しい姿が永遠に留められているのだから。

○紅芙蓉＝木芙蓉。
○一朶芙蓉結画縁＝「画縁」の語、他に未見。紅芙蓉はいくらでもあろうに、この一本、よくよくのご縁があって、ここに絵となった。
○風吹不入四時然＝常套の表現。描かれたものだから、風に吹かれても散ることはない。

○丹青須是駐顔薬＝「駐顔薬」は、不老の薬。「駐紅顔」とも。『神仙伝』「虚を補って顔を駐め、穀を断って気を益す（補虚駐顔、断穀益気）」。蘇軾「洞霄宮」詩、「長松怪石、霜鬢に宜し、用いず、金丹もて苦ろに顔を駐むることを（長松怪石宜霜鬢、不用金丹苦駐顔）」。

○紅粧美少年＝紅い花（仙翁花、紅薬など。いまここでは芙蓉）を紅粧の美少年に譬えること、室町禅林の伝統である「喝食賛歌」。

【二四二】

松

徂徠佳境、付與箇松。千年一色、改舊時容。

松

徂来の佳境、箇の松に付与す。

千年一色、旧時の容を改む。

〈訳〉

松の勝地である徂来の佳境が、この松に移ったようである。

松樹千年の翠、とわに変らぬはずの緑が、

（今この絵に描かれて、一段と素晴らしく）すっかり面目を改めたようだ。

○徂来佳境＝徂来は山東省の山の名。松の名勝地。『詩経』魯頌、閟宮に「徂来之松、新甫之柏」。
○千年一色＝千年変らぬ緑、「松樹千年翠」。『夢窓国師語録』再住南禅禅寺語録の上堂に「牡丹一日紅、松柏千年翠」。
○改旧時容＝「寒松不改旧時青」というように、「不改」というべきところを「改」というところがミソ。

【二四二】

菊

陶家舊本、點入墨痕。典午天地、白楮一番。

菊

陶家の旧本、点じて墨痕に入る。
典午の天地、白楮一番。

〈訳〉

陶淵明先生の家の元本である菊の花が、ここに墨画となっている。

（僧一初は、「淵明先生の愛した菊は山林にあまねくあるが、劉氏の世の中となって、司馬氏の山河は一寸の土地もなく、みな劉宋の物になってしまった」とうたったが）

この絵の中は（淵明先生が仕えた晋代の）司馬氏の天地が、
紙面一杯、第一番である。

○陶家旧本＝『錦繍段』に収める僧一初「墨菊」に、「陶家の旧本、林丘に徧し、野草、端無くも亦た劉を姓とす。典午の山河、寸土も無し、籬辺、分かち得たり、一枝の秋（陶家旧本徧林丘、野草無端亦姓劉。典午山河無寸土、籬辺分得一枝秋）」。『錦繍段由的抄』に、「一二句。……淵明ハ晋ノ司馬氏ノ臣ナリシニ、宋ノ劉裕、晋ノ世ヲ奪イテ劉氏ニナッタヲ愁イテ、二姓ニ仕エズト云ッテ隠遁シタゾ。……言ハ、陶淵明ガ家ノ菊、山林ニアマネク有ルナリ。シカルニ野草ハ皆アヂキナク（＝どうしようもなく）、劉氏ニ従ウゾ。……三四句。典午ハ、晋ノ氏司馬ナレバ、午ヲ典ルト言ウゾ。言ハ、司馬氏ノ山河ハ一寸ノ土地モナク、皆、劉宋ノ物ニナリタリ。只、籬辺一枝ノ菊バカリ、劉宋ニ付サズ、晋ノ地ヲトドメテ、宋トワカチタゾ。淵明ガ愛シタル菊ナレバ如此云リ」。

○陶家旧本＝旧本は元本。オリジナル。

○典午天地＝典午は司馬のこと。晋の天子は司馬氏。よって晋代のことをいう。

○白楮一番＝「白楮」は紙の異名。一番は一枚に同じ。一番紙などという。また、第一番の義もふくむか。

【二四三】縛竹菊花

枯竹風清將掃地、菊花香動自無塵。
七賢意與淵明意、異曲同工結隱倫。

縛竹の菊花

枯竹、風清く、将に地を掃わんとす、菊花、香動いて、自ずから塵無し。
七賢の意と、淵明の意と、異曲同工、隠倫を結ぶ。

〈訳〉
枯竹の籬を透った清風が、大地いっぱい吹き渡ろうとしている。
菊花の香りがただよい、一点の塵もない景。
好んで竹林に集うた七賢人と、菊花をうたった陶淵明と、
その手法は（竹と菊と）異なるが趣きは同じ。ともに隠棲者の仲間だ。

○縛竹菊花＝籬辺の菊花。「縛竹」の語、ほかに未見だが、以下の用例から推して「籬をつくること。あるいは籬そのもの」を意味しよう。庵を結ぶことを「縛屋」という。絶海中津「山家」詩に「年来、屋を縛して山中に住む、路は自ずから白雲深き処に通ず」。あるいは「縛茆」「縛茅」「縛廬」などともいう。また、籬をつくることを「縛籬」という。寂室和尚の詩に、「松を栽え竹を種え、籬を縛して圃を鋤く」。天隠龍沢の「重陽上堂」詩に、「乾坤大地を縛して一束の籬と作し、草木叢林を変じて一株の菊と作す」。また景徐周麟「芍薬の宅

を修す」詩に「揚州十里の霞を移取して、階に当たって手ずから自ら籬笆を縛す」。
○枯竹風清将掃地＝清風匝地。『碧巌録』一則頌「千古万古、空しく相い憶う。相い憶うことを休めよ。清風匝地、何の極まりか有らん」。大地いっぱいに吹き渡る清風。それが真のダルマ。『碧巌録』のある抄に「是コソ真実ノ活達磨ヨ」。
○菊花香動自無塵＝菊をうたう。「香動」は、香りが漂う（ことを、あたかも見えるがごとく表現する）。林逋（和靖）の「山園小梅」詩に「暗香浮動月黄昏」。
○七賢＝晋の時代に、俗世間をさけて竹林に集まり、酒を飲み琴をひき、清談をした七人の隠者。阮籍・嵆康・山濤・向秀・劉伶・阮咸・王戎。『晋書』嵆康伝。
○淵明意＝酒と菊を愛した隠逸詩人、陶淵明。「飲酒」詩五に「採菊東籬下、悠然見南山」。
○異曲同工結隠倫＝「異曲同工」、同工異曲。伎倆は同じで曲の調べは異なる。「隠倫」は隠遁者（の類、仲間）。

【二四四】

麒麟

一角麒麟花一枝、一枝一貫共一理。
孔門釋門同其歸、迦葉歡喜曾子唯。

麒麟

一角の麒麟、花一枝、一枝一貫、共に一理。

孔門釈門、其の帰を同じうす、迦葉の歓喜、曾子の唯。


〈訳〉

独角の麒麟と、一本の花。

一本の花と角一本と、ともに一理を以て貫いている。

孔子の教えと仏の教えと、その帰するところはひとつ。

釈尊が一本の花を拈じたら、迦葉は即座に破顔微笑されたが、（それと同じように）

曾子は孔子の「一以て之を貫く」のお示しに、即座に「唯（まことにそのとおり）」と答えたではないか。

○麒麟＝草花のことであろうが、何の花か未詳。ベンケイソウ科の麒麟草か。またラショウモンカズラ（羅生門蔓）の異名を麒麟草ともいう。『昆陽漫録』巻四、「吉姑蘿（キリンカク）」に「近年琉球ヨリ来ルキリンカクト云フ草、はサボテンともいう。俳諧『鷹筑波』に「をそく咲くは駑馬にやをとるきりん草」。また「麒麟角」中山伝信録ニアリ。其文左ノ如し。吉姑蘿、一名火鳳、人家牆上多植之。以避火。幹似覇王鞭草。葉似黄菊。亦有紅者。名福禄木」。また「麒麟角」はトウダイグサ科の低木とも。茎は肉質で直立し、円柱状で四〜六の稜がある。葉はなく、稜の上にトゲがある。茎頂に黄色の小花を着ける。『松屋筆記』巻一〇五の六五「キリンカクといへる草」に「槐記二巻、享保九甲辰（一七二四）五月十七日の条に、此頃ウハサ申上シ天竺物麒麟角ト云モノ御覧ニ入ル、先キリンノ角サヘ笑シキニ、大竺物とは何ゴトゾト、大笑ナサル」。その他、麒麟菊というものもある。江戸から明治にかけて江戸で栽培された（『日本国語大辞典』）。

○一角麒麟花一枝＝「一角麒麟」は独角麒麟とも。抜群に傑出した英霊の漢に喩える。「花一枝」は、釈尊が拈じた優曇花一枝。
○一枝一貫＝拈花の一枝、麒麟の一角は「一以貫之」。
○共一理＝一理を以て通貫している。
○迦葉歓喜＝『五灯会元』巻一、釈迦牟尼仏章、「世尊、霊山会上(りょうぜんえじょう)に在って、華を拈じて衆に示す。是の時、衆皆な黙然たり。唯だ迦葉尊者のみ破顔微笑す。世尊曰く〈吾れに正法眼蔵(しょうぼうげんぞう)、涅槃妙心、実相無相、微妙の法門有り、不立文字、教外別伝、摩訶迦葉に付嘱す〉。世尊、多子塔の前に至って、摩訶迦葉に命じて分座して坐らしむ。僧伽梨を以て之れを囲む。遂に告げて曰く〈吾れ正法眼蔵(しょうぼうげんぞう)を以て汝に密付す、汝当に護持して、将来に伝付すべし〉」。
○曾子唯＝『論語』里仁篇、「吾が道は一以て之を貫く。曾子曰く、唯」。「唯」は、応ずること速かにして疑い無きなり。

龍虎(りゅうこ)

【二四五】

龍虎

王庭湊坐別墅。濟源路（駱）山人見。君鼻中之氣、左如龍、右如虎。龍虎氣交、王在今秋。子孫相繼滿一百年矣。此兩𡧖畫成底、鼻中之氣、子孫相繼、不言百年、須滿億萬年。祝祝。龍虎。

王庭湊、別墅に坐す。済源の駱山人見て（曰く）「君が鼻中の気、左は龍の如く、右は虎の如し。龍虎、気交わり、王、今秋に在り。子孫相継いで、一百年に満たん」と。此の両幨に画き成す底、鼻中の気、子孫、相継ぐこと、百年と言わず、須らく億万年に満つべし。祝祝。

〈訳〉

（ウイグル族の）王庭湊は（恆山の西南三十里にある石邑別墅に生まれ、長じて成徳節度使を務めた。あるとき河陽に使して、済源県というところで、酔って路上に寝ていたところ）駱山人という男が人相を見て言った、「君の鼻から出入する気を観ずるに、左は龍のようで、右は虎のようだ。龍虎の気交わるの天子の気象である。今秋には王となるだろう。そして、子孫はその位を相継ぐこと百年にもなるだろう」と。

（こういう話があるが）この両幅に画かれたものの鼻中の気を窺うに、子孫は百年どころか、必ずや億万年に相継いでゆくことであろう。祝祝。

○原本、脱字、誤字がいくつかある。

○王庭湊坐別墅＝王庭湊は、王廷湊とも。？～八三四年。回竦阿布思族の末裔。王庭湊より代々成徳節度使を務めた。『唐書』王廷湊伝、「廷湊、曾て河陽に使す。酔うて路に寝る。其の所を過ぐる者有り、之を視て曰く

〈常の人に非ず。……〉。其の故を問う。曰く〈吾れ君が鼻の息を見るに、左は龍の若く、右が虎の若し。子孫、当に王となること百年なるべし〉と」。

『太平広記』巻七十八、「駱山人」に、「……廷湊、別墅に生まる。……曾て河陽に使し、回りに中路に在って、酒に困するを以て路隅に寝る。忽ち一人有って策を荷って過ぐ。之を熟視して曰く〈貴なること列土（封を受けて諸侯になること）に当たる。常の人に非ず〉。僕者寤めて以て廷湊に告ぐ。馳せること数里、之に及ぶ。敬を致して問うに、自ら済源の駱山人なりと云う。〈向に君が中の気を見るに、左は龍の如くして右は虎の如し。二気交わって、王ならんこと応に今秋に在るべし。子孫相継いで一百年に満たん〉と。『北夢瑣言』に出づ」。

○坐別墅＝文意、通じない。右に引いた伝に見るように「別墅」というのは廷湊生が生まれた所なので「坐」というのはおかしい。右に引いた『唐書』などに「酔寝路」「寝於路」などとあるのが望ましい。

○済源路（駱）山人＝「済源」は地名。河南省済源県。横岳文庫本は「済源路山人」とし「済源路」に地名の印である傍線をつけているが誤り。「路」は正しくは「駱」。つまり「済源駱山人」が正しい。「済源」が地名で、「駱山人」が、人名。『北夢瑣言』によれば駱徳播という名。「山人」は、世事を棄てて山中に隠棲している人。

○左如龍、右如虎＝龍吟虎嘯。

○龍虎気交、王在今秋＝龍虎気は、天子の気象。天子たるべき兆し。

○此両幀画成底＝「両幀」とあるから、次項につづく［二四六］龍図および［二四七］虎図との双幅だったものと思われる。よって本項の序にあたる部分は、［二四六］か［二四七］のいずれかに書かれていたものであろう。

【二四六】

龍

拏雲攫浪去如飛、頭角崢嶸長猛威。
遊戯神通活三昧、鱗鱗具足截流機。

龍

雲を拏み、浪を攫み去って飛ぶが如し、頭角、崢嶸として、猛威を長ず。
遊戯神通、活三昧、鱗鱗、具足す、截流の機。

〈訳〉

（前足は）雲をつかみ（後ろ足は）浪をけって（天高く）飛翔してゆきそうである。
その抜群の意気は威猛をいや増している。
神通をほしいままにして、快活自在。
一枚一枚の鱗が、煩悩を断ち截るはたらきを具えている。

○拏雲攫浪去如飛＝昇龍のさま。
○頭角崢嶸＝気概才華の尋常ならざることをいう。「崢嶸」は峻しきさま。「頭角」はツノの意味もあるが、すぐれた気概才華をいう。ここでは両者を含意する。『碧巌録』九一則、頌評唱に「亦見犀牛頭角崢嶸」とあり、この場合も同じ。
○鱗鱗具足截流機＝「截流」は、截断衆流。分別妄想心（衆流）を截断すること。

【二四七】
虎
白額於菟嘯起風、一聲聲裡逞威雄。
華林室下親隨侍、借問大空耶小空。

虎

白額の於菟、嘯いて風を起こす、一声声裡、威雄を逞しうす。
華林室下、親しく随侍す、借問す、大空か小空か。

〈訳〉
（彼の南山の）白額の虎が嘯けば、風が起こる。
その逞しい一声一声が、威雄をいや増す。
華林禅師には、侍者がわりに（大空、小空という名の）二匹の虎がいたそうだが、
ちょっとお尋ね申す、この虎は大空か、それとも小空でござるか。

○白額於菟＝「於菟」は虎の異名。楚の方言。「白額」も虎の異名。『晋書』の周処伝、「膂力は人を絶し、情を縦にし慾を肆にす。……父老歎じて曰う〈三害未だ除かず、何の楽か之れ有らん〉。処曰く〈何の謂ぞや〉。答えて曰く〈南山の白額猛獣、長橋下の蛟、子を幷せて三と為す〉と。処、乃ち山に入って猛獣を射殺し、因って水投じて蛟を搏つ」。

○嘯起風＝『易経』乾に「雲従龍、風従虎」と。『周易正義・疏』に「龍は是れ水畜なり、雲は是れ水気なり。故に龍吟ずれば則ち景雲出づ。是れ雲は龍に従うなり。虎は是れ威猛の獣なり、風は是れ震動の気なり。此亦た是れ同類相い感ず、故に虎嘯けば則ち谷風生ず。是れ風は虎に従うなり」。

○華林室下親随侍、借問大空耶小空＝華林善覚禅師は、大空、小空という名の虎二匹を侍者がわりに従えていたという。『伝灯録』巻八、華林善覚章に「一日、観察使の裴休、之れを訪う。問うて曰く〈師、還た侍者有りや〉。師曰く〈一両箇有り〉。裴曰く〈什麼の処にか在る〉。師乃ち〈大空、小空〉と喚ぶ。時に二虎、庵後より出づ。裴、之れを覩て驚悸く。師、二虎に語って曰く〈客有り、且らく去れ〉。二虎、哮吼して去る。裴問うて曰く〈師、何の行業を作してか斯の如くなるを感得せる〉」。
「借問」は、ちょっとお尋ね申す。

【二四八】

龍

瀑布如飛千尺垂、活龍鱍鱍激波來。
耳中消息眼中見、吟起亂雲天一涯。

龍

瀑布飛ぶが如く、千尺垂る、活龍、鱍鱍として波を激し来たる。
耳中の消息、眼中に見る、吟じ起こす、乱雲、天一涯。

〈訳〉

(李白は廬山の瀑布をうたって「飛流直下三千尺」といわれたが)
三千尺の飛流が直下に垂れるように、龍がビシビシと波を起こして降りて来る。その音までが画中から聞こえて来る。まさに「耳中の消息を眼中に見る」というところ。一龍が吟じて、天の涯に乱れ雲を巻き起こす。

○瀑布如飛千尺垂＝(天高く翔けあがり、また)降りて来る龍が、飛流直下三千尺の滝のごとし。李白「廬山瀑布」詩に「飛流直下、三千尺、疑うらくは是れ銀河、九天より落つるかと」。

○耳中消息眼中見＝「耳中消息」「耳底消息」とも。観音、観世音。世音を観ずるところ。『法華経』観音品に「観其音声、皆得解脱」。『江湖風月集』「聴雪」詩に「耳中消息意中観、一片飛来一片寒」。注に「但だ物の声を聞くは是れ耳中の消息なり。未だ何の声ということを弁ぜず。意中に観るに及んで、能く雪の声なることを知る」。

○吟起乱雲天一涯＝『易経』乾に「雲従龍、風従虎」。本書前出［二四七］。

【二四九】

虎

猛虎逞威一畫圖、眼光射地暗貫珠。
大空底也小空底、善覺老禪菴後徒。

虎

猛虎、威を逞しうす、一画図、眼光、地を射て、暗に珠を貫く。
大空底か、小空底か、善覚老禅、庵後の徒。

〈訳〉

猛虎がこの絵の中で、盛んに威勢を奮っている。
鋭い眼光は地をも射抜かんばかり、暗闇に光る二珠を貫いたようだ。
善覚禅師は二匹の虎を庵の後で飼っていて侍者がわりにしていたというが、
（この絵の虎は）さて大空であろうか、小空であろうか。

○猛虎逞威＝「逞」は、盛んにする、つよくする。また、ほしいままにする。
○眼光射地暗貫珠＝人の眼光が鋭いことを「眼光射人」というが、ここは眼光が大地をも射抜く、ということらしい。「貫珠」は「衆美があい集まり、ますます映えること」をいうが、ここでは眼光の鋭いことをいうか、あるいは、眼光が二つの美珠を連ねたようだということか。
○大空底也小空底、善覚老禅庵後徒＝華林善覚が大空、小空という名の虎二匹を侍者がわりに従えていたこと。
本書前出［二四七］。

【二五〇】 坤の巻［六五〇］

龍

現大人相、忽看雲連。四馬安在、一龍飛天。

龍

大人(だいにん)の相(そう)を現ず、忽(たちま)ち雲の連なるを看る。
四馬(しば)、安(いず)くにか在る、一龍、天に飛ぶ。

〈訳〉
聖明の大人の姿が現れ、たちまち、雲が興ってこれに従う。
（これが、『易』にいう、聖人が現れ、これに賢人がつき従う気象）。
（ところで）四頭だての馬車はどこにあるか。
（いくら追っても追いつくまい）飛龍はすでに、天高く飛翔しているのだから。

○現大人相、忽看雲連＝「大人相」は、三十二大人相、仏に備わる三十二種の相のことだが、いまは次の『易経』の語とかさねていう。『易経』乾、文言に「九五に〈飛龍、天に在り。大人を見るに利し〉とは何の謂ぞ。子曰く〈同声相応じ、同気相求む。……雲は龍に従い、風は虎に従う〉」。

○四馬安在＝四馬は駟馬。四頭だての馬車を引かせる四頭の馬。とても追いつかぬことを「駟馬も追うこと能わず」という。

○一龍飛天＝右に引いた『易経』乾に「飛龍在天」。聖人が天子の位にあることをいう。

【二五一】坤の巻［六七二］

虎

當途獨嘯、風雨多多。縱振威去、奈苛政何。

虎

途に当たって独り嘯く、風雨多多。

縦い威を振い去るも、苛政を奈何せん。

〈訳〉

道のど真ん中にでんと座って一声吼えれば、

風をまねき雨をまねく。
大いに威を振るうのもよいが、苛政よりも畏れられてはいかん。
（孔子も「苛政（かせい）は虎より猛し」と言われたではないか）。

○当途独嘯、風雨多々＝「虎嘯風生」。「当途」は当路。道のど真ん中に。「猛虎当路坐」の禅語もある。
○奈苛政何＝『礼記』檀弓下、「孔子、泰山の側を過ぐ。婦人の墓に哭する者有りて哀（うれ）う。夫子、式して〈敬礼して〉之を聴き、子路をして之を問わしめて曰く〈子の哭するや、一に重ねて憂い有る者に似たり〉と。而ち曰く〈然り、吾が舅（しゅうと）、虎に死し、吾が夫又た死し、今吾が子又た死す〉。夫子曰く〈何為（なんそ）ぞ去らざる〉と。曰く〈苛政無ければなり〉と。夫子曰く〈小子、之を識せ、苛政は虎より猛し〉と」。

【二五二】　虎

拂南山霧、飛走横行。目光夾鏡、照徹八紘。

虎

南山（なんざん）の霧を払って、飛走横行（ひそうおうこう）す。
目光夾鏡（もっこうきょうきょう）、八紘（はっこう）を照徹（しょうてつ）す。

〈訳〉

（南山の豹は、霧雨の時には毛皮の光沢が損なわれるのを恐れて隠れるというが）

この虎はそうではない、南山の霧を払って、思うがままに駆け走る。

一対の鏡のごとく、爛々とかがやく目の光は、全世界を照徹する。

○払南山霧＝「南山」は白額の虎のいる所。本書前出［二四七］に引いた『晋書』の周処伝。また、「南山霧」は、南山の豹が霧雨の時には、毛皮の光沢が損なわれるのを恐れて、出でて獲物をとったりはせぬという事をふまえる。『烈女伝』賢明の「陶答子妻伝」に「南山に玄豹有り、霧雨七日、而して下食せざる者は何ぞや。以て其の毛を沢して文章を成さんと欲す。故に蔵れて害を遠ざく」。

○飛走横行＝南山の豹が霧雨の時に隠れるのとはちがって。「横行」は、勝手きままに歩く。「横」は「自在に」。

○目光夾鏡＝「夾鏡」は左右一対の鏡。『諸橋大漢和辞典』は「駿馬の目の爛々たる形容」とするが、馬に限らない。王安石の「虎図」に「目光夾鏡当坐隅」。

○照徹八紘＝「八紘」は八方の隅、地のはて。転じて全世界をいう。

【二五三】

虎

目光夾鏡輝西東、借問大空耶小空。

竹裡横身猶未嘯、早知威烈起威風。

虎

目光夾鏡、西東を輝かす、借問す、大空か小空か。

竹裡に身を横たえて、猶お未だ嘯かざるに、早く知る、威烈、威風を起こすことを。


〈訳〉


鏡のように爛々とかがやく一対の眼光は、全世界を照徹する。

（善覚禅師は二匹の虎を庵の後で飼っていて侍者がわりにしていたというが）ちょっとお尋ね申す、（この絵の虎は）大空か小空か、どっちでありましょう。

竹林に身を横たえて、まだ一吼えもせぬのに、

（そこに坐っておるだけで）威風を起こすことが分かる。

○目光夾鏡＝前項［二五二］。
○借問大空耶小空＝本書前出［二四七］。
○猶未嘯、早知威烈起威風＝「未～、早知……」。吼えて威風を示すようではまだまだ、「獅子嚬呻、象王回顧」また「象王回旋、師子返擲」というではないか。「嚬呻」は頻伸、伸びをすること。「返擲」は「翻擲」とも書くが、身振るいすること。「擲」は、ここでは「なげうつ」意ではなく「ふるう」の意。賈岱宗の「大狗」詩に「頻伸して振迅す、応に龍の騰り擲わすが若し」（この犬が伸びをして身震いするさまは、龍が天に上がるようだ）。蘇東坡の「暁、巴河口に至り子由を迎う」詩に「朝来、好風色、旗尾、西北に擲く」。

もともとは『華厳経』入法界品の語。八十巻本『華厳経』巻六十に「世尊……師子頻申三昧に入る」。巻六十一に「文殊師利童士……如象王迴観諸比丘」とある。六十巻『華厳経』は、「頻申」を奮迅に作り、『華厳経疏』に「頻申と奮迅とは俱に是れ四体を展舒して通暢するの状」とある。つまり、獅子が伸びをすること。『日本国語大辞典』の「獅子奮迅」に、「(百獣の王である獅子が、たけりはやる意から) 物事に対処するのに、その勢いのはなはだ激しいこと」とあるが、禅録での意味合いはこれとは異なる場合もあり、「それほど勢いを示さずとも、さりげなく、ほんのちょっと身震いし伸びをするだけで、その威が伝わる」という意味。「象王回顧」「象王回旋」は、象王が振り向いただけで、その威力が伝わる。

【二五四】

虎

猛虎踞地、未嘯風生。　響、脩竹有聲。

〈訳〉

虎

猛虎(もうこ)、地に踞(うずくま)る、未だ嘯(うそぶ)かざるに風生ず。

響(きょう)、脩竹(しゅうちく)に声有り。

この猛虎、地べたにうずくまっており、
まだ一声も吼えないのに、はや風が起こった。
その風によって、竹に声がしたぞ、響！
（これが虚堂（きどう）和尚がうたった葉葉起清風の声、あるいはまた香厳撃竹の声だ。それを聴きとどけよ）

○猛虎踞地、未嘯風生＝前項［二五三］を参照。
○響、脩竹有声＝『虚堂録』に「衍・鞏・珙の三禅徳、国清に之く」という詩あり、その三四句にある「相送れば門に当たって脩竹有り、君が為、葉葉清風を起こす（相送当門有脩竹、為君葉葉起清風）」。これにさらに、「香厳撃竹」をあわせ言う。「香厳撃竹」は本書前出［七六］に引いた『伝灯録』巻十一、香厳智閑章。

【二五五】
牛馬月
兩獸相交一管城、管城得妙甚分明。
月光有色風無色、畫出泥牛木馬聲。

牛馬月
両獣（りょうじゅう）、相交ゆ、一管城（いちかんじょう）、管城（かんじょう）、妙を得ること、甚（はなは）だ分明（ふんみょう）。

月光に色有り、風に色無し、画き出だす、泥牛木馬の声。

〈訳〉

管城に相会した二頭の獣。

管城子が描きだした絶妙の技量を、きわめてはっきりと見てとることができる。

（なぜならば）月光には色が有り、風には色が無いけれども、（月に吼える）泥牛の声と、（北風にむかって嘶く）木馬の声がここに描き出されているのだから。

○牛馬月＝月下でいななきほえる牛と馬。

○両獣相交一管城＝「管城」は筆の異名。管城侯、管城子、管城侯毛元鋭とも。韓愈が架空の「毛穎伝」を表わし、その中で毛穎（毛元鋭）が秦の始皇帝から管城侯に封ぜられたとしたことによる。

○月光有色風無色＝月は泥牛に、風は木馬に係る。

○画出泥牛木馬声＝『圜悟録』に「井底、泥牛、月に吼え、雲間、木馬、風に嘶く」。『雲門広録』上に、「問う〈如何なるか是れ雪嶺、泥牛吼ゆ〉。師云く〈山河走る〉。進めて云く〈如何なるか是れ雲門、木馬嘶く〉。師云く〈天地黒し〉」。『大灯録』上堂「……恁麼恁麼、雪嶺泥牛吼ゆ。不恁麼不恁麼、雲門木馬嘶く」。

【二五六】

牛

一牛猶自牧荒畦、不繫鼻繩宜弄蹄。
任意喫佗王國草、向渓東又向渓西。

牛

一牛、猶お自ずから荒畦に牧う、鼻縄に繋がず、宜しく蹄を弄すべし。
意に任せて、佗の王国の草を喫して、渓東に向かい、又た渓西に向かえ。

〈訳〉
（それでも）まだ畦で養われている一頭の牛。
鼻縄に繋がずと、好きに闊歩させるがいい。
（南泉和尚は他の王国の草を食べるのを心配したが、心配は無用）
意に任せて思う存分に他の王国の草を食え、
東であろうと西であろうと好きなところへ行け。
（もはや解放された心牛なのだから）

○一牛猶自牧荒畦＝『十牛図』牧牛、廓庵頌に「相将いて牧得すれば、純和せり。羈鎖もて拘すること無けれども、自ずから人を逐う」。「猶自」は、なお。引き続きかわることなく。

○不繋鼻縄＝『十牛図』得牛（暴れる牛に手綱をつけて捕まえるところ）の石鼓の和に「牢く縄頭を把って渠を放すこと莫かれ（牢把縄頭莫放渠）」。

○宜弄蹄＝「弄蹄」は牛や馬が歩くさま。鼻輪ははずしてあるのだ、さあ、自由自在に歩むがよい。毎日新聞社『禅林画賛』五七、騎驢図（等春筆・江月賛）に「途中受用、這の太遅生。只弄蹄処、叱叱要行」とある。「弄蹄」の注に「和習の語。意味不明。歩く気のない足運びのことか」とする。「和習の語。意味不明」というのは僭妄の解で、注者自らの無見識を江月禅師のせいにしているのであり、禅師に対してははなはだ失礼というもの。『五灯会元』巻第十九、楊岐方会禅師章に「問う〈如何なるか是れ仏〉。師曰く〈三脚の驢子、蹄を弄して行く〉」とあり、この一段ははなはだ有名な話頭で諸録に頻りに引かれるもの。

○任意喫佗王国草、向渓東又向渓西＝『五灯会元』巻三・南泉普願章に「王老師、小きより一頭の水牯牛を養う。渓東に向かって牧せんと擬せば、他の国王の水草を食むことを免れず、渓西に向かって牧せんと擬せば、亦た他の国王の水草を食むことを免れず。如かず、分に随って些々を納れて総に見得せざるには」。

馬

【二五七】

馬

超逸絶塵断北風、櫪間翻踏玉華驄。
何圖一躍三千界、羈著如今楮國中。

超逸絶塵、北風に嘶く、櫪間に翻踏す、玉華驄。
何ぞ図らん、三千界に一躍することを、羈著す、如今、楮国の中。

〈訳〉
走り去って遥か塵埃の上に超然として、北風に嘶かんと、
厩で脚を踏み鳴らしている駿馬。
三千世界に一躍せんとしているらしいが、いやいや、どうしてできようか。
今こうして、この紙の中に繋がれているのだから。

○超逸絶塵＝「絶塵」に二義あり。一は、走ることが極めて早く、遥か塵埃の上に超然としていること。『荘子』田子方に「夫子馳亦馳、夫子奔逸絶塵」。二には、世俗（塵）を離絶していること、脱俗。ここでは前者の意。
○櫪間翻踏＝厩につながれた馬が、早く外を闊歩したくてジタバタしているさま。希世霊彦『村庵藁』の逸馬図賛に「天馬、羈ぎ難し、槽櫪の間、四蹄雷電のごとく、塵寰を隘しとす」。
○嘶北風＝「古詩十九首」に「胡馬、北風に依り、越鳥、南枝に巣くう（胡馬依北風、越鳥巣南枝）」。『普灯録』巻二十八、焦山或庵体禅師七首、「南泉三世諸仏不知有」の頌に「越鳥、南枝に巣くい、胡馬、北風に嘶く」。『禅語字彙』に「越は南国、胡は北地なり。いずれも古郷を忘れぬ心あるをいう」。
○櫪間翻踏玉華驄＝「玉華驄」は唐の玄宗の乗った駿馬。杜甫「丹青引」に「先帝の御馬は玉花驄、画工、山の如く貌けども同じからず（先帝御馬玉花驄、画工如山貌不同）」。

○楮国＝紙の異名。

【二五八】

瘦馬

高聳三山太瘦生、向風嘶去一聲聲。
縱然今又到衰老、志氣須爲千里行。

瘦馬（そうば）

高く三山を聳（そび）やかして、太瘦生（たいそうせい）、風に向かって嘶（いなな）き去る、一声声（いちせいせい）。
縦然（たと）い今又た衰老（すいろう）に到るも、志気（しき）、須らく千里（せんり）の行（こう）を為すべし。

〈訳〉
尻から脚の付け根あたりの骨が三つの山のようになった痩せ馬が、
北風に向かって嘶く一声一声。
今やもうこんなに老い衰えてはいるが、
その志気たるや、日に千里を走るという名馬のよう。

○高聳三山＝「三山」は三山骨、または三山股の略。馬の尻から脚の付け根あたりの骨が三つの山のようになっていること。『実伝録』「画馬」賛に「馬瘦せて三山、毛、尚お長し（馬瘦三山毛尚長）」。
○志気須為千里行＝日に千里を行く名馬を「千里」という。

【二五九】 坤の巻［五七二］

水中馬
百歩洪中駿馬鳴、若逢伯樂價連城。
黄門佗日試加策、目擊扶過千里程。

水中の馬
百歩洪中、駿馬鳴く、若し伯楽に逢わば、価連城。
黄門、他日、試みに策を加えば、目撃せん、千里程を抹過することを。

〈訳〉

百歩洪でいななく駿馬。

もし伯楽がこの馬を一顧したならば、城十五分の値をつけることであろう。

（蘇東坡は、弟の子由が顔長道とともに百歩洪に遊んで帰ったときに詩を作り、そこで駿馬に乗って遊ぶの

を夢想し、少年の時、蜀で騎馬で遊んだことを思い起こし、さらには帰郷の思いを歌ったが）

子由よ、この絵に描かれた駿馬にいつか鞭うてば、
たちまち千里を駆けて（故郷の蜀に）行くことだろう。

○馬在水中図＝水中を駆ける馬。
○百歩洪中駿馬鳴＝「百歩洪」は、江蘇省銅南県の東南、栢水の流れる所。徐州洪ともいう。蘇東坡に「百歩洪」二首と、また「子由、顔長道と同じく百歩洪に遊び、地を相して亭を築き柳を種うる韻を次ぐ」いう詩があるが、ここは後者の詩をふまえたものであろう。左の注を参照。
○若逢伯楽価連城＝「伯楽」は、周の人。善く馬のよしあしを見分けた。『荘子』馬蹄に「伯楽に至るに及んで、曰く〈我善く馬を治す〉と」。「伯楽一顧」の故事あり、駿馬をよく見分けた伯楽が一回振り向いて見たら、その馬の値が十倍になった。『戦国策』燕策に、「人の駿馬を売る者有り。三旦市に立つに比び、人の之を知る莫し。往いて伯楽に見えて曰く〈臣に駿馬有り、之を売らんと欲す。三旦市に立つに比ぶも、人の与に言う莫し。願わくは子還って之を視、去って之を顧みよ。臣請う、一朝の賈を献ぜん〉と。伯楽乃ち還って之を視、去って之を顧みる。一旦にして馬価十倍す」。
「価連城」は、十五の城と交換するほどの価値。趙氏璧、和氏璧の話。秦の昭王が十五の城と交換したいと申し入れたという美玉。『史記』八一、藺相如伝にいう、「趙の恵文王の時、楚の和氏の璧を得たり。秦の昭王、之れを聞いて、人をして趙王に書を遣わし、願わくは十五城を以て璧と易えんことを請う。……（趙）王、召見して藺相如に問うて曰く〈秦王、十五城を以て寡人が璧と易えんことを請う。予うこと可ならんや〉と。相如曰く〈秦は強く趙は弱し。許さずんばある可からず〉と。……（趙）王曰く〈誰か使いす可き者なる〉。相如曰く〈王必ず人無くんば、臣、願わくは璧を奉じて往いて、城をして趙に入れしめて、而して璧を秦に留めん。城入らずんば、臣請う、璧を完うして趙に帰さんことを〉と。趙王、是に於いて遂に相如をして、璧を奉

じて西のかた秦に入らしむ。秦王、章台に坐して相如に見ゆ。相如、璧を奉じて秦王に奏す。秦王、大いに喜ぶ。……相如、秦王に趙に城を償う意無しと視て、乃ち前んで曰く〈璧に瑕有り。請う王に指示せん〉。王、璧を授く。相如、因って璧を持して、却立し柱に倚って、怒髪、上み冠を衝く。秦王に謂いて曰く〈大王、璧を得んと欲せば、人をして書を発して趙王に至らしめよ〉。……相如、其の璧を持して柱を睨み、以て柱に撃けんと欲す。秦王、其れ璧を破せんことを恐れ、乃ち辞謝す。……秦王、之れを度るに、終に強奪す可からず。遂に許して斉せしむること五日。……相如、度るらく〈秦王、斉すと雖も、決ずや約に負いて、城を償わざらん〉と。乃ち其の従者をして褐を衣せしめ、其の璧を懐いて、径道より亡げて、璧を趙に帰さしむ」。

○黄門他日試加策、目撃抹過千里程＝「黄門」は、蘇黄門、蘇子由のこと。「抹過」は、さっと通りすぎる。「千里程」は、日に千里を行くという名馬「千里」をもふまえる。

蘇東坡の「子由、顔長道と同じく百歩洪に遊び、地を相して亭を築き柳を種うるに和す」詩がある。弟の子由が顔長道とともに百歩洪に遊んで帰り、ここに柳を植えて庵を構えてはと勧めたときに作った詩。その五句より以降につぎのようにある。

「城東の泗水、歩いて到る可きも、路、河洪に転じて、雪の白きがごときを翻す（城東泗水歩可到、路転河洪翻雪白）」。『四河入海』の解に「徐州城東ノ泗水ヘハ歩イテ到ル可キゾ。泗水ハ即チ百歩洪ゾ。……其ノ路、河洪ノ辺リニ転ジテアルガ、河洪ハ瀬ガ高シテ、波、翻雪ノ如ゾ」と、百歩洪の波高きさまをうたう。

「安ぞ青糸の駿馬に絡うを得て、波を柳陰の下の飛ばさん（安得青糸絡駿馬、蹙踏飛波柳陰下）」。『四河入海』の解、「アハレ、カカル処へ、ヨイ馬ガナ乗テ到ルベキニ、青糸ノ青ブサカケタル馬ヲ得テ、其馬ニウチノリテ、波ヲケタテケタテサセテ、柳陰ノ下ヲアルカイデゾ」と、駿馬に乗ってここで駆けり遊ぶことを夢想する。

「身を奮う、三丈両蹄の間、鬣を振るって長鳴し、声自ずから乾かん（奮身三丈両蹄間、振鬣長鳴声自乾）」。『四河入海』の解、「サテ、ソウシテ、ハタトカケ出シテ、両蹄ノ間、三丈バカリモアルホド飛セテアラバ、其馬ガ鬣ヲ振イ嘶テ、声モ乾キツベキ程ニアルベキナリ」。

「少年の狂興、久しく已に謝し、但だ憶う、嘉陵の剣関を遶るを（少年狂興久已謝、但憶嘉陵遶剣関）」。『四河入海』の解、「上来……ハ、少年ノ時、狂ジテ遊ビシトキノ興ゾ。……我今年老テアル程ニ、其様ナルコトハ已ニ謝シテナイゾ。サレドモ、此ノ徐州泗水ヲ見テ嘉陵江ヲ思出シタリ」と、故郷の蜀で昔、乗馬で遊んだことを思い出してうたう。

「剣関の大道、車、軌を方ぶ、君自ら去らず、帰ること何ぞ難からん（剣関大道車方軌、君自不去帰何難）」。『四河入海』の解、「……子由ト我ト同様に帰ラズシテアルガ、サテ、ナゼニ帰ラヌゾ。帰ルコトガ大事デモナシ、帰ラバ便チ帰ルベキニト云也」。

「山中の故人、応に大いに笑うべし、室を築き柳を種えて、何れの時か還らん（山中故人応大笑、築室種柳何時還）」。『四河入海』の解、「サル程ニ蜀ノ故山ノ故人タチガ大ニ笑ベキゾ。此ノ徐州ニ室ヲ築キ、柳ヲ種テ、久ク居ルベキ用意ヲシテ、イツ帰リサウモナイモノカナト」。

【二六〇】 坤の巻［六二四］

馬二牧者二人

二馬並驅坰野邊、俊才想是出于闐。
坐來監牧談何事、相對料知爭後先。

馬二、牧者二

二馬並び駆ける、坰野の辺、俊才、想うに是れ于闐に出づるならん。
坐来、監牧、何の事をか談ず、相対して、料り知る、後先を争うならん。

〈訳〉

馬二頭に牧者二人の図

二頭の馬が郊野のあたりを駆けている。

想うに、この駿馬は名馬の産地である于闐の産であろう。

それに、坐っている二人の馬飼い男たちは何を話しておるのだろう。

向かい合っているところをみれば、きっと、どちらが早いかを賭けているのだろう。

○二馬並駆坰野辺＝「坰野」は、郊外、郊野。「坰」は、国境の地、都から遠く離れた地。

○俊才想是出于闐＝「俊才」は、馬のことをいう。駿馬。「于闐」は西域の国の名。名馬の産地。「出」は産出。

○坐来監牧談何事＝「坐来」は、坐るの意。坤の巻［三六三］の達磨に「坐来何事、寓止少林」とある。この「坐来」、『中華若木抄』では「坐し来たって」とも訓ずる。「監牧」は監牧使、官名。牧場を稽察することをつかさどる。ここでは単に「牧者」の意。

○相対料知争後先＝「争後先」、『翰林五鳳集』巻四十六、天隠の「暮江帰舟図」賛に「乗船、誠に是れ騎馬に似たり、楫を以て鞭と為し後先を争う」。

【二六二】

猿猴

獮猴抱樹上高枝、垂手如危却不危。

――海岸縦然放身去、欲心蚪(虬)子奈何伊。――

猿猴(えんこう)

獼猴(みこう)、樹を抱(かか)えて、高き枝に上る、手を垂れて危うきが如くなるも、却って危うからず。

海岸に縦然(たと)い身を放ち去るも、欲心の虬子(きゅうし)、伊(かれ)を奈何(いかん)せん。


〈訳〉

猿が樹を抱えて高い枝に上っている。

手を垂れていて危いようだが、いやいや、危いことはない。

(木の上にいたほうが、よっぽど安全だ。なぜならば、猿の生肝をねらっている大虬(おおみづち)のうまい言葉に騙されて、もっと美味しい木の実をあてこんで)

海の上に出て行ったならば、

(わが妻に猿の生肝を食わせようという)大虬(おおみづち)の欲心のために、ひどいことにあったことであろう。

○海岸縦然放身去、欲心蚪子奈何伊＝「蚪」、正しくは「蚪」または「虬」。本来は別字だが誤って通用する。

『辞彙』弁似、二字相似に「虯、音は求、龍の角無き者。蚪、音は斗。蝌蚪（おたまじゃくし）」。
本拠は『仏本行集経』巻三十一に出る大虬と獼猴の話。これをもとにした翻案が『今昔物語』巻五、「亀為猿被謀語（亀、猿の為に謀られたること）」、また『沙石集』に出るが、そこでは大虬が亀になっている。
『今昔物語』の物語は左のとおり（一部表記をあらためた）。

亀、為猿被謀語（サルノタメニタバカラレタルコト）第廿五

今ハ昔、天竺ノ海ノ辺ニ一ノ山有リ。一ノ猿有リテ菓ヲ食シテ世ヲ過ス。其ノ辺ノ海ニ二ノ亀有リ、夫妻也。妻ノ亀、夫ノ亀ニ語リテ云ク、「我レ、汝ガ子ヲ懐任セリ。而ルニ我レ腹ニ病有リテ、定メテ難産カラム。汝、我ニ薬ヲ食ハセバ、我ガ身平ラカニテ、汝ガ子ヲ生ジテム」ト。夫、答ヘテ云ク、「何ヲ以テ薬トハ可為キゾ」ト。妻ノ云ク、「我レ聞ケバ、猿ノ肝ナム、腹ノ病ノ第一ノ薬ナル」ト云フニ、夫、海ノ岸ニ行キテ、彼ノ猿ニ値テ云フヤウ、「汝ガ栖ニハ万ノ物豊也ヤ否ヤ」ト。猿答ヘテ云ク、「常ニハ乏シキ也」ト。亀ノ云ク、「我ガ栖ノ近キ辺ニコソ四季ノ菓・蓏絶エヌ広キ林ハ有レ。哀レ、汝ヲ其ノ時ニ将テ行キテ、飽クマデ食ハセバヤ」ト。

猿、謀ルヲバ知ラズシテ喜ビテ、「イデ、我レ行カム」ト云ヘバ、亀、「然ラバ、イザ給ヘ」ト云ヒテ、亀ノ背ニ猿ヲ将テ行キテ、亀、背ノ猿ニ云ク、「汝ヂ知ラズヤ、実ニハ我ガ妻懐任セリ。而ルニ腹ニ病有ルニ依リテ、猿ノ肝ナム其ノ薬ナルト聞キテ、汝ガ肝ヲ取ラムガ為ニ謀リテ将イテ来タレル也」ト。

猿ノ云ク、「汝ヂ、甚ダ口惜シ。我レヲ隔ツル心有リケリ。未ダ聞カズヤ、我等ガ党ハ本ヨリ身ノ中ニ肝ナシ。只、傍ノ木ニ懸ケ置キタル也。汝ヂカシコニテ云ハマシカバ、我ガ肝モ亦タ、他ノ猿ノ肝モ取リ進リテマシ。譬ヒ自ラヲ煞シ給ヒタリトモ、身ノ中ニ肝ノ有ラバコソ其ノ益ハ有ラメ。極メテ不便ナル態カナ」ト云ヘバ、亀、猿ノ云フ事ヲ実ト信ジテ、「然ラバイザ将イテ還ラム。肝ヲ取リテ得サセ給ヘ」ト云ヘバ、猿、「其ハイト安キ事也。有リツル所ヘダニ行キ着キナバ、事ニモアラヌ事也」ト云ヘバ、亀、前ノ如ク背ニ乗セテ本ノ所ニ至リヌ。

打チ下シタレバ、猿、下ルルママニ走リテ木ノ末ニ遥ニ昇リヌ。見下ロシテ、猿、亀ニ向カヒテ云ク、「亀、

ハカナシヤ。身ニ離レタル肝ヤ有ル」ト云ヘバ、亀、「早ク謀リツルニコソ有リケレ」ト思ヒテ、スベキ方ナクテ、木ノ末ニ有ル猿ニ向カヒテ、云フベキヤウナキママニ、打チ見上ゲテ云ク、「猿、ハカナシヤ。イカナル大海ノ底ニカ菓ハ有ル」ト云ヒテ、海ニ入リニケリ。
昔モ獣ハカクハカナクゾ有リケル。人モ愚癡ナルハ此等ガ如シ。カクナム語リ伝ヘタルトヤ。
『仏本行集経』では虬の心臓となっているが『今昔物語』では亀の肝になっている。そして『仏本行集経』では「仏、諸もろの比丘に告げて言わく〈汝諸比丘よ、当に知るべし、彼の時の大獮猴は我が身是れなり。彼の時の虬は魔波旬是れなり〉」とあり、猿のほうが上にあることになっているが、『今昔物語』では、どっちもどっちの欲心同士となっている。禅録に「胡孫、鼈背に騎る（胡孫騎鼈背）」「海岸の猢猻、鼈背に騎る、心肝は樹梢頭に掛在す（海岸猢猻騎鼈背、心肝掛在樹梢頭）」という語が見られるが、それもこの説話をふまえよう。白隠がこの物語を描いた「猿亀図」がある。

【二六二】坤の巻［六七四］

猿猴
月在天上、何臨水深。清波無路、幾動你心。

猿猴
月は天上に在るに、何ぞ水の深きに臨む。
清波無路、幾くか你が心を動ず。

〈訳〉
月は天上にあるのに、どうして深い水の中を探ろうとするのか。
清らかな水は月の光を映すが、そこに何の痕跡もとどめぬ。
それなのに、そこに何かがあると思って、いたずらに心を動かすことよ。

○猿捉月＝水中の月影を捉えようとする図。
○清波無路、幾動伱心＝『雲門広録』「官有り問う〈仏法は水中の月の如しと、是なるや不や〉。師云く〈清波に透路無し〉」。「清波無透路」、『虚堂録犁耕』に「逸堂曰く、水中の月を掃蕩す」と、また「没蹤跡」と。

【二六六三】　坤の巻〔六六九〕

猿猴
捉虚空伸兩手、月元是在青天。
閑作畧所何似、索短難到深泉。

猿猴
虚空を捉えんと両手を伸ばす、月は元来、青天に在り。
閑作略、何に似たる所ぞ、索短うして深泉に到ること難し。

〈訳〉
月をとらえようと、両手を伸ばしても、空をとらえるだけ。
月はもとより青天の高きにあるのだから。
無駄な伎倆を尽くしているさまを、何にたとえたものか。
（水面に映った月をとらえようとしているわけではないが）
縄が短くて深井戸には届かない、というもの。

○猿伸両手図＝両手を天に向かって伸ばしている図。
○月元来在青天＝「月在青天、水在瓶」の語あり、もとは薬山の語「雲在青天、水在瓶」（『五灯会元』巻五）。ただし、語を借りるのみ。
○索短難到深泉＝『虚堂録』などにも出る俗諺に「索短うして深泉に搆らず（索短不搆深泉）」。『句双葛藤鈔』「索短深渕難窺」の注に「下辺ノ客ノ分デハ、那時向上ノ事ハハカラレヌゾ」。

狗子

【二六四】　坤の巻［六二二］

狗子

具足佛性、忽吠虚空。要分無有、問取郝翁。

仏性を具足するも、忽ち虚空に吠う。
無か有かを分かたんと要せば、郝翁に問取せよ。

〈訳〉
一切衆生に仏性があるのならば、この犬にもあるはずだが、
こやつ、夜ともなれば、虚空に向かって吠えるばかり。
そんな犬に、ほんとうに仏性があるのか。
それが知りたくば、あの趙州親爺に尋ねるがよろしい（趙州の無字に参じなされ）。

○具足仏性、忽吠虚空＝趙州狗子仏性の話頭をふまえる。『無門関』一則、「趙州和尚、因みに僧問う〈狗子に還って仏性有りや也た無や〉。州云く〈無〉」。また、「一犬虚に吼ゆれば、千猱実と啀む」（『伝灯録』巻十三など）をふまえた表現。何事もない虚空を怪しんで一匹が吠えると、他の多くの犬がこれに反応して吠える。
○問取郝翁＝「郝翁」は趙州禅師のこと。俗姓を郝という。

【二六五】
蘆鴈

蘆葉風寒野水邊、鴈奴歛羽打安眠。

── 不傳蘓氏帛書去、閑却忠心十九年。──

蘆雁

蘆葉、風は寒し、野水の辺、鴈奴、羽を斂めて、安眠を打す。

蘓氏が帛書を伝え去らずんば、閑却せん、忠心の十九年。


〈訳〉


蘆葉に冷たい風の吹く、野水の辺。

見張り役の鴈は羽を斂めてぐっすりと眠っているようだ。

(ここで眠ってしまったら) 蘇武の手紙を本国に届けることができないではないか。

(そんなことでは匈奴の地で) 十九年も使節の旗を守った忠臣の心を蔑ろにするというもの。

○鴈奴=鴈の群が休むときの見張り役。『玉堂閑話』「鴈、江湖の岸、沙渚の中に宿するに、動もすれば千百を計う。大なる者は其の中に居し、鴈奴をして圍んで警察せしむ。南人、採捕する者有り。其の天色の陰暗なる、或いは無月の時を俟って、瓦罐の中に燭を蔵して持捧する者数人、気を屏して潜かに行く。将に之に及ばんと欲するとき、則ち略ぼ燭を挙して便ち之を蔵す。鴈奴驚き叫ぶ。大なる者も亦た驚く。……是の如くすること数四。大なる者、怒って鴈奴を啄く。燭を秉る者、徐徐に之に逼り、更に燭を挙すときは則ち鴈奴懼れて啄き、復た動かず。乃ち高く其の燭を挙して、持捧する者、斉しく群中に入って之を乱れ撃つ。獲る所甚だ多し」。

○不伝蘊氏帛書去、閑却忠心十九年＝『蒙求』「蘇武持節」、「前漢の蘇武、字は子卿、杜陵の人なり。武帝の時、中郎将を以て節（使節の旗）を持ち匈奴に使す。単于、之を降さんと欲して、迺ち武を幽して大窖の中に置き飲食を絶えしむ。天、雪を雨らす。武、臥して雪を齧り、旃毛と并せて之を咽み、数日死せず。匈奴、以て神と為し、乃ち武を北海の上に徙して羝を牧わしめ、〈羝が乳せば乃ち帰ることを得せしめん〉という。武、漢節（使節の旗）を杖つきて羊を牧い、臥しても起きても操持し、節旄、尽く落つ。昭帝立って、匈奴、漢と和親す。漢、武等を求む。匈奴、詭って〈武は死せり〉と言う。常恵、漢の使者に教えて言わしむ、〈天子、上林の中に射て鴈を得、足に帛書（手紙）の係る有って言う、某の沢中に在りと〉。是に由って還ることを得たり。……武、匈奴に留まること十九歳。始めは強壮を以て出づるに、還るに及んで鬚髪は尽く白し。宣帝の時に至って、武の節を著わし老臣なるを以て、朔望に朝せしめ、号して祭酒と称す。年八十余りにして卒す。後、麒麟閣に図画し、其の形貌に法り、其の官爵姓名を署す」。

【二六六】

蘆鴈

雙鴈低飛慕水涯、風翻蘆葉夕陽斜。
指圖裡作湘江景、白楮餘間是白沙。

蘆鴈

双鴈、低く飛んで、水涯を慕う、風、蘆葉を翻して、夕陽斜めなり。

図裏(とり)を指して、湘江(しょうこう)の景と作(な)さば、白楮(はくちょ)の余間(よかん)は是れ白沙(はくしゃ)。

〈訳〉
つがいの鴈が低く飛んで水際に降りようとしている。
（岸では）蘆葉が風に吹かれてひるがえり、（向こうには）夕陽が沈みかかっている。
この絵の風景を湘江と見立てるならば、
（広く空けられた）余白部分は白沙であろう。

○蘆鴈＝原本が現存する。松花堂庭園美術館『松花堂昭乗の眼差し』（二〇〇五年）所収。横長の軸、右上には左下方に向かって飛び降りる二羽の鴈。左下にはかすかに蘆原を描き、中央は広い余白になっている。

【二六七】
蘆鴈
殘荻斷蘆洲、風寒薄暮秋。雙飛一行鴈、兄弟思悠悠。

蘆鴈(ろがん)
残荻断蘆(ざんてきだんろ)の洲(しま)、風は寒し、薄暮(はくぼ)の秋。

一行の鴈より双飛す、兄弟、思い悠悠。


〈訳〉

枯れ残った荻蘆の中洲に冷たい風が吹く、秋の夕暮れ。

隊列をなして飛ぶ一むれから離れて、

（今この中洲に向かって）ならび飛ぶ二羽。

（互いにかばいあう）兄弟のような姿に、思いは尽きない。

○双飛一行鴈＝「双飛」は（雌雄）一対がつれだって飛ぶことだが、ここでは雄同士。「一行鴈」は、隊列をなして飛ぶ鴈。「一行」は一むれ。坤の巻［六七五］の「鴈」詩に「此一行鴈、来耶帰耶。春秋難識、無月無花」とある。横川の「平沙落鴈図」に「一行西下一行東」とあるが、これは隊列がふたつ。「双飛」は二羽の鴈であり、「一行鴈」は隊列をなしているから数十羽の鴈である。つまり、「双飛」とは「一行鴈」とは離れた二羽ということ。
「願作一行之雁」「失群沙宿鴈」「慰哀失群之情」という例があるように「一行雁」は叢林での仲間意識を表わす。また、龍光院版『欠伸稿』巻四の七〇丁に、江月のつぎのような詩がある。

「山野、寺務に罹って東武に在る者、春復た秋。郷里の医の慶友、阿母は予が弟女なり。秋未だ尽きざる日に世を辞し去る。遠く訃を聞いて感慨に堪えず、一偈を賦し、便を東風に得て以て枌樹に掛く。双飛、本と是れ一行の鴻、彼は西に去り、我は東に去る。意わざりき、生きながら離れて死別を為さんとは、残生、纔かに在り、夕陽の中」。この場合は「一行の鴻の群れの中で、仲よく双飛していた仲間」という意味。

「双飛一行鴈」は普通に訓ずれば「双飛す、一行の鴈」となるが、それでは意味がかわってしまうので、「一行の鴈より双飛す」と訓じた。
群を離れた一羽の鴈を「孤鴈」というが、これが二羽いることを「一双孤鴈」という。『槐安国語』に「一双の孤鴈、撲地に高く飛び、一対の鴛鴦、池辺に独り立つ」という白隠の著語がある。二羽の雁がたちまちパッと空高く飛び、一対のオシドリが池に浮ぶ。もとは『五灯会元』巻十二、華厳普孜（浮山遠下）章に、「句中に意無く、意は句中に在り。斯に於いて明らめ得ば、一双の孤鴈、撲地に高く飛ぶ。斯に於いて未だ明らめずんば、一対の鴛鴦、池辺に独立す」。
○兄弟思悠悠＝「鶺鴒在原」の語をふまえる。『詩経』の小雅、常棣に「脊令、原に在り、兄弟、難を急う」。「思悠悠」、悠悠はものを思うさま。思いの長いさま。悠は長。「思」は二羽の鴈の思いでもあり、この絵を見る江月の思いでもある。

【二六八】 坤の巻［五六二］

鷹

百鳥群中第一機、金眸玉爪共相輝。
元來豈打籬邊雀、志有沖天不肯飛。

鷹

百鳥群中、第一機、金眸玉爪、共に相い輝く。
元来、豈に籬辺の雀を打さんや、志は沖天に有るも、肯えて飛ばず。

〈訳〉
あらゆる鳥の中でも、図抜けて嶮しい機鋒をもったこの鳥。
金色の瞳も玉のような爪も、ともに輝いている。
この鷹、そこいらの雀など、もとより眼には入らぬ。
志は天高く雄飛することにあるのだが、
今は（じっくりと力をたくわえて）あえて飛ばぬだけのこと。

○金眸玉爪共相輝＝「金眸玉爪」は、精悍な鷹の容貌。李白「王監兵馬使が説くを見る、近山に白黒の二鷹有り……」詩の二に「金眸玉爪、凡材にあらず」。
○豈打籬辺雀＝『応庵録』などに「快鷂は籬辺の雀を打さず」。大物は小物などは相手にせぬ、襲ったりはせぬ。

鷹

【二一六九】 坤の巻〔六一三〕

鷹

雄姿凛凛活機寒、素練風霜刷羽翰。
萬里碧霄無一鳥、元來莫作畫圖看。

雄姿凛凛、活機寒まじ、素練風霜、羽翰を刷う。
万里の碧霄、一鳥も無し、元来、画図の看を作すこと莫かれ。

〈訳〉
凄まじい活機がみなぎった凛凛たる雄姿。
風と霜にさらされた白絹のような羽をつくろっている。
（この鷹が絵の中にいるだけで）万里つづく大空には一羽の鳥も見えぬ。
この軸を絵でしかないと見てはなるまい。
（描かれたものではあるが、そこに猛禽の真面目がありありと現われているのだから）

○素練風霜刷羽翰＝「羽翰」は羽。「素練風霜」は、杜甫の「画鷹」詩に「素練、風霜起こる、蒼鷹、画作殊なり」。鈴木虎雄訳注で「ここに鷹をかいたゑぎぬがあるが、この絹面から風や霜が起るかと怪しまれる」とするのは非。『翰林五鳳集』梅陽の「徽宗画白鷹」に「宣和の聖主、毫鋩を掃く、素練の白鷹、条鏇光」とあるように、「素練」は白鷹の羽毛をいうもの。
○万里碧霄無一鳥＝「無一鳥」は、鳥の王者たるこの猛禽を恐れて、凡鳥はなりをひそめている、という意味。坤の巻［六一九］鷹に「英雄、未だ是れ韝を下り去らざるに、天地の間、一鳥として鳴く無し」。「この猛禽中の英雄は、まだ韝を離れてもいないのに、（画図中にいるだけで、すでに凡俗の鳥たちはなりをひそめてしまった）天にも地にも鳴くものは一羽もない」。
○元来莫作画図看＝「莫作画図看」、『虚堂録』の「長汀煙雨」頌に、「漪漪たる遠水、明辺に漾う、沙鷺風晴れて羽翰を刷う。借使い輞川、収拾得するも、江湖、画図の看を作すこと莫かれ」。『虚堂録犁耕』に三四句を解していう、「画工、景物を採集して図画と作す、真に是れ画図なりと雖も、之を観る者、須らく真景と為すべし。是れ画図なりと雖も、之を観る者、江湖を画くの図と作すこと莫かれ」。

【二七〇】 坤の巻〔六五二〕

鷹

待解條人欲下韝、振威玉爪与金眸。
飛禽見影藏身去、寂寞窓前山更幽。

鷹

條を解く人を待って、韝に下りんと欲す、威を振るう、玉爪と金眸と。
飛禽、影を見て身を蔵し去る、寂寞たる窓前、山更に幽なり。

〈訳〉

紐が解かれたら、すぐさま韝に止まろうと、
その鋭い爪と眼が、威を振るっている。
鳥たちはこの姿を見ただけで、すっかり姿を隠してしまった。

窓外に一鳥の鳴き声もなく、ひっそりと静まりかえっている。

○振威玉爪与金眸＝「金眸玉爪」は、鷹の精悍な風貌をいう語。
○飛禽見影蔵身去＝前項［二六九］参照。

【二七一】坤の巻［五七六］

雙鷺上柳枝
白鷺同盟共打眠、眠閑不肯上青天、
從來栖老蓼花下、楊柳枝頭易地然。

双鷺（そうろ）、柳枝（りゅうし）に上る
白鷺（はくろ）、盟（めい）を同じうして共に打眠（たみん）す、眠り閑（かん）にして、肯えて青天に上らず。
従来（じゅうらい）、棲（す）み老ゆ、蓼花（りょうか）の下（もと）、楊柳枝頭（ようりゅうしとう）、地を易（か）うるも然（しか）り。

〈訳〉
同じ志を誓ったように眠る、二羽の白鷺。
すっかり眠って、青天に上る気はない。

もともと、ついの住みかは水草なのだが、
柳の枝に場所が変わっても同じこと。

○従来棲老蓼花下、楊柳枝頭易地然＝白鷺は葦や蓼花など水辺の草に配される。『禅門諸祖師偈頌』法灯禅師の「擬寒山詩」に「蓼花開古岸、白鷺立沙灘」。「棲老」は、老いさびる。

【二七二】

雪中鷺

明惟朝日暗黄昏、一色此時誰議論。
萬里江天皆白盡、鷺鷥玉立雪乾坤。

雪中の鷺

明ならば惟れ朝日、暗ならば黄昏、一色、此の時、誰か議論せん。
万里の江天、皆な白尽、鷺鷥玉立す、雪の乾坤。

〈訳〉

明るければ朝日であり、暗ければ黄昏であるが、

（この絵のように）ただ一色ならば、もはや（朝日だの黄昏だのと）議論のしようはない。

万里につづく河も天も（一体となって）、残らずすっかり真っ白。

その雪一色の景色の中にすっくと立つ白い鷺（これぞ一切の相対を超えた一色辺）。

○明惟朝日暗黄昏＝描かれた光景を言うのではあるまい。
○一色此時誰議論＝「鷺鷥立雪」は白中に白、見分けのつかぬところ。一色平等のところをいう。『句双葛藤鈔』「白鷺沙頭立、蘆花相封開」に「白鷺沙頭立、白鷺カ沙頭カ、差ガナイ。蘆花相封開、差ガナイ。爰ヲ一色辺ト云也」。また「鷺鷥立雪非同色、明月蘆花不似他」に「尽シタ一色ト天然ノ一色ト、同中ノ異ナリ」。
○万里江天皆白尽＝「白尽」は、残らずすっかり白くなる。
○鷺鷥玉立雪乾坤＝「玉立」は、美しくすっくと立つ。「雪乾坤」は白一色の世界。

【二七三】
鷺
一點水墨、化白鷺鷥。蒲葦叢裡、打雪生涯。

鷺
一点の水墨、白鷺鷥と化す。
蒲葦叢裡、雪の生涯を打す。

〈訳〉

（名画師の張僧繇（ちょうそうよう）は黒々と龍を描き出して、睛を点じたら龍が天に昇り去ったというが）

ここに水墨を点ずることによって、生き生きと描き出された白鷺。

（枯れ残った）蒲と葦の中で、雪（を友とした高潔）の生涯を送る。

○鷺＝これも雪中の鷺。
○一点水墨、化白鷺鷥＝「一点水墨、両処作龍」の語を翻案したもの。梁武帝の時の名画師、張僧繇（ちょうそうよう）の故事「画龍点睛」。金陵の安楽寺に四白龍を画いて、眼を入れるよう請われて、そのうちの二龍に点じたところ、両龍はたちまち雲に乗って天に上ったが、点じなかった二龍はもとのところに残った。張彦遠『歴代名画記』巻七。黒々と龍を描き出したのだが、いまは超薄墨で白鷺を描き出した、というところが翻案の妙。
○打雪生涯＝「雪生涯」は、丁直卿の「雪後開窓看梅」詩に「梅花門戸、雪の生涯、皎潔たる窓櫺、自ずから一家」（『錦繡段』収）。『錦繡段由的抄』に、「二二句、雪ノ生涯ニ二説アリ。一説ニハ梅ヲ指スゾ。梅ハ雪中ニ開クモノナレバ、梅ノ生涯ハ雪トナリ。一説ニハ、丁直卿、我身ヲサシテ云フ。雪中ノ梅ヲ愛スル故ニ雪ノ生涯ト云リ。此説可ナリ。言（いうこころ）ハ、梅華ヲ門戸トシテ雪中ニ居ル故ニ、我身ハ雪ノ生涯ゾトナリ。雪ト云ヒ梅ト云ヒ、其ノ皎潔相同ジフシテ、窓櫺ヲノヅカラ一家ヲナスゾ。……」。ここでは後者の説。

【二七四】

鷺

頂上垂絲立雪磯、一拳瞞却衲僧機。

―― 活呑多少遊魚盡、猶向深潭未敢飛。 ――

鷺

頂上の垂糸、雪の磯に立つ、一拳、衲僧の機を瞞却す。
多少の遊魚をか活呑し尽くし、猶お深潭に向かって、未だ敢えて飛ばず。

〈訳〉

頭から二本の糸のような毛羽を垂らして、雪の磯に立つ。（臨済の禅風は「一拳に拳倒す黄鶴楼」と評されたけれども）片脚をもたげて「一拳」にして（ヒョイと）立つこの鷺は、そんな禅僧の機鋒も何のそのという風情で、どれぐらいの魚を呑み尽くしたことだろう。

それでもなおまだ（魚をねらって）深みに向かい、飛び去ろうはしない。

○頂上垂糸＝白鷺の頭から垂れる二本の毛羽を頂糸という。『三体詩』雍陶の「崔少府池鷺」に「双鷺、応に憐れむべし、水の池に満つるを、風飄れども動かず、頂糸垂る。立って青草に当たれば人先ず見る、行いて白蓮に傍うも魚未だ知らず。一足、独り拳む、寒雨の裏、数声相叫ぶ、早秋の時。林塘、爾を得て須らく価を増すべし、況んや詩家の物色の与に宜しきをや」。

○一拳瞞却衲僧機＝難解。白雲守端が「臨済三頓棒」の頌、「一拳拳倒黄鶴楼、一踢踢翻鸚鵡洲」。また「一拳」は右に引いた雍陶詩の「一足独拳」をいい、これに白雲守端の詩をあわせたものか。「拳」は、かがめる。鳥が一本の足をかがめるのを「拳足」ともいう。『翰林五鳳集』の例。琴叔の「秋浦白鷺」に「磯頭、足を拳めて斜照に立つ」。江西の「画鷺」に「足を拳めて、斜陽、廃船に立つ」。

○活呑多少遊魚尽、猶向深潭未敢飛＝『翰林五鳳集』瑞渓の「双鷺図」に「急水灘頭の白鷺児、斜陽に相竝んで立つこと多時。頂糸、老を吹く、風瀾の外、未だ魚を忘るることを得ず、飛び去ること遅し」。村庵の「扇面雪中鷺」に「鷺鷥、雪に和して清晨に下る、有るにも似たり無きにも似たり、看れども未だ真ならず。寒魚に寄語す、野塘の水に、羽毛を渠自ら易えて身を蔵すと」。

【二七五】

鷺

秋雲吹起暮江風、倒盡莖莖蒲葦叢。
翹足鷺鷥求宿處、一堆遜白白沙中。

鷺

秋雲吹き起こす、暮江の風、茎茎を倒尽す、蒲葦叢。
足を翹ぐる鷺鷥、宿処を求む、一堆、白きを遜る、白沙の中。

〈訳〉
秋の雲が吹き起こした風が、暮がたの河辺に吹く。
（もはや晩秋ゆえ）蒲と葦の茎はことごとく折れ倒れている。
（そこに）一本足をもたげて、今夜のねぐらを探す白鷺が立っている。
その白さには一堆の白砂もゆずらざるを得まい。

○鷺＝まだ秋ゆえ雪はない。白沙と鷺のとりあわせである。
○倒尽茎茎蒲葦叢＝「倒尽茎茎」は、『錦繡段』楊廷秀「晩宿小羅田」に、「倒尽菰蒲折尽荷」。秋も終わりの光景。
○一堆遜白白沙中＝『千家詩』一七三、宋、盧梅坡の「雪梅」詩に「梅は須らく雪に三分の白きを遜るべし、雪も亦た梅に一段の香りを輸く（梅須遜雪三分白、雪亦輸梅一段香）」。

鶴

【二七六】
鶴
一樹青松烟雨村、村邊便是鶴乾坤。
和風羽翼冲天去、雜色白雲疑雪翻。

一樹の青松、烟雨の村、村辺は便ち是れ鶴の乾坤。
風に和して、羽翼、天に冲り去る、色を雑うる白雲、疑うらくは雪の翻えるかと。

〈訳〉
一本の青松が生えた、烟雨に煙る村。
この村のあたりは、まさに鶴の（主人公となる仙境のごとき）世界。
風とともに、翼が天高く昇ってゆき、その色が白雲とまじり、
まるで雪片が舞っているかのよう。

○鶴乾坤＝『大燈語録』に「十洲三嶋鶴乾坤、四海五湖龍世界」。「十洲三島」は道教でいう大海中の仙境。「鶴」は仙人の縁語。「四海五湖」は中国の全国。「龍」は帝の縁語。
○雑色白雲疑雪翻＝「雑色」は、『中華若木詩抄』太白の「松間桜雪」に「桜雪は看つ可く、松は聴きつ可し、両株、色を雑えて牕櫺に映ず。明朝、若し落花の雨有らば、痩鶴飛ぶ辺、一様に青からん」。如月寿印の訳にいう、「桜ハ見ルニヨロシク、松ハ聴クニヨロシ。両木ガ相雑リテ牕ニ映ズルゾ。明朝モシ雨ガサツト降リタラバ、只今鶴ノ飛ブアタリニ、青ト白ト相雑リタルガ散ルベシ。シカラバ、桜モ松モ一様ノ青トナルベキ也」。

【二七七】 坤の巻〔六〇六〕

雄鶏

函谷關邊生幾疑、聲聲畫出聽初奇。

縱然殘曉高鳴去、睡裡松風一任吹。

雄鶏

函谷関辺、幾くか疑いをか生ず、声声、画き出だして、聴いて初めて奇なり。

縦然い残暁に高く鳴き去るも、睡裡、松風、吹くに一任す。


〈訳〉

（孟嘗君の一隊が）函谷関を通り抜けるために、（一人の食客が）鶏の鳴き声をまねた。

（敵側は、鶏鳴にはまだ早い）おかしなことだとどれほど疑ったことだろう。

その雄鶏の素晴らしい鳴き声までが、ここに描き出されたようだ。

（しかし、わたくし江月は）

鶏がいくら鳴いても起きずに、蒲団にくるまって松風を聞くことに致しましょう。

風よ、いくらでも松を吹くがよい。

○函谷関辺生幾疑＝鶏鳴で敵を欺いて函谷関を通り抜けた故事。『史記』孟嘗君伝に、「斉の湣王の二十五年、復た卒に孟嘗君をして秦に入らしむ。昭王即ち孟嘗君を以て秦相と為す。人或いは秦の昭王に説いて曰く〈孟嘗君は賢にして又た斉の族なり。今に秦に相たり。必ず斉を先にして秦を後にせん。秦其れ危うからん〉と。是に於いて秦の昭王乃ち止み、孟嘗君を囚えて、謀って之を殺さんと欲す。孟嘗君、人をして昭王の幸姫に抵らしめ解くことを求めしむ。幸姫曰く〈妾、願わくは君が狐白裘を得ん〉と。此の時、孟嘗君、一狐白裘有り、直千金にして天下無双なり。秦に入って之を昭王に献じたれば、更に他に裘無し。孟嘗君、之を患え、偏ねく客に問うも能く対うるもの莫し。最下の坐に能く狗盗を為す者有り、曰く〈臣、能く狐白裘を得〉と。乃ち夜、狗と為って以て秦の宮蔵の中に入り、献ぜし所の狐白裘を取って至る。以て秦王の幸姫に献ず。幸姫為に昭王に言う。昭王、孟嘗君を釈す。孟嘗君、出づることを得て即ち馳せ去る。封伝（通行証）を更え名姓を変えて以て関を出づ。夜半、函谷関に至る。秦の昭王、後に孟嘗君を出だすことを悔いて、之を求むるに已に去る。即ち人をして伝を馳せて之を逐わしむ。孟嘗君、関に至るも、関の法、鶏鳴して客を出だす。孟嘗君、追の至らんことを恐る。客の下坐に居る者、能く鶏鳴を為すもの有り。而うして、鶏尽く鳴く。遂に伝を発して出づ。出でて食頃如りにして、秦の追果たして関に至る。已に孟嘗君の出づるに後る。乃ち還る」。
○縦然残暁高鳴去、睡裏松風一任吹＝黄山谷「宛陵の張待挙が曲肱亭に題す」詩に「晨鶏催せども起きず、被を擁して松風を聴く」とあるに拠る。

【二七八】坤の巻［五九一］

雌鶏　三子

兒是反哺、牝似老婆。看勝人世、有孝有慈。

雌鶏　三子

児は是れ哺を反す、牝は老婆に似たり。

人の世に勝るを看よ、孝有り慈有り。

〈訳〉
雛鳥は（孝行鳥の烏のように）親に餌をくわえて与え、
雌鶏は子を思う母親のようだ。
見よ、人の世より勝っているではないか。
子には孝があり、親には慈愛があるのだから。

○児是反哺＝烏は生長すると、親鳥に餌を含んで与える孝鳥といわれる。梁武帝「孝恩賦」に「慈烏は反哺して以て親に報ず」。
○牝似老婆＝「老婆」は必ずしも「おばあさん」にあらず、ここの例のように母のこともいう。

鶏狗多子の屏

【二七九】坤の巻［六二五］
　鶏狗多子屏
喚稱孟嘗斯主翁、常迎佳客興無窮。
屏間若得三千士、中有鶏鳴狗吠雄。

喚んで孟嘗と称す、斯の主翁、常に佳客を迎えて、興窮まり無し。
屛間、若し三千の士を得ば、中に鶏鳴狗吠の雄有らん。

〈訳〉

（この絵に描かれた鶏と狗の）主人は孟嘗君という。
常に多くの多芸多才の食客たちをかかえていたことは興味津々。
この絵の中に三千人の食客がいたならば、
中にはきっと鶏鳴狗吠をする知恵者もおるだろう。

○鶏狗多子＝鶏の親子に犬の親子の図。坤の巻［六二五］では「牧渓筆の小屛風。小堀遠江の請」とあった。
○喚称孟嘗斯主翁、常迎佳客興無窮＝「孟嘗」は孟嘗君。戦国斉の田文の号。天下の賢士を招き、食客つねに数千人といわれた。
○屛間若得三千士、中有鶏鳴狗吠雄＝「鶏鳴狗吠」、正しくは鶏鳴狗盗。かつて孟嘗君が秦に入ったとき、昭王から殺されそうになったとき、食客の中に盗みの得意な者と、鶏鳴をよくする者があったので難を免れたという故事。前項［二七八］の『史記』孟嘗君列伝。

【二八〇】

鶏

匪啻聲聲不失時、勇仁文武摠相宜。

傳來五德又添一、知養子方知父慈。

鶏

啻だ声声、時を失せざるのみに匪ず、勇仁文武、摠に相宜し。

五徳を伝え来たって、又た一を添う、知んぬ、子を養って方めて父の慈を知ることを。


〈訳〉

（「智者は時を失せず」というが、その智者のように）

毎朝忘れずに時を告げる（信という徳）だけではない。

（敵に向かって敢闘する）勇、（エサを見つけたら仲間に知らせる）仁、（首にトサカを戴く）文、（距で蹴る）武の四徳も、すべてよろしい。

（そして、これらの）五徳だけではなく、もうひとつの徳目「慈」をも持っている。

きっと、子を養っているからこそ親の慈を知っているのであろう。

○匪啻声声不失時＝「失時」は、好機を逃す。ここでは毎朝ちょうどよい時間に鳴くこと。また『孔子家語』に「智者不失時」とある。智慧ある者は好機を逃さない。
○勇仁文武摠相宜＝左注。

○伝来五徳又添一＝『韓詩外伝』二に「田饒曰く〈君独だ夫の鶏を見ずや。首、冠を戴く者は文なり、足、距を搏つ者は武なり、敵、前に在って敢闘する者は勇なり、食を得て相告ぐるは仁なり、夜を守って時を失せざるは信なり。鶏に此の五徳有るに、君猶お日びに瀹て之を食らう〉」。文武勇仁信の五徳にさらに慈がある。

○知養子方知父慈＝『臨済録』で、黄蘗と臨済のやりとりを評して、「後、潙山、仰山に問う〈此の二尊宿の意、作麼生〉。仰山云く〈和尚作麼生〉。潙山云く〈子を養って方に父の慈を知る〉。仰山云く〈然らず〉。潙山云く〈子又た作麼生〉。仰山云く〈大いに賊を勾んで家を破るに似たり〉」。この絵には雛も描かれているのかも知れない。だから、この語があるのであろう。

【二八二】 鶏雄

夢中曾不驚、茅店月分明。好是夜闌静、無聲勝有聲。

鶏雄

夢中、曾て驚かず、茅店、月、分明なり。
好し是れ夜闌にして静かなること、声無きは声有るに勝る。

〈訳〉

（この雄鶏は）夢を見ていてまだ目覚めぬようだ。
（温庭筠の詩に〈鶏声、茅店の月〉とあるが）
朝を迎える旅籠が月に照らされているというのに。
まあいいだろう、夜が更けて静かなことも。
（白楽天の「琵琶行」に言うように）
声がないほうが声有るに勝ることもあるのだから。

○夢中曾不驚＝ぐっすり眠って目が覚めぬ。
○茅店月分明＝明け方のこと。温庭筠「商山早行」詩に「鶏声、茅店の月、人跡、板橋の霜（鶏声茅店月、人迹板橋霜）」。
○無声勝有声＝白楽天「琵琶行」に「別に幽愁暗恨の生ずる有り、此の時、声無きは声有るに勝る（別有幽愁暗恨生　此時無声勝有声）」。

【二八二】
鶏雌

寒風吹來時、羽翼已成被。可勝人間情、息慈愛子子。

鶏雌（めす）

寒風吹き来たる時、羽翼、已に被と成す。
人間の情に勝る可し、慈愛を息めよ、子は子たり。

〈訳〉

寒風が吹いて来れば、羽翼を蒲団となして（雛を）おおってやる。
人間の親子の情にも勝るというものであろう。
（しかし）あまり慈愛が過ぎてはならん（老婆心に過ぎよう）。
（『論語』にもあるではないか、父は父なり）子は子なり、と。

○羽翼已成被＝羽で蒲団のように（雛を）掩う。
○息慈愛子子＝先の［二七八］には「児は是れ哺を反す、牝は老婆に似たり。人の世に勝るを看よ、孝有り慈有り」とあったが、ここではそれとは逆で、慈愛が過ぎれば老婆心に過ぎるという抑下。「子子」は、子は子の道を尽くすべきである。『易』家人に「父父、子子」。『論語』顔淵に「君君、臣臣、父父、子子」。

【二八三】

鶏　雄

高載朱冠羽翼成、古今不廢司晨聲。

――宮娥有恨閨中別、鳴者無知聴者情。――

高く朱冠を載いて、羽翼成る、古今、司晨の声を廃さず。

宮娥恨み有り、閨中別なり、鳴く者は聴く者の情を知ること無し。

鶏　雄

〈訳〉

赤い冠のようなトサカを載いて、りっぱに羽もそろった。

昔から今まで、欠かさずに夜明けの時を告げて来たのだが、

（暁を告げるその声を）閨房の宮女が聞いたなら、殊更に恨めしく思うだろう。

鳴く者は、その声を聴く者の心情を知ることはないものだ。

○高載朱冠羽翼成＝五徳の一つ、「首、冠を戴く者は文なり」。

○古今不廃司晨声＝「司晨」は、ニワトリ（雄鶏）が夜明けの時をつげること。五徳の一つ、「夜を守って時を失せざるは信なり」。鶏の五徳は、前出［二八〇］の『韓詩外伝』。

○宮娥有恨閨中別、鳴者無知聴者情＝『翰林五鳳集』天隠の「宮井轆轤」に「睿思殿東、金井清し、轆轤、暁に転じて車声に似たり。宮娥、夢は破る、梧陰の月、引く者は聴く者の情を知らず」。

【二八四】

鶏　雌

雌鳥一羽、現佛身不。頭上載子、作大慈舟。

鶏　雌(めす)

雌鳥(めんどり)一羽(いちわ)、仏身(ぶっしん)を現わすや不(いな)や。
頭上(ずじょう)に子を載き、大慈(だいじ)の舟と作(な)る。

〈訳〉
一羽の雌鳥は、仏身が現われたようではないか。
頭上に雛を載せた姿は、迷える者を彼岸へと渡す慈舟のようなのだから。

【二八五】

鶏　有竹

一羽相呼食竹叢、竹叢見説有雌雄。
卵生若被梁人破、想是啾啾聞髪中。

鶏　竹有り

一羽、相呼んで竹叢に食む、竹叢、見説くならく、雌雄有りと。

卵生ずるも、若し梁人に破せられれば、想うに是れ、啾啾として髪中に聞かん。


〈訳〉


一羽の（雄）鶏が（もう一羽の）相手を呼びながら竹薮でエサを食べている。

（蘇東坡が言うように）竹にも雌雄があるということだ。

（してみれば、竹の雌雄に応じて、この竹薮にはもう一羽、つがいになる雌鶏がおろう）

卵を生んでも、もし梁人にでも見つかりでもしたら、
髪の中にピヨピヨと鳴く雛の声が聞こえることになるだろう。

（だから卵を見つけられぬよう、竹藪に隠しておきなさい）

○鶏有竹＝絵には何羽いるのだろうか。一羽だけとするほうが、賛詩の妙味が感ぜられる。
○一羽相呼食竹叢＝「相呼」は鶏の五徳の一つ。［二八〇］の『韓詩外伝』。
○竹叢見説有雌雄＝「見説」は、「いうならく」「きくならく」と訓ずる。人の言葉を引くときの語。竹は植物学的には雌雄同体で、雌雄の別があるわけではないが、俗に雄竹、雌竹の区別があり、雌竹の方がおいしいとされる。最下の枝が一本のものは雄竹、二本のものは雌竹で、雌竹からは筍がよく出るとされる。『蘇軾文集』「記竹雌雄」に「竹に雌雄有り、雌は筍多し。故に竹を種うるには当に雌を種うべし。根より上、

梢一節に至って二発する者を雌と為す。物、陰陽を逃るること無し、可に信ぜざらんや」。『翰林五鳳集』瑞渓の「竹雪雀草花」に「雌雄の竹と雌雄の鳥と、同気相い求む、日暮の叢」。
○卵生若被梁人破、想是啾啾聞髪中＝『顔氏家訓』帰心篇に「梁の世に人有り、常に鶏卵の白きを以て和して沐し、髪をして光らしむと云う。沐する毎に輒ち二三十枚。死に臨んで、髪中、但だ啾啾たる数千の鶏雛の声を聞く」。「啾啾」、ここでは鳥の鳴く声。

【二八六】
鶏
鳩鳩吒也吒鳩鳩、得食相呼獨不求。
發究羅聲節時去、家家門戸樂無憂。

鶏
鳩鳩吒や吒鳩鳩、食を得れば相呼んで、独り求めず。
究羅の声を発して、節時に去る、家家門戸、楽にして無憂。
〈訳〉
（梵語で鶏のことを鳩鳩吒という）

ククタ、タククと、エサを見つければ、相手を呼んでいる。
一人だけで食べることはしないのだ。
ククラと鳴いて、いい時間になれば、あっちに行く。
（庭鳥がおれば）どの家もどの家も、安楽にして憂いなどはない。

○鳩鳩吒也吒鳩鳩＝梵語で鶏を鳩鳩吒という。矩矩吒とも。
○得食相呼独不求＝鶏の五徳の一つ。［二八〇］の『韓詩外伝』二に「食を得て相告ぐるは仁なり」。
○究羅声＝梵語で鶏声を究究羅という。倶倶羅、拘拘羅とも。
○節時去＝「節時」、は一定の時間（が来ること）。

【二八七】
雌鶏　有三雛
啄啐同時生命完、爲渠求哺事悲歡。
欺佗閔母羽衣底、三子中無一子寒。

雌鶏（しけい）　三雛（さんすう）有り
啄啐同時（たくそつどうじ）、生命完（せいめいまった）し、渠（かれ）が為に哺（ほ）を求む、悲歓（ひかん）を事（こと）とす。

佗の閔母が羽衣底を欺く、三子の中、一子の寒きも無し。

〈訳〉

雛は卵の中からつつき、母鳥がこれに合わせて外からつつく。
まさに師資投合の機、かくして新しい生命が誕生する。
そして母鳥は雛に餌をかんで与え、ただ子のために一喜一憂する。
閔子騫の継母はわが実子には温かい衣を着せ、子騫には寒い着物を与えたというが、
この母鳥は、そんな子騫の継母とは比べ物にはならぬ、
三羽の雛のうち一羽として、寒い思いをさせないのだから。

○啄啐同時＝孵化の時、雛の将に出でんとするに、雛が内からつつきて吮うを啐という。母鳥、同時に啄いて、その出でんとするを助く。師資の機、投合するに比す。『五灯会元』巻第十一、南院慧顒禪師章、「上堂。〈諸方祇だ啐啄同時の眼を具すのみにて、啐啄同時の用を具せず〉と。僧便ち問う〈如何なるか是れ啐啄同時の用〉。師曰く〈作家は啐啄せず、啐啄せば同時に失す〉。曰く〈此れ猶お未だ是れ某甲が問処〉。師曰く〈汝が問処、作麼生〉。僧曰く〈失〉。師便ち打す。其の僧肯わず。後に雲門の会下に於いて、二僧に聞いて此の話を挙す。一僧曰く〈当時、南院の捧折るるか〉。其の僧忽ち契悟す。遂に奔って回り省覲す。師已に円寂せり。乃ち風穴に謁す。穴、一見して便ち問う〈上座は是れ当時、先師に啐啄同時の話を問いたる底なること莫きや〉。僧曰く〈是なり〉。師曰く〈汝当時、作麼生か会す〉。曰く〈某甲当時、灯影裏に在って行くが如くに相い似たり〉。穴曰く〈汝会せり〉」。

○為渠求哺＝「渠」は三雛。
○事悲歓＝すべて雛のために一喜一憂する。
○欺佗閔母羽衣底、三子中無一子寒＝「欺」は、あなどる、しのぐ。～も何のその。『蒙求』閔損衣単「閔損、字は子騫。早く母を喪う。父、後妻を娶り二子を生む。損、至孝にして怠らず。母、之を疾悪し、生む所の子には綿絮を以て之を衣せ、損には蘆花の絮を以てす。父、冬月、損をして車を御せしむ。体寒えて綱を失う。父、之を責む。損、自ら理らず。父察して之を知り、後母を遣らんと欲す。損、泣いて父に啓して曰く〈母在せば一子寒え、母去れば三子単ならん〉。父、之を善しとして止む。母も亦た悔い改め、三子を待すること平均にして、遂に慈母と成る」。

【二八八】

鶏

畫就形容五徳幷、回頭將止又將行。
朱冠如此奈秦地、打破函關虛一聲。

鶏

画就って五徳幷せたるを形容す、頭を回らして、将に止まらんとし、又た将に行かんとす。

朱冠、此の如くなるも、秦地を奈せん、函関を打破す、虚一声。

〈訳〉

五徳がすべて幷せ、描き表わされている。
首を振り振り、止まろうとし、また向こうに行こうとする。
こんな立派なトサカだが、追って来る秦の兵をどうしたものか。
（いやいや大丈夫）うそ鳴き一声で函谷関をぶち開けるのだから。

○五徳＝［二八〇］の『韓詩外伝』。
○朱冠如此奈秦地、打破函関虚一声＝「秦地」は、『史記』孟嘗君伝。本書前出［二七七］。

【二八九】
鶏　雛
養子之縁是母慈、羽衣蓋覆在鶏塒。
相期佗日長成去、便一聲分十二時。

鶏　雛

養子（ようし）の縁（えん）、是れ母の慈（じ）、羽衣蓋覆（うえがいふく）して、鶏塒（けいじ）に在り。
相期（あいき）す、佗日（たじつ）、長成（ちょうせい）し去って、便（すなわ）ち一声（いっせい）十二時を分かつことを。

〈訳〉

べた可愛がりだが、これが母の慈というもの。
塒（ねぐら）の中で、ヒナを羽衣ですっぽりと蓋っている。
将来、立派に成長して、一声、時を告げて十二時を正確に伝える、
りっぱな雄鶏（おんどり）となるのを期待してのこと。

○養子之縁是母慈＝入矢・古賀『禅語辞典』の「養子之縁」に、「文字通りには、子供を生んだという因縁。こういう子が生まれたのは、ほかならぬこの親のせいだ。……〈養〉は育てる意ではなく、生むこと」として、『雪竇録』の「養子之縁、争奈圧良為賤」と、『虚堂録』の「養子之縁、寛而有恕」をその拠例としてあげているが、これは謬解であって、あげられた語録の用例もそのような意味では決してない。「養」には「生む」義もあるが、いつもそうとは限らない。『諸録俗語解』「養子之縁」に「子そだてぐさ。〈噛んでくくめる（＝ふくめる）ように親切すぎる〉なり」とある。「過保護、老婆心が過ぎる」という意味で用いられることがあるが、ここでは「子を可愛がること」。「子そだてぐさ」の「ぐさ」は、『時代別国語辞典』室町時代編に「名詞または動詞の連用形について、その誘引となるもの、の意を表す。連濁により〈ぐさ〉となる」と。「思い出ぐさ」の例もあり、そのような意味。

○相斯佗日長成去、便一声分十二時＝はぐくまれているヒナは雄、時を告げる雄鶏。

【二九〇】

白鷴　柳

脩尾垂來齊柳絲、性閑不與衆禽隨。
何人自起開籠去、因思雍陶歸思詩。

白鷴（はくかん）　柳

脩尾（しゅうび）垂れ来たって、柳糸（りゅうし）に斉（ひと）し、性（せい）、閑（かん）にして、衆禽（しゅうきん）に随わず。
何人（なんびと）ぞ、自ら起って籠（かご）を開き去りしは、因（よ）って思う、雍陶（ようとう）が帰思（きし）の詩。

〈訳〉

長く垂れた尾は、垂れる柳糸と同じだ。
（鳥ヘンに閑と書くように）
物静かな性格のこの鳥は、仲間には随わずひとりでいる。
それにしても、この鳥が入っていた籠を開けたのは、いったい誰であろう。
そこで思い起こされるのが、雍陶（ようとう）が帰思（きし）を歌った詩である。
「（五柳先生）、秋来、月を見て帰思多し、自ら起って籠を開いて白鷴を放つ」と。
（きっと籠を開けて白鷴を放したのは五柳先生に違いあるまい）。

○白鷴＝しらきじ。雉の一種。銀鶏、越鳥、越禽、白雉とも。また閑客ともいう。「行止閑暇」なるが故に閑客という（『本草』）。
○性閑＝「鷴」字に「閑」が入っていることをふまえる。
○何人自起開籠去＝ここに放たれているということは、誰かが籠を開けたに違いない。
○因思雍陶帰思詩＝『三体詩』雍陶の「和孫明府懐旧山」詩に、「五柳先生（陶淵明）、本と山に在り、偶然として客と為って人間に落つ。秋来、月を見て帰思多し、自ら起って籠を開いて白鷴を放つ」。『三体詩由的抄』に、「官ヲ辞シテ、旧山へ帰隠シタク思ヘドモ、能ハズ。故ニ我ガ心ヲ推シテ白鷴ノ心ヲ料リ、サゾ山林へ帰リタク思フラントテ、日比飼イタル白鷴の籠ヲ開イテ放チタゾ」。
また、陶淵明の「帰田園居」詩に、「少にして俗韻に適する無く、性本と邱山を愛す。誤って塵網の中に落ちて、一去三十年。羇鳥は旧林を戀い、池魚は故淵を思う。荒を南野の際に開き、拙を守って園田に帰る。方宅十余畝、草屋八九間。楡柳、後簷を蔭い、桃李、堂前に羅なる。曖曖たり、遠人の邨、依依たり、墟里の煙。狗は深巷の中に吠え、鶏は桑樹の巓に鳴く。戸庭に塵雑無く、虚室に余閑有り。久しく樊籠の裏に在るも、復た自然に返ることを得たり」。

【二九一】

尾長鳥　柳

不識朝陽耶夕陽、孤禽如睡憩垂楊。
絲絲吹起翠嵐裡、長尾猶添一線長。

尾長鳥　柳

識らず、朝陽なるか夕陽なるかを、孤禽、睡るが如く垂楊に憩う。糸糸、吹起す翠嵐の裡、長尾、猶お一線の長きを添う。

〈訳〉

（この絵は）朝日に照らされているところであろうか、それとも夕陽であろうか。一羽の鳥が睡るように、枝を垂れた柳の樹に憩うている。柳の長い糸のような枝が、吹き流されている緑濃い樹々の中から、尾長鳥の長い尾羽が、ひときわ長く見えている。

○不識朝陽耶夕陽＝坤の巻［六一八］「竹と雀の図」に、「翠竹微風、世埃を絶す、蜚び鳴く黄雀、独り徘徊す。知らず、図裏、朝暮を分かつかを、宿を出で来たるか、宿を尋ね来たるか」。「微風にそよぐ緑の竹。俗塵のまったくない、この清らかなところで、雀だけが飛び鳴いて徘徊している。この絵は、明け方を描いたものか、それとも夕暮れなのか。雀よ、ねぐらから出て来たところか、それともねぐらに戻って来たところか」。また本書前出［二〇二］「朝山夕陽」をも参照。

○翠嵐＝ひとつには「樹木の多いさま」。惟肖の詩に「人は住す、翠嵐深き処の家」とあるのがその意。ふたつには「緑色の山気」。蘇軾詩「霧、征衣を繞って翠嵐を滴づ」、これは滴るような山気。

○長尾猶添一線長＝「添一線長」は、冬至の後、日がだんだん長くなることをいうが、ここではその意味ではない。

【二九二】

鮎魚上竹竿

一箇鮎魚上竹竿、同如人世路難難。

昔時・刁氏言梅氏、何異家君在任官。

鮎魚、竹竿に上る

一箇の鮎魚、竹竿に上る、人の世路の難難なるが如きに同じ。

昔時、刁氏、梅氏に言う、何ぞ異ならん、家君が任官に在るに、と。


〈訳〉


一匹のナマズが竹を上ろうとしている。

人生行路には困難が多いのに似ている。

昔、梅聖兪は晩年になって（ようやく）修書官に命ぜられたときに、「こんな仕事は猿が袋に閉じ込められたようなもの、窮屈でかなわん」と言ったところ、妻の刁氏が言うには、「いやいや、あなたの仕官はナマズが竹を上るようなもの、いつまでたってもウダツがあがらない」と。

○鮎魚上竹竿＝『帰田録』「梅聖兪、詩を以て名を知らるること二十年。終に一館職をも得ず。晩年、唐書を修するに与かる。書成って、未だ奏せざるに卒す。士大夫、歎惜せざる莫し。其の初め、勅を受けて唐書を修す。其の妻の刁氏に語って曰く〈吾れ書を修するは、猢猻、布袋に入ると謂っつ可し〉。刁氏、対えて曰く〈君の仕官に於けるや、何ぞ異らん、鮎魚、竹竿に上るに〉」と。

「鮎魚上竹竿」という諺には、三つの異なった意味がある。一には、ここにあるように「登れるが、うだつがあがらない」。二には、「絶対に登れない」。三には「(豈にはからんや)ハヤブサでも追いつかぬスピードで登る」。我が国の国宝「瓢鮎図」の賛詩ではこの三つの異なる意味で使われる例が見える。拙著『「瓢鮎図」の謎』(二〇一二年、ウェッジ刊)参照。

【二九三】

雉

現瑞野鶏能畫成、朱冠錦翼價連城。
蕭芝没後随誰去、飛入座中呼太平。

雉

瑞を現わす野鶏、能く画き成して、朱冠錦翼、価連城。
蕭芝、没して後、誰に随ってか去る、飛んで座中に入って太平と呼ぶ。

〈訳〉

瑞兆とされる雉が、素晴らしく画き出されている。

赤いトサカに、錦のように鮮やかな羽、まさに十五城にも匹敵する価値があろう。

（孝行者であった蕭芝という人は、その徳のため、千羽もの雉がついてまわり、仕事に行くときは見送り、家に帰ってくれば迎えたというが）

その蕭芝なきあとは、どのような（徳ある）人につき随うのであろう。

いま（この画軸を所持される方の）座しておられるところに飛び出て、
一声「太平！」と叫ぶことでありましょう。

○現瑞野鶏＝白雉は瑞鳥とされる。『昔明録』「白雉応瑞太平象」。
○価連城＝十五城に匹敵する価値がある。趙氏璧（和氏璧）を入手するために、秦の昭王が十五の城と交換したいと申し入れたこと。『史記』八一、藺相如伝。前出［二五九］。
○蕭芝没後随誰去＝『蒙求』「蕭芝雉随」に「蕭広済の孝子伝に、蕭芝は至孝なり。尚書郎に除せらる。雉数千頭有り、飲啄宿止す。上直に当たれば、送って岐路に至り、下直に及んで門に入り、車前に飛鳴す」。蕭芝の孝行の徳が雉を感ぜしめた話。
○飛入座中呼太平＝蕭芝になついていた雉が、今この座中の飛び込んで来て、「太平」と鳴くようだ。

【二九四】

雀

凡有翼者之謂鳥。鳥有鳳凰、有鳷鴞、有大鵬、有尺鷃、有鴻鵠、有燕雀。雀有飛雀、有集雀、有一雀、有群雀。夫雀之爲物也、一雀在家則稱賓客、以賀其家之成。群雀在田則食虸蚄、以免其田之傷。又好事人畜家、則馴小籠。飲南陽菊潭水、飢啄藍田粟玉芝。今入圖、則盡此畫師之妙、以賀此主人家者乎。

畫底何者、一雀在竿。墨痕添得、群雀作團。
入水化蛤、下空奮翰。出朝日上、歸夕陽闌。
小枝爲栖、一粟爲飡。或翱霞外、或翔雲端。
啾啾和暖、蟄蟄凌寒。太平之象、國家永安。

雀

凡（およ）そ翼有る者、之を鳥と謂う。鳥に鳳凰（ほうおう）有り、鳷鴞（しきょう）有り、大鵬（たいほう）有り、尺鷃（せきあん）有り、鴻鵠（こうこく）有り、燕雀（えんじゃく）有り。雀に飛雀（ひじゃく）有り、集雀（しゅうじゃく）有り、一雀（いちじゃく）有り、群雀（ぐんじゃく）有り。夫れ雀の物たるや、一雀、家に在る則（とき）んば賓客（ひんきゃく）と称し、以て其の家の成るを賀す。群雀（ぐんじゃく）、田に在る則（とき）んば、虸蚄（しほう）を食し、以て其の田の傷（やぶ）らるるを免る。又た好事（こうじ）の人、家に畜（か）う則（とき）んば、小籠（しょうろう）に馴（な）れ、南陽菊潭（なんようきくたん）の水を飲み、飢（う）うれば藍田（らんでん）の粟玉芝（ぞくぎょくし）を啄（ついば）む。

今、図に入る則んば、此に画師の妙を尽くして、以て此の主人家を賀する者か。
画底、何者ぞ、一雀、竿に在り。墨痕添え得て、群雀、団を作す。水に入れば蛤と化し、空を下れば翰を奮う。朝日の上がるに出で、夕陽の闌なるに帰る。
小枝を栖と為し、一粟を飡と為す。或いは霞の外に翺り、或いは雲端に翔る。和暖には啾啾とし、蟄蟄として寒を凌ぐ。太平の象、国家永えに安らかならん。

〈訳〉

およそ翼あるものを鳥という。鳥には鳳凰があればミソサザイもあり、大鵬があればセキアンもある。鴻鵠があれば燕雀もある。そして雀にも、飛ぶ雀、集まる雀、一羽だけの雀、群れをなす雀とその動態はさまざまだ。そもそも、雀というものは、一羽が巣くえば、それは御客さんであって、その家の成るのを賀する存在だという。また、群雀が田圃に来れば、イナムシを食べて田を守ってくれる。風流を好む人が、これを籠に入れて養えば、よく慣れて、菊水の仙水を飲み、藍田の（仙薬のような）粟をついばんで、人の目を楽しませてくれる。そんな雀が今ここに、画師の妙を尽くして絵になった。主人の家を賀するというものであろう。

ここに描かれたのは何か、竹に一羽の雀。
さらに墨痕を添え、群雀が集まっている。
雀は海に入れば蛤になるというが、今は翼をふるって空を下っている。
朝日が上がれば出でいき、まだ夕陽が照らしているうちに帰って来る。
小枝をすみかにし、わずか粟一粒を食べているのに、霞の外、雲のところまで翔る。
天気がのどかであればチュンチュンとさえずり、冬には和らぎ集まって寒さを凌ぐ。
これこそ太平の象であり、国家が永えに安らかなる徴であろう。

○鴂鴞＝「鴂」は、『拾遺記』に「人語を解する鳥」とある。ここでは、「鴂鴞」ではなく「鴟鴞」ではないか、ならばフクロウ、ミソサザイ。理由は「鳳凰」に対比して用いられている語だからである。以下も大鵬と尺鷃、鴻鵠と燕雀というように、大きな鳥と小さなものとが対比して使われている。
○尺鷃＝セキアン。沢中の小鳥。梁昭明太子の「七契」に「抑えんと欲すれば則ち大鵬は翅を垂れ、抗わんと欲すれば則ち尺鷃は天に冲る」。
○有鴻鵠、有燕雀＝『史記』陳渉世家に、「燕雀、安んぞ鴻鵠の志を知らんや」。
○在家則称賓客、以賀其家之成＝『淮南子』説林訓に「大厦成って、燕雀相い賀す」。立派な建物が完成すると燕や雀も安らかな家を得ることになるので、これを喜びあう。
○蚜蚄＝イナムシ、イナゴ。
○南陽菊潭水＝『太平広記』「飲菊潭水」に「荊州の菊潭、其の源の傍に芳菊、涯澳を被う。其の滋液極めて甘し。深谷の中に三十余家有り。井を穿つことを得ざれば、仰いで此の水を飲む。上寿は二三百、中寿は百余り。其の七十八十は猶お以て天と為す。菊、能く身を軽うし気を益し、人をして寿を久しからしむ。徴有り」。

○藍田粟玉芝＝楊万里の「李聖兪郎中、吾が家の江西の黄雀の醢法を求むるに戯れに作る」詩に、「渇えては、南陽菊潭の水を飲ませ、饑うれば藍田粟玉芝を啄ます」。藍田は宝玉を出だす地。「玉芝」は霊芝の一種だが、「玉粟芝」で、粟の美称となり、藍田は枕詞の縁語となる。
○以賀此主人家者乎＝右の『淮南子』説林訓。
○入水化蛤＝『淮南子』墜形訓、「燕雀、海に入って化して蛤と為る」。
○下空奮翰＝「奮翰」は、奮翅に同じ。翼をふるって飛ぶこと。
○啾啾和暖＝「和暖」は、天気がなごやかで暖かなこと。
○蟄蟄凌寒＝「蟄蟄」は、和らぎ集まるさま。

【二九五】

雀

鸚鵡紅則紅鸚鵡、鸚鵡緑則緑鸚鵡。有白鷗、有紫鴛。燕出烏衣國、曰烏衣。此鳥有青雀之字、有金雀之字、有銅雀之字。崔信明、五月五日生、有異雀五色集庭樹。太史占之曰、此兒必文彩聲名矣。黄雀黄雀、今入墨痕、易色爲烏衣、則大厦成而燕雀共賀者乎。

黄雀變易、黄衣年少。一雙玉環、累世三公。

王祥思念、在朱氏病。感其孝則、飛入幕中。

耀卿勤政、奏後此鳥。初更有聲、急至漏終。

縦鳴桑樹、知覆車粟。不及鳳凰、志豈鵠鴻。

地上群雀、稱嘉賓否。一枝一鳥、一主人翁。

雀

鸚鵡紅なる則んば紅鸚鵡、鸚鵡緑なる則んば緑鸚鵡。白鷗有り、紫鴛有り。燕は烏衣国に出で、烏衣と曰う。此の鳥、青雀の字有り、金雀の字有り、銅雀の字有り。崔信明、五月五日に生まる。異雀の五色なるもの庭樹に集う有り。太史、之を占って曰く「此の児、必ず文彩声名ならん」と。黄雀、黄雀、今、墨痕に入って、色を易えて烏衣と為る則んば、大廈成って燕雀共に賀す者か。

黄雀変易す、黄衣の年少。一双の玉環、累世の三公。

王祥思念す、朱氏の病に在ることを。其の孝に感ずる則んば、飛んで幕中に入る。

耀卿、政に勤しむ、奏して後、此の鳥、初更に声有れば、急に至って漏終わる。

縦に桑樹に鳴いて、覆車の粟を知らす。鳳凰に及ばざるも、志、豈に鵠鴻ならんや。

地上の群雀、嘉賓と称するや否や。一枝一鳥、一主人翁。

〈訳〉

鸚鵡のことを紅觜とも緑毛という。鷗は白、鴛鴦は紫、燕は烏衣国に出るので、黒い衣（烏衣）という。雀に関しては青雀、金雀、銅雀の語がある。唐の文人、崔信明が五月五日に生まれたときに、五色の不思議な雀が庭の樹に集まったという。太史がこれを占って、「この子は将来必ず文彩の名声をあげるであろう」といったという。さて今、黄雀が墨絵となって、色を変えて（燕である）烏衣となったのであるが、これは「大厦成って燕雀共に賀す」というものであろうか。

楊宝が助けた黄雀は、黄衣の少年となって現われ、お礼に玉環を与え、子孫に至るまで三公に出世するだろうといった。

王祥の継母朱氏が雀の炙りを食べたいと思ったところ、孝行者の王祥に感じて、黄雀数十羽が垂れ幕の内に入ってきたという。

昼夜たゆまず仕事に勤しんでいた勤勉家の裴耀卿は、一羽の雀を養っていたが、この雀が鳴いて時を報らせたという。

桑樹に集まって鳴き、この先に車がひっくり返って粟がこぼれているのを、鳥語の分かる揚宣に教えた雀もあった。

（というわけで、「燕雀安んぞ鴻鵠の志を知らんや」といわれるが）

鳳凰には及ばないものの、雀も鵠鴻の志がどうしてなかろうか。

だから、地上に群れ集まる雀のことを、嘉賓（立派なお客さん）と称するのではあるまいか。

いやいや客どころではない、一枝に一鳥、それぞれが立派な主人公ではないか。

○鸂鶒紅則紅鸂鶒、鸂鶒緑則緑鸂鶒＝鸂鶒のことを紅觜とも緑毛ともいう。『五灯会元』巻第六、幽州伝法禅師章に「紅觜飛超三界外、緑毛也解道煎茶」とあり。『五灯抜萃』に、「源云く、紅觜は鸂鶒なり。人語を解く学ぶ。緑毛は鳥名なり。亦た解く煎茶と言う」。

○紫鴛＝李白「古風」に「七十の紫鴛鴦、双双として庭の幽に戯る」。『爾雅翼』釈鳥、鴛鴦に「其の色多くは紫」。

○燕出烏衣国、曰烏衣＝『摭言』に、「王謝、夢に烏衣国に抵る、宴より帰らんとするに、王命じて飛玄軒を取らしむ。謝、其の中に入り、目を閉じて少しく息う。家に至るに、梁上の双燕、呢喃たり。乃ち悟る、止まる所は燕子国なることを」。

○青雀＝蔡邕の「琴賦」に「青雀西飛、別鶴東翔」。また、漢の武帝の愛妃は青雀に化して飛び去ったという。

○金雀＝黄金の雀をかたどったかんざし。

○銅雀＝銅鳳凰とも。魏の武帝がつくった銅雀台にはこのかざりがあった。また銅雀台は楽府の題でもある。

○崔信明、五月五日生＝『旧唐書』列伝、文苑上、崔信明に「信明、五月五日、日正に中なる時に生まる。異雀数頭有り、身形甚だ小にして、五色の異なるを備う。庭樹に集まって翼を鼓して斉しく鳴く。声清く宛亮なり。隋の太史、令史良、使して青州に至り、遇うて之を占うに曰く〈五月は火と為す、火は離と為す、離は文彩と為す。日正に中なるは文の盛んなり。又た雀の五色なる有って翼を奮って鳴く。此の兒、必ずや文藻煥爛にして、声名、天下に播がらん。雀の形既に小なれば、祿位は殆ど高からざらん〉と。長ずるに及んで、博聞強記、筆を下せば章を成す」。

○大厦成而燕雀共賀＝『淮南子』説林訓に「大厦成而燕雀相賀〈大厦成って燕雀相い賀す〉」。立派な建物が完成すると燕や雀も安らかな家を得ることになるので、これを喜びあう。

○黄雀変易、黄衣年少、一双玉環、累世三公＝黄雀（ニフナイスズメ）が恩返しをする話「楊宝黄雀」（黄雀銜環）をふまえよう。梁、呉均の『続斉諧記』「楊宝、年九歳、華陽山に至り、黄雀が鴟梟(ふくろう)の為に搏(う)たれ、地に墜つるを見る。宝、取って帰り、巾箱中に置いて、唯だ黄花のみを食わす。百余日にして、毛羽成り、乃ち飛び去る。其の夜、黄衣の童子有り、宝に向かって曰く〈吾れは西王母が使者なり。君、仁愛もて救拯(すく)わる、実に成済なるを感ず〉と。白玉環、四枚を以て之れに与えて曰く〈君が子孫をして潔白にして、位、三公に登らしめん〉と」。

この話『蒙求』に「楊宝黄雀」の題で載せる。「三公」は、三つの高官の位。

○王祥思念、在朱氏病。感其孝則、飛入幕中＝『晋書』巻三十三、王祥伝。寒中に継母が生魚を食べたがった時、王祥は衣を脱ぎ氷を割って魚を獲ろうとした。すると、氷が自然に溶け鯉が二匹跳ね出て来た。また継母が黄雀の炙りを食べたいと思った時は、黄雀数十羽が垂れ幕の内に入ってきた。郷里の人々はそれらに驚き、王祥の孝心がもたらしたのだと思った。

○耀卿勤政、奏後此鳥。初更有声、急至漏終＝『開元天宝遺事』「裴耀卿(はいようけい)、王事に勤む。夜は案牘を看、昼は獄訟を決す。常に一雀を養う。毎夜、初更に至れば声有り、五更に至るときは則ち急に鳴く。耀卿、呼んで〈知更雀〉と為す。又た廰前に一大桐樹有り、暁に至れば則ち群鳥の翔り集る有り。此を以て出廰の候と為す。故に呼んで〈報暁鳥〉と為す。時人美(ほ)む」。

○縦鳴桑樹、知覆車粟＝『芸文類聚』巻九十、「益部耆旧伝に曰く、揚宣、河内の太守と為って、県に行く。群雀有り、桑樹上に鳴く。宣、吏に謂いて曰く〈前に覆車の粟有り。此の雀、相随い、往いて之を食わんと欲す〉と。行くこと数里、果たして其の言の如し」。また、『太平広記』巻四六二、禽鳥三にも。

○不及鳳凰、志豈鵠鴻＝『史記』陳渉世家に、「燕雀安知鴻鵠志」。「志豈鵠鴻」は「志豈不鵠鴻」ということ。

○地上群雀、称嘉賓否＝「嘉賓」は、立派な客。心のあったよい客。また、雀の異名。いつも賓客のように、人の家の集まり住むのでかくいう。

○一枝一鳥、一主人翁＝いやいや客どころではない、立派な主人公ではないか。

【二九六】

鶉

孔門論十哲、文字古來稀。子夏今何在、猶存百結衣。

鶉（うずら）

孔門（こうもん）、十哲（じってつ）を論ぜば、文字、古来稀（まれ）なり。
子夏（しか）、今、何（いず）くにか在る、猶お百結（ひゃっけつ）の衣を存す。

〈訳〉

孔門の十哲を論評するならば、（四科のうち文学の才には子游と子夏がいるが）
古くから子夏の文字（学問）の才は稀れであった。
その子夏は今はどこにいるのであろう。
（貧しかった子夏の衣は懸鶉のようだったというが）
そのボロボロの衣が今もここにある。（ここに描かれたウズラが子夏にほかならない）

○孔門論十哲＝孔門の四科十哲。「徳行」は、顔淵（顔回）、閔子騫（びんしけん）、冉伯牛（ぜんはくぎゅう）、仲弓。「言語」は、宰我、子貢。「政事」は、冉有、季路（子路）。「文学」は、子游、占商（子夏）。

○文古来稀＝諸写本「文」字を「父」字とするが、横岳文庫本の書体は「文」である。文字（学問）に関して、子夏のごときは昔から稀である、ということ。
○子夏今何在＝『荀子』大略篇、「子夏、貧にして、衣、懸鶉の如し」。
○猶存百結衣＝「百結衣」はやぶれ衣。「百結」は、多くの結び目。また、やぶれ衣のことを「懸鶉百結」「鶉衣」という。貧相な身なりを、尾羽うちからしたウズラに形容する。

【二九七】
雀　宿枯木
枯木枝枝半是斜、啾啾黄雀寄生涯。
寒岩終日失群去、太守如何知覆車。

雀　枯木に宿る
枯木、枝枝、半ばは是れ斜め、啾啾、黄雀、生涯を寄す。
寒岩、終日、群を失い去らば、太守、如何か覆車を知らん。

〈訳〉
枯れ木の枝々、半ばは斜めに伸びた中に宿っている、チュウチュウと鳴く雀。
この枯れさびた寒岩のほとりに、一日中、群から離れてたった一羽。

河内の太守となった楊宣(ようせん)は鳥語を理解することができたというが、
はぐれ雀よ、こんな寒岩枯木にいたのでは、
太守が前方に覆車の粟があると知ることができんではないか。

○啾啾＝鳥の鳴く声。チュウチュウ。
○寒岩＝寒岩枯木。枯れさびたさま。たった一羽の孤禽がいる風景。
○終日失群去＝失群孤鴈の題詩は多い。ここも一羽の雀。
○太守如何知覆車＝河内太守揚宣の話。本書前出［二九五］。

【二九八】

雙雀上竹

雙雀相攸集竹間、虛心勁直不容姦。
誰知禽鳥樂其樂、細雨斜風占得閑。

双雀、竹に上る

双雀(そうじゃく)、攸(ところ)を相(そう)して竹間(ちくかん)に集う、虚心勁直(きょしんけいちょく)にして、姦(かん)を容(ゆる)さず。
誰か知る、禽鳥(きんちょう)も其(そ)の楽(らく)を楽しみ、細雨斜風(さいうしゃふう)に閑(かん)を占め得たることを。

〈訳〉
二羽の雀が適地を見つけて、この竹間にいる。
竹というものは、虚心にして強く正しく、いかなる邪悪をも容れることはない。
誰が知るであろうか、
鳥もまた（この虚心勁直の竹という、よき環境を選んで）自適を楽しみ、
雨がそぼふり風が吹く、この竹間に閑静な暮らしを独り占めしていることを。

○相攸＝土地を見て選ぶ。適地をさがす。
○虚心勁直不容姦＝虚心も勁直も、竹の徳をいう語。その内側は虚にして謙虚、外側はまっすぐで勁い。元、華幼武の「養竹歌為周荘呉逵子道賦」に「奇花照眼一時紅、修竹虚心万年緑」。『貞和集』樵隠悟逸「竹渓」に「虚心直節立灘頭」。鉄鏡至明「探竹」に「虚心勁節直侵雲」。
○楽其楽＝蘇東坡の「上梅直講書」に、「意うに（梅聖兪という方は）其れ飄然として世俗の楽しみを脱去して、自ら其の楽しみを楽しむならん」。自適の楽しみ。
○細雨斜風＝現成。ありのまま。『句双葛藤鈔』「門外細雨斜風、窓間禅板蒲団」、「人我ノナイ用処也。有為ヲ見ネバ、左右只ダ斜風バカリ、蒲団バカリナリ」。
○占得＝独り占め。

【二九九】 竹雀

千年翠竹甚風流、寫入畫圖猶不秋。
喚兩三竿成大厦、賀來雙雀在枝頭。

竹雀

千年の翠竹、甚だ風流、写して画図に入って、猶お秋ならず。
両三竿を喚んで大厦と成す、賀し来たって、双雀、枝頭に在り。

〈訳〉
千年に変ることのない翠の竹。
その風流の姿が、ここに墨画に描かれたのだから、
（なおのこと）秋が来ても枯れることはない。
（竹のことを「不秋草」と言うとは、げにむべなるかな）
この両三竿の竹を、立派な建物と見なしたのであろう。
その大厦の落成を祝うかのように、二羽の雀が枝に止まっている。

○千年翠竹＝釈明得の偈に「千年翠竹万年松、葉葉枝枝是祖風」。
○写入画図猶不秋＝「不秋」、草は秋になっては枯れ、花は夕になれば凋む。秋になっても枯れぬゆえ、竹を「不秋草」という。馬天来「丹霞下寺の竹を賦す」に、「人天、解く不秋草を種う、欲界には独だ無色の花と為

す（人天解種不秋草、欲界独為無色花）」。天隠の「竹下長春」に「花は是れ長春、草は不秋、風光続々、四時に留む」。

○喚両三竿成大厦＝喚A成B、AをBと見なす。

○成大厦、賀来＝『淮南子』説林訓に「大厦成って燕雀相い賀す（大厦成而燕雀相賀）」。立派な建物が完成すると燕や雀も安らかな家を得ることになるので、これを喜びあう。

【三〇〇】

（竹雀）

清風颯颯繪聲奇、多福叢中一任吹。
黄雀飛來欲投宿、斜斜曲曲借何枝。

（竹雀）

清風颯颯、声を絵いて奇なり、多福叢中、吹くに一任す。
黄雀飛び来たって、宿を投ぜんと欲す、斜斜曲曲、何れの枝をか借らん。

〈訳〉

さわやかな清風の音までが、素晴らしく描き出されている。

（多福和尚は、多福の一叢竹は如何と問われて、「一茎両茎斜めなり」「三茎四茎曲れり」と答え、真如実相を示されたのだが）

その多福の一叢竹に、風よ思うがままに吹くがよい。
今、雀が飛んで来て、この叢竹に宿を借ろうとしている。
さて、斜斜か曲曲か、どの枝を選んだものだろう。

○多福叢中一任吹＝『伝灯録』巻十一、杭州多福和尚章、「僧問う〈如何なるか是れ多福の一叢竹〉。師曰く〈一茎両茎、斜めなり〉。曰く〈学人不会〉。師曰く〈三茎四茎、曲れり〉」。
○斜斜曲曲＝多福和尚の語。

【三〇二】

山茶花　有鳥

吐艶山茶一朶肥、歳寒傲雪弄芳菲。
江南地館約春處、鳥亦不飛花不飛。

山茶花　鳥有り

艶を吐く山茶、一朶肥ゆ、歳寒、雪に傲って芳菲を弄す。

江南（こうなん）の地館（ちかん）、春に約する処、鳥も亦た飛ばず、花も飛ばず。


〈訳〉

あざやかに咲き誇っている一むれのサザンカ。

冬の雪もものともせず、美しい姿をほしいままに咲かせている。

しかし、この花が江南の地に咲いて、春の到来を告げるとしても、
鳥も飛んでは来まいし、花もまた（誇らしげには）飛ぶまい。

（なぜなら、朱元晦もうたっているではないか。北方ではもてはやされるこの花も、江南では誰も弄ぶ者がないので、虚しく零落するばかりだと）。

○弄芳菲＝「弄」は、ほしいままにする。
○江南地館約春処＝『錦繡段』、朱元晦の「山茶花」詩に、「江南の地館、深紅を圧す、零落す、山烟山雨の中。却って是れ北人偏えに愛惜す、数枝、雪に和して屛風に上ぼす」。『錦繡段由的抄』に、「一二ノ句、江南ノ土地ニハ何クモ此華多キ故ニ、人ガアマリ賞翫セヌゾ。池館ナドニハ、深紅ガ地ヲヌス程沢山ナリ、サルホドニ、誰（も）モテアソブ者ナケレバ、山烟山雨ニ、ムナシク零落スルナリ。三四ノ句、江南ニハ如此ナレドモ、北方ニハ稀ナルニ依テ、北人ガツヨク愛惜シテ、屛風ノ絵ナドニ、雪中ニ山茶華ノ多ク開タル処ヲ図スルナリ」。
○鳥亦不飛花不飛＝「飛花」は、落花紛々たるさま。韓翃の「寒食」詩に、「春城処として飛花ならざるは無し（春城無処不飛花）」。

【三〇二】

竹鳩

雙鳩憶是有雌雄、喚雨喚晴叢竹風。
若遇李翺須急去、生擒只恐入籃中。

竹鳩

双鳩、憶うに是れ雌雄有らん、雨を喚び晴を喚ぶ、叢竹の風。
若し李翺に遇わば、須らく急に去るべし、生擒され、只だ恐るらくは籃中に入らん。

〈訳〉

（鳩は雨が降る前には婦を逐い退け、晴れると婦を招くというから）
この二羽の鳩も雌雄のつがいであろう、
一叢竹に吹く風の中で、その鳴き声で雨を喚び晴を喚んでいる。
（けれども）もしあの（鳩を十二籠も貰った）李翺に遇ったなら、
急いで逃るがよい、生擒にされ籠の中に入れられようから。

○喚雨喚晴叢竹風＝鳩は雨が降る前には婦を逐い退け、晴れると婦を招くところから、その鳴き声によって晴雨を占うことができるという。『埤雅』釈鳥、鶌鳩に「陰なるときな則ち其の匹を屏逐い、晴るるときは則ち之を呼ぶ。語に、天の将に雨ふらんとすれば、鳩、婦を逐うと曰う者は是れなり」。欧陽修「鳴鳩」詩に「天雨止めば、鳩、婦を呼ぶ」。

○若遇李翶須急去、生擒只恐入籃中＝李翶のことは、本書前出［三三二］「薬山」の項。『堯山堂外紀』巻三十、唐の「李翶」に、「毛傳なる者有り、好んで鳩を食す。人、己と相得えば、必ず鳩を以て之を贈る。翶を一見して、十二籃を贈る」。「相得」は、『漢語大詞典』に「彼此投合」、気が合う。

【三〇三】

竹鳩

葉葉戰風叢竹聲、依俙漢楚起雄兵。
一從井上雙鳩集、四百年來羽 管成。

〈訳〉

竹鳩

葉葉、風に戦ぐ、叢竹の声、漢楚の雄兵を起こすに依俙たり。
一たび井上に双鳩集うてより、四百年来、羽管成る。

ゆたかに生えた一叢の竹の葉々が風にそよぐ。
（そこに鳩が集うているさまは）まるで（秦末の騒乱に乗じて）兵を起こした漢と楚のようだ。
かつて、ひとたび二羽の鳩が井戸に集い、漢の高祖が楚の項羽から逃れることができ、
それによって、漢朝四百年を補佐する陣容が整ったのだから。

○葉葉戦風叢竹肥＝「戦」は、そよぐ。
○依俙漢楚起雄兵＝秦末の騒乱に乗じて兵を起こした劉邦（漢）と項羽（楚）。左の注を参照。
○一従井上双鳩集＝『太平広記』巻一三五「漢高祖」に、「滎陽の南原上に厄井有り。父老云く〈漢の高祖、曾て項羽を此の井に避け、双鳩の為に救わる〉。故に俗語に云く〈漢祖、時難を避け、身を厄井の間に隠す。双鳩、其の上に集う、誰か知らん、下に人有りとは〉と。漢朝、正旦毎に輒ち双鳩を放つは此に起こる」。『西征記』に「板渚の津の南原上に厄井有り。父老云く〈漢祖、楚と戦って敗走し、此の井中に逃れる。追軍至る。両鳩の井中より出づるを見る。故に厄を免るることを得たり。因って厄井と名づく〉」。
○四百年来羽管成＝劉邦が漢の高祖となって天下統一し、漢家四百年の時代となった。「羽管成」は、羽翼は補佐する人のこと。補佐の陣容が整ったことを「羽翼已成」という。『史記』留侯世家、漢高祖伝。

【三〇四】
翡翠　荷葉

團團荷葉、似鏡當臺。要看魚躍、暫期萍開。

翡翠　荷葉

団団たる荷葉、鏡の台に当たるに似たり。
魚の躍るを看んと要せば、暫く萍の開くを期せ。

〈訳〉
まるい荷の葉は、さながら鏡台に置かれた円い鏡のようだ。
（その葉に止まっているカワセミよ）
魚が飛び跳ねて来るのを見たければ、
まあ（水面を覆い隠している）浮草が開くのをお待ちなさい。

○翡翠荷葉＝『翰林五鳳集』宜竹の画軸賛に「翡翠飛び来たる、雨歇むの初め、荷葉を踏翻して、但だ魚を窺う」。同じく驢雪の「翡翠荷葉」に「荷葉、香を吹いて、風露清し、炎天、我は凉を逐って行かんと欲す。鷲禽、緑盤を踏破し去って、夜夜、池辺、雨声無し」。
○団団荷葉、似鏡当台＝『五灯会元』巻五、夾山善会章に「問う〈如何なるか是れ相似の句〉。師曰く〈荷葉団団として団きこと鏡に似たり、菱角尖尖として尖なること錐に似たり〉」。「当台」の当は在に同じ。「鏡当台鐘在簴（鏡は台に当たり、鐘は簴に在り）」の語あり、「当」と「在」は同じ義。昔の鏡は銅鏡だったから、それを置く台が必須であった。
○要看魚躍、暫期萍開＝「期」は待つ。宜竹の「画軸」に「翡翠飛び来たる、雨の歇む初め、荷葉を踏翻して、但だ魚を窺う」。瑞巌の「題団扇」に「蝦蟆は黙して碧芙蕖に坐す、僧趺を学び得て独り晏如たり。翡翠は未だ禅味の美しきを知らず、風蘆湾口、俯いて魚を窺う」。

【三〇五】

燕　藕莖

出烏衣國、呼玄乙名。荷莖暫息、待大厦成。

燕　藕茎

烏衣国に出でて、呼んで玄乙と名づく。荷茎、暫く息うて、大厦の成るを待て。

〈訳〉
この鳥は南方の烏衣国に出で、またの名を玄乙という。
燕よ、荷の茎に暫らく休憩するがよい。
(やがて、蓮の花が開いて) 立派な住み家と成るのを待ちなさい。
(その完成のあかつきには、安らかな住み家の完成を大いに祝うがよい)

○出烏衣国＝本書前出 [二九五] に引いた『摭言』。

○玄乙＝燕の異名。『事物異名録』禽鳥、燕、「玄乙、燕なり」。
○待大厦成＝『淮南子』説林訓に「大厦成って燕雀相い賀す（大厦成而燕雀相賀）」。立派な建物が完成すると燕や雀も安らかな家を得ることになるので、これを喜びあう。

【三〇六】
翡翠　柳
鳥必擇木、隨楊柳風。要看魚躍、深窺水中。

翡翠（ひすい）　柳

鳥は必ず木を擇（えら）ぶ、楊柳（ようりゅう）の風に随う。
魚の躍（おど）るを看（み）んと要せば、深く水中を窺（うかが）え。

〈訳〉
鳥はおのれが憩うに、必ず木を擇ぶというが、
このカワセミは風に吹かれる柳を擇んだようだ。
（揺れる柳の枝にとまって、魚をねらっているが）
魚が飛び跳ねるのを見たければ、ようく水中深くを窺うことだ。

○鳥必擇木＝『孔子家語』に「鳥は則ち木を擇ぶ、木、豈に能く鳥を擇ばんや（鳥則擇木木豈能擇鳥）」。また『春秋左伝』哀王十一年にも。

【三〇七】

鷺

鷺鷥飛雪沒形容、眼界寬看白色重。

羽翼隨風吹落去、左邊松亦右邊松。

好事人寄三幀來。開見之、則左右繪兩箇松、右邊有雪矣。白鷺若飛過左邊松、左邊松必同如右邊底。賦一偈、兼三幀代贊語、而書以作一對者乎。

鷺

鷺鷥、飛雪、形容を沒す、眼界、寬やかに看る、白色の重なるを。

羽翼、風に随って吹いて落ち去れば、左辺の松も亦た右辺の松。

好事の人、三幀を寄せ来たる。開いて之を見れば、則ち左右に両箇の松を絵き、右辺には雪有り。白鷺、若し左辺の松に飛過すれば、左辺の松、必ず同じく右辺底の如くならん。一偈を賦して、三幀を兼ねて賛語に代えて、書して以て一対と作す者か。

〈訳〉

白鷺と舞い飛ぶ雪に紛れて姿が分からない、
眼一杯に、白と白とが重なった景。
その羽が風に吹かれて（雪のように左の松の方に）落ちて行けば、
左の松もまた右の松のように雪をかぶったようになるだろう。
風流を好む人が三幅の軸を持って来た。開いて見れば、左右の幅には松が描かれ、
右の松には雪がある。（真ん中の軸に描かれている）白鷺が左の松に飛んでゆけば、それ
はきっと右に描かれた松のようになることだろう。一偈を賦して、三幅全体の賛に
代えて一対とするものである。

○鷺鷥飛雪没形容、眼界寛看白色重＝中央の軸のさま。白雪の舞う中に飛ぶ白鷺、白に白が重なるところが「没形容」。「白鷺下田千点雪」「鷺鷥立雪非同色」などという禅語がある。
○右辺有雪＝なぜ右幅には雪があって、左幅には雪がないのか。画家からの問題提起。
○白鷺若飛過左辺松、左辺松必同如右辺底＝これを描いた画家は、このように見て取って欲しかったのであり、江月は画家のその意図を汲み取ったということになる。
○兼三幟代賛語。而書以作一対者乎＝江月が三幅に対してこの賛を着けることによって、めでたく三幅対が担保されることになった。

【三〇八】

黄鶯梅花

暖靄蒼蒼日正長、金衣公子弄春光。

舌頭自被梅花觸、鼻孔司南聲亦香。

黄鶯梅花（こうおうばいか）

暖靄（だんあい）、蒼蒼（そうそう）として、日正（ひまさ）に長し、金衣（きんね）の公子（こうし）、春光を弄（もてあそ）ぶ。

舌頭（ぜっとう）、自ずから梅花に触れらる、鼻孔司南（びくうしなん）、声も亦た香し。


〈訳〉

暖かい春の靄が蒼蒼として、日も正に長くなった中、
金衣の公子のごとき鶯が春の光にたわむれている。

（梅辺で囀っているのだから）その舌はおのずと梅の花の触れるところとなり、

（真の香りを指し示す）「鼻孔司南（びくうしなん）」たる梅によって（囀る）声さえも香るようだ。

○暖靄蒼蒼日正長＝「暖靄」、暖かな日和の春の霞。「蒼蒼」、ここでは春の空の色をいう。
○金衣公子＝鶯の異名。『開元天宝遺事』「金衣公主」に、「明皇、禁苑中に黄鶯を見る毎に、常に之を呼んで金衣公子と為す」。

○舌頭自被梅花触＝難解。右訳のように解した。
○鼻孔司南＝黄山谷詩「帳中香を聞いて、以て蝎を熬ると為す者有り。戯れに前韻を用うる二首」に、「海上に人有り、臭きを逐う、天生の鼻孔司南。但だ香厳本寂を印せば、必ずしも叢林に偏参せじ」。帳中にたかれた名香を聞いて、あれは蝎を炙っている臭いだと言った者をからかって作った詩に、「（人の好みもさまざま）臭いものを追い求める者も天下にはおるが、香りの好み（基準）も生まれつき。香の本質を本来寂然と悟った香厳童子のようになれば、（悪臭を追いかけるように）あちこち師匠を尋ね歩くこともあるまい」。万里集九は自らものした山谷詩集注釈に『帳中香』と名付けた。
「海上有人逐臭」は、『呂氏春秋』に出る話。体臭のくさい者がいた。その兄弟妻妾はとても一緒には住めないというので、これを悩んで当人は海上に住んだ。ところがその臭いを悦ぶ者がいて、昼夜にこの男を追いかけて離れなかった。「人の大いに臭き者有り。其の親戚、兄弟、妻妾、知識、能く与に居る者無し。自ら苦しんで海上に居す。人の其の臭いを悦ぶ者有り、昼夜に随って去らず」。

「司南」は指南、正しい方向を指し示す国の正法。絶対基準。転じて教え導くもの。よい香りを嗅ぐ基準としての鼻。梅のことを「鼻孔指南梅」ともいう。ここでは香りの中での絶対第一である梅のことを「鼻孔司南」という。『翰林五鳳集』万里の「八月梅花」に、「鼻孔司南、消息有り、全く彼の海に入りし泥牛に非ず」。

【三〇九】

雪竹黄鶯

雪中踈竹、枝枝横斜。飛來黄鳥、怪見梅花。

雪竹の黄鶯

雪中の疎竹、枝枝横斜。
飛び来たる黄鳥、梅花かと怪しみ見る。

〈訳〉

雪の中にまばらに生えた竹、
その枝々が横に斜めになっている。
ここに飛び来たったウグイスは、
この「疎竹横斜」を「疎影横斜」の梅花ではあるまいかと怪訝に思っている。

○雪中疎竹、枝枝横斜＝梅ならぬ竹の枝々が「横斜」しているので、鴬がさては梅かと怪しみ見る。林逋の「山園小梅」「疎影横斜水清泉、暗香浮動月黄昏」。この詩によって「横斜」は梅の代名詞となる。

【三一〇】

柳燕

何時燕子出烏衣、或集深條或欲飛。
楊柳如絲繫留否、秋來社日亦無歸。

柳燕

何れの時か、燕子、烏衣を出づる、或いは深条に集い、或いは飛ばんと欲す。
楊柳、糸の如し、繋留するや否や、秋来、社日も亦た帰ること無からん。

〈訳〉

この燕は、いつ烏衣国からやって来たのか。
あるいは深く垂れた枝の中に集い、あるいはまた外に飛ぼうとしている。
その糸のような柳の枝は、燕を繋ぎ留めるのだろうか。
（もし未練がましい柳糸によって繋がれたなら、皇甫冉の詩のようにはならず）
秋が来て社日になっても、南に帰ることはないだろう。

○何時燕子出烏衣＝「烏衣」は燕のこと。本書前出［二九五］に引いた『摭言』。
○或集深条或欲飛＝「深条」は鳥が憩う場所。杜甫「朝雨」詩に「雨燕、深条に集う」。希世霊彦詩に「驟雨、翻飛す双燕子、料り知る、深条を覓むる処無きことを」。『雲巣集』に「魚は潜んで密藻を尋ね、鳥は倦んで深条を擇ぶ」。
○楊柳如糸繋留否＝楊柳糸でもって去ろうとする燕を繋ぎ留められるか。行く人を留めようとすることを「繋別」ともいう。『翰林五鳳集』策彦の「惟仙座元が暫く西州の枌郷に（帰るを）送る」に「多少の離情、何を以てか繋がん、霜前の楊柳、已に糸無し」。同じく策彦の「月渓緇郎を送る」詩に、「新柳未だ糸ならず、別かれを繋ぎ難し。贈行す、二月一枝の梅」。
○秋来社日亦無帰＝皇甫冉「秋日東郊作詩」に「燕は社日を知り、巣を辞して去り、菊は重陽の為に雨を冒して開く（燕知社日辞巣去、菊為重陽冒雨開）」。秋の社日になれば、燕は巣を離れて南へ帰る。「社日」は、立秋後の第五の戊の日。

【三一一】

鶺鴒

雪鴒羽翼成、隻影弟耶兄。
曳尾不曾去、窺魚奈水清。

鶺鴒（せきれい）

雪鴒（せきれい）、羽翼（うよく）成る、隻影（せきえい）、弟か兄か。
尾を曳いて曾て去らず、魚（うお）を窺（うかが）うも、水の清きを奈（いかん）せん。

〈訳〉
（兄弟にはぐれた）セキレイの羽翼もすでに整い、いつでも飛び立てる。
この一羽はさて弟か兄か。

長い尾を（上下に振りながら）曳いていて、いっこうに行こうとはしない。
水中の魚を捉えようと窺っているが、水が清いのでどうしようあるまい。
（水清ければ魚無しというではないか）

○雪鴒＝『翰林五鳳集』九鼎の「郷書を得」に「地は華夷を隔つ、弟と兄と、書来たって粗ぼ一家の情を写す。雪鴒風鴈、十年別なり、紙短心長、字半ば傾く」。「雪鴒風鴈」は、兄弟から離れた鶺鴒、群れから離れた孤鴈。
○羽翼成＝「羽翼已成」は、輔佐の陣容が整うこと。ここでは「いつでも飛び立てるようになった」というほどの意。
○隻影弟耶兄＝『詩経』小雅、常棣に「脊令、原に在り、兄弟難を急にす」。水鳥の鶺鴒は、原上でその処を失えば、類を求めて飛鳴するという。兄弟が急難にあたって互いに相救う事に喩える。兄弟の情愛をいう。
○曳尾不曾去＝「曳尾」、セキレイは長い尾を上下に振る習性がある。また、和語の「尾を引く」は、物事がすんだあとまでも、その名残や影響が続くこと。ここでは未練を含意する。
○窺魚奈水清＝「水清無魚」「水清無大魚」。セキレイのエサは昆虫、ヤゴなどを食べるとされるが、セグロセキレイは意外や、水辺で待ち構え、飛び込み、魚を捕らえ食べる。

【三一二】
落鴈
瀟湘佳景一同如、寫出平沙萬里餘。
點點隨群將落鴈、自成讃語數行書。

落雁

瀟湘の佳景、一同如、平沙を写し出だして、万里に余る。
点点と群に随い、将に落ちなんとする雁、自ずから成す、讃語数行の書。

〈訳〉
瀟湘の佳景は（水と空とが境目なしに）混然一体となった一色世界。
万里に余る平沙がここに描かれている。
そして点点と群をなして、今まさに下り立とうとしている雁。
それがそのまま数行の讃語となったかのよう。
（して見れば、私のこの讃は無用というもの）。

○落雁＝「瀟湘八景」のうちの「平沙落雁図」。瀟湘八景の画は、洞庭湖の南、瀟水と湘水が合して洞庭湖の注ぐ辺の絶景を描いたもので、北宋末の宋廸に始まるとされる。『夢渓筆談』書画に、「度支員外郎、宋廸は画に工なり。尤も善く平遠山水を為す、其の意を得たる者に、平沙落雁、遠浦帆帰、山市晴風、江天暮雪、洞庭秋月、瀟湘夜雨、煙寺晩鐘、漁村落照あり。之れを八景と謂う。好事の者多く之れを伝う」と。わが国にも鎌倉末から伝えられ、幾つかの名品が残っている。雲烟が立ち籠め、水と空とが交じりあった、曖昧模糊とした半透明な光景が、山水の逸として珍重される所以である。
『禅林方語』にこの「平沙落雁」の語をおさめ「胡乱」「野宿」と注する。後者は且らく措き、前者の「胡乱」

とは、すなわち平沙落鴈図の特質である「糢糊」をいう。
○一同如＝「一えに同如じ」とも訓めるが、「一同如」と訓じ左の訳のように解した。空と水とが溶け合って万里の果てまでつづく光景だが、単なる景色ではない。『碧巌録』二十四則、本則の下語「誰知遠煙浪、別有好思量」というところ。天と海とが溶け合った茫漠とした「江天一色」は、法身のありさま。そこを「一同如」と表わした。絶対平等のところを一色辺という。つぎの〔三一三〕にも「同如一色、紙是乾坤」とある。
○点点随群将落鴈、自成讃語数行書＝点点と連なる落鴈を文字に見立てたもの。『翰林五鳳集』に出る、落鴈を文字に見立てた例。愚極「風、鴈字を吹いて、落ちて斜めに行く」。仁如「万里の平沙、一張の紙。斜風、吹き落とす数行の書」など。

【三一三】
翡翠　竹
翡翠翠竹、共入墨痕。同如一色、紙是乾坤。

〈訳〉

翡翠　竹

翡翠翠竹、共に墨痕に入る。
同如一色、紙は是れ乾坤。

翡翠と翠竹とが、一緒に墨絵になった。
ともに同じ色。これぞまさに一色（いっしき）世界、
となれば、これが描かれた紙は乾坤そのもの。

○翡翠翠竹、共入墨痕＝ともにあざやかな碧緑。
○同如一色＝前項の「一同如」。
○紙是乾坤＝乾の巻［八七］に「博学多聞、虚白翁、書を潮信に寄せて、幾回か通ず。乾坤紙上、情を写し看よ、万里の江天、一掌の中」とある。「まことに教養の深い、博多の嶋井翁。船を運ぶ潮にのせて、幾たびお便りを戴いたことか。このたび頂戴した素晴らしい紙を天地に見立てて、わたしの思いを綴りました。万里離れた博多と京都ですが、こんな素晴らしい、天地のような紙で書信を通じるのですから、ひとつ掌の中にあるようなものです」。

【三一四】
群鴈
書空鴈字、飛飛縦横。若作詩助、仄仄平平。

群鴈（ぐんがん）
空に鴈字（がんじ）を書す、飛飛縦横（ひひじゅうおう）。

若し詩助を作さば、仄仄平平。

〈訳〉
縦横に群れ飛ぶ鴈は、空に書かれた字のようである。
若し詩作の助けとなすならば、平仄が合っていねばなるまい。

○書空鴈字、飛飛縦横＝飛鴈を書かれた字に比すること、『翰林五鳳集』熙春の「真童が試觚の韻を和す」に「君看よ、鴻鴈の行を成す処を、字字、誰が為にか仄平を分かつ」。策彦の「扇面、平沙落鴈」に「望辺、鴈は落ちて影聯翩、渺々たる平沙、下に天有り。真字は行に変じ、行字は草（真字変行行字草）、顚張酔素、晩風の前」。「顚張酔素」は、唐代の張旭の草書と懐素の酔筆の書風。
○若作詩助＝『翰林五鳳集』月渓の「北野廟に詣す」に「謹んで菅神に白す、我れ不才なることを、香を焼いて黙禱す、太（はなは）だ奇なる哉。廟前より帰り去れば、詩助有り、五歩の松、十歩の梅」。
○仄仄平平＝平声と仄声の配列の規定。

【三一五】
雉
翠羽朱冠入畫時、翬飛親表太平來。
花（藏）頭露尾人間事、未必山禽如此癡。

雉

翠羽朱冠、画に入る時、翬飛んで、親しく太平の来たるを表わす。
蔵頭露尾は人間の事、未だ必ずしも山禽は此の如く癡ならず。

〈訳〉
翠の羽に赤い鶏冠が画に描かれて、
今にも飛び立とうとしているのは、とりもなおさず太平の兆しを表わしている。
「頭かくして尻隠さず」は人間世界のこと、
この山鳥はそんなヘマをすることはない。

○翬飛親表太平来＝「翬飛」は、翬雉〈白質に五色の文のある雉〉が飛び立つこと。「表太平来」は、李嶠「雉」詩に「白雉、朝声を振って、飛び来たって、太平を表わす」。また、禅語に「白雉応瑞太平象」。

○花頭露尾＝諸本「花」に作るは誤りで「蔵」が正しい。横岳文庫本の書体は写真のとおり。「蔵」字の草書体。『欠伸稿』の諸写本が「烏焉馬」の誤りをしばしばしているところから見て、横岳文庫本が最初の写本と思われる。「蔵頭露尾」、『雲門広録』「一日云く〈処処、一句を道い将ち来たれ〉。代わって云く〈鬧市裏の天子、百草頭上の老僧〉。或いは云う〈暗に一句を道い将ち来たれ〉。代わって云く〈蔵頭露尾〉」。

【三一六】

雙雀　荊棘

口生荊棘題荊棘、雙雀飛來栖一枝。
戯寫斯圖賜家士、主恩滿紙墨淋漓。
光義公十三歳時、繪此繪、賜淺香。淺香感殊恩。就于野釋請贊。不獲辭、
綴　蕪詞一章以塞厥責云。

双雀　荊棘

口に荊棘を生じて、荊棘と題す、双雀、飛び来たって一枝に栖む。

戯れに斯の図を写して、家士に賜う、主恩、紙に満ちて、墨淋漓たり。

光義公十三歳の時、此の絵を絵いて浅香に賜う。浅香、殊恩を感じて、野釈に就いて賛を請う。辞することを獲ず、蕪詞一章を綴って以て厥の責めを塞ぐと云う。


〈訳〉

（しばらく詩を作っていないので）口中に荊棘が生じたようだが、

（敢えて）「双雀荊棘」の詩を作った。

二羽の雀が飛んで来て、一つの枝に憩うている。

光義公は戯れにこの絵を描いて、家臣に与えた。

君主の恩が紙いっぱいに、墨が滴らんばかりに表れている。

徳川光義公十三歳の時に、この絵を描いて浅香に賜わった。浅香は格別なる恩義を感じ、私に賛を書くことを求めて来た。辞するわけにいかないので、つたない言葉を綴ってその責めに応ずる次第である。

○双雀荊棘＝杜甫「賀蘭銛に贈り別かる」詩に「黄雀、野粟に飽き、群飛して荊榛を動かす」。

○口生荊棘＝「三日、詩を言わざれば、口、荊棘を生ず（三日不言詩、口生荊棘）」。俗に蘇東坡の語とするが、そうではない。「一日、詩を吟ぜざれば、口、荊棘を生ず（一日不吟詩、口生荊棘）」とも。朱舜水「三日読まざれば、口に荊棘を生ず。三日彈かざれば、手に荊棘を生ず」。

○光義公十三歳時＝尾張名古屋藩徳川家二代当主（家康の孫）徳川光友（一六二五〜一七〇〇）。光義は初名。武技を能くする一方、書画・管弦・茶道にも通じた。画は初め狩野探幽に学び、また松花堂昭乗に師事した。書は諸流を学び、世に後西天皇・藤原信尋と共に書の三蹟と称せられる。元禄十三年（一七〇〇）歿、七十六歳。

○浅香＝未詳。

【三一七】　鳩

陰雨喚晴晴喚雨、渓山深處響重重。

此聲持輔佐才去、先向枝頭欲勸農。

鳩

陰雨には晴を喚び、晴には雨を喚ぶ、渓山深き処、響き重重。

此の声、輔佐の才を持ち去って、先に枝頭に向かって農を勧めんと欲す。


〈訳〉

鳩の鳴き声は、雨ならば晴を喚び、晴ならば雨を喚ぶという。

渓山の奥深くまで、その鳴き声が響きわたっている。

（「布穀は耕を勧め、鳩は雨を喚ぶ」という諺があるが）

その声には（まるで勧農使のような、あるいは農を勧めるカッコーのような）輔佐する才があって、

（お役人やカッコーより）先に木の枝で、

（今から雨を呼ぶから）農耕を始めよと勧めている。

○鳩＝龍光院版には、この「鳩」の賛詩がない。横岳文庫本によって補った。
○陰雨喚晴晴喚雨＝『埤雅』釈鳥、鶻鳩に「陰ならば其の匹を屏逐い、晴れれば則ち之を呼ぶ。語に〈天将に雨ふらんとすれば、鳩は婦を逐う〉と曰う者、是なり」。

○此声持輔佐才去＝まるで勧農使のように。あるいは、布穀が耕を勧めるのを補佐する。
○先向枝頭欲勧農＝元好問の詩に「布穀勧耕鳩喚雨」。布穀（布谷とも）は鳲鳩、一名郭公。いにしえ、天子が農事を勧め、上帝先農を祭るためにみずから田を踏み耕す儀式があった。その田を籍田（せきでん）という。『翰林五鳳集』、月渓の「籍田図」に「聖主、春に乗じて出でて耕を勧む（聖主乗春出勧耕）」。同じく南江の「勧農使者に贈る」に「朝廷の使者、村に入り来たる、布谷（ふこく）の声中、農事催す」。

【図二】
探幽縮図 第三巻「地蔵十王巻」（大倉集古館蔵）

【図二】

【図三】

【図四】

【図五】

【図六】

【図七】

【図八】

【図九】

【図十】

あとがき

江月宗玩和尚（一五七四～一六四三）の語録『欠伸稿』を輪読する会「欠伸会」が、京都大徳寺龍光院で発足したのは一九九七年だったから、すでに二十年がたったわけである。最初は七人ほど、私以外はだいたい美術史の専門家だったと思う。会員は次第に増え、近年では茶の湯をなさる方々も多くなった。そして今や一九八名ものメンバーがいるということである。東京新宿の柿傳でも「欠伸会」という講座があり、広島福山の神勝寺でも同じような講座があるから、そのメンバーを加えるともっと多くなるかも知れない。今ではメンバーのほとんどは専門家ではない素人ばかりである。

いったい、禅宗の祖師の語録がこのような形で、大学でも研究所でもなくお寺で読まれる例をあまり知らないのである。『欠伸稿』は決してわかり易い、やさしい読み物ではない。それなのにかくも多くの方々が輪読に取り組んでくださっているのである。怠惰な私は、そんな各位の熱意に押されて、駑馬のごとき、いや跛驢のごとき自分に鞭うって来たわけであるが、いま思えば、実にありがたい自己研鑽の機会を与えていただいたのだと思う。龍光院住職小堀月浦和尚をはじめ、会員諸氏に心から御礼をもうしあげる。

二〇一八年五月六日　龍光院菜園での園遊会の日に

芳澤勝弘

【欠伸会会員】五十音順

朝倉直樹　阿部隆子　有山達也　安藤綾信　家近慧純　家近クリスティーナ　猪飼達巳　石岡香津子　石岡國春　石原由美子　市川和秀　市川佳世子　市瀬寛　糸川朝陽　糸川千尋　糸川とき　糸川英宏　井本宗浩　植木博之　植田紫眞子　植松宗善　大八木威久　大岡恭子　大岡哲　岡田麻里衣　岡崎清子　岡本宗治　岡本耕藏　岡本結紀子　小川貞夫　小川菜々　小川由美子　奥村良子　加賀美佳子　笠間浩史　柏木円　桂武雄　加藤一寧　加藤祥平　門脇とも　門脇むつみ　金ヶ崎清香　金ヶ崎伸二　金ヶ崎妙子　金ヶ崎政伸　金子宏子　亀山恵　川口貢史　川口修平　川畑薫　河原佳明　神原暁子　岸野承　木島直美　木島良　北島徹也　北山安夫　北山宗浩　木津恵雄　木下博夫　切石恵美子　黒田浩之　久世順子　熊倉功夫　桑村綾　桑村祐子　小池佳子　五島勝則　小仲宏　小宮山博嗣　齋藤泰子　齋藤陽一　斎藤千恵子　斎藤英俊　阪本智子　阪本航佐々木邦彦　佐藤英二　柴沼裕子　島本田鶴子　清水宗泰　清水靖晃　下昇治　昌山瑠美子　ジラール・フレデリック　白川美保　白川邦與　末安誼典　菅扶美子　菅原綾乃菅原文葉　杉原康子　杉山左近　杉山知佐子　鈴木正　鈴村英司　関琢也　関庸子　瀬津勲　千宗屋　千歳典弘　染谷衣子　曾野綾子　武智美保　竹村優夫　竹村登茂枝　田中陽子　田中敦子　田中和夫　田中弘美　田畑ゆり　田村節子　佃達雄　東儀雅美　徳江尚子　徳江鈴　戸澤幾子　戸澤行夫　閒屋周平　長岡富美　中島健一郎　中田浩子中村節子　中村昌生　中部義隆　中村康　中山さおり　ニーゼル・フィリップ　西村卯西村宗斎　西村洋子　西山幸子　沼野史子　野瀬元暁　萩原伊玖子　橋本和雄　蓮井愛子　長谷川晃　畠山照子　濱本英輔　林秀樹　林幸子　平井朝子　平井孝次郎　平井順子　廣田吉崇　廣戸一幸　深谷信子　福原尚子　福森暉子　福森雅武　福森道歩　藤村弥子　藤本由美子　藤原伊堂　細貝潤子　堀宗源　本間寛治　米沢玲　町田香　松尾信

慎　松川幸代　松川湧子　松坂幸香　松永道隆　松本恵美子　松山貢　三浦信一　三神
和美　三井康有　湝忠之　三原宏之　宮下和子　村尾泰助　村松溶子　メルクーリ・オ
ズワルド　森道彦　森裕一　森田知実　森田瑞枝　柳生節子　安田尚史　保田多恵　矢
内一磨　矢野環　山岡珠子　山戸則江　山本順子　山本達也　横山正　吉岡徹三郎　吉
岡幸雄　芳澤元　吉田泰一　李建華　龍泉寺由佳　リンネ・マリサ　ルッジェリ・アン
ナ

◎編者略歴◎

芳 澤 勝 弘（よしざわ・かつひろ）

1945年長野県生．同志社大学卒業．財団法人禅文化研究所主幹を経て，現在，花園大学国際禅学研究所顧問．専攻・禅学．

著書

『諸録俗語解』（編注，禅文化研究所，1999年）
『白隠禅師法語全集』全15冊（訳注，禅文化研究所，1999～2003年）
『江湖風月集訳注』（編注，禅文化研究所，2003年）
『白隠―禅画の世界』（中公新書，中央公論新社，2005年．のち角川ソフィア文庫，Kadokawa，2016年に収録）
『白隠禅師の不思議な世界』（ウェッジ，2008年）
『白隠禅画墨蹟』監修・解説（花園大学国際禅学研究所編，二玄社，2009年）
The Religious Art of Zen Master Hakuin (Counterpoint Press，2009)
『悟渓宗頓 虎穴録訳注』（編著，思文閣出版，2009年）
『江月宗玩 欠伸稿訳注』乾・坤（編著，思文閣出版，2009～10年）
『「瓢鮎図」の謎―国宝再読ひょうたんなまずをめぐって』（ウェッジ，2012年）
『荊叢毒蘂 白隠和尚』乾・坤（訳註，禅文化研究所，2015年）
『雪叟紹立 雪叟詩集訓注 三州太平寺藏』（編著，思文閣出版，2015年）
『新編白隠禅師年譜』（編著，禅文化研究所，2016年）
『東陽英朝 少林無孔笛訳注 1』（編著，思文閣出版，2017年）

江月宗玩（こうげつそうがん） 欠伸稿訳注（かんしんこうやくちゅう）　画賛篇

2018（平成30）年5月6日　発行

編　者　芳 澤 勝 弘
発行者　田 中　大
発行所　株式会社　思文閣出版
〒605-0089 京都市東山区元町355
電話 075-533-6860（代表）

印　刷
製　本　株式会社 図書印刷 同朋舎

ISBN978-4-7842-1939-1 C3015